铁路科技图书出版基金资助出版

变质片岩长大隧道综合施工技术

刘新福 邓华军 周永明 曹会芹 方 凯 编著

中 国 铁 道 出 版 社

2017年·北 京

图书在版编目(CIP)数据

变质片岩长大隧道综合施工技术/刘新福等编著. —北京：中国铁道出版社，2017. 1

ISBN 978-7-113-22963-4

Ⅰ. ①变… Ⅱ. ①刘… Ⅲ. ①变质带—铁路隧道—隧道施工Ⅳ. ①U459. 1

中国版本图书馆 CIP 数据核字(2017)第 063680 号

书　　名：变质片岩长大隧道综合施工技术
作　　者：刘新福　邓华军　周永明　曹会芹　方　凯

责任编辑：张卫晓　　　　**编辑部电话：**010—51873193
编辑助理：梁　雪
封面设计：崔　欣
责任校对：苗　丹
责任印制：高春晓

出版发行：中国铁道出版社（100054，北京市西城区右安门西街 8 号）
网　　址：http://www. tdpress. com
印　　刷：北京铭成印刷有限公司
版　　次：2017 年 1 月第 1 版　2017 年 1 月第 1 次印刷
开　　本：787 mm×960 mm　1/16　**印张：**13. 75　**字数：**254 千
书　　号：ISBN 978-7-113-22963-4
定　　价：48. 00 元

编　委　会

主　编：刘新福

副主编：周永明　孙修德　邓华军　曹会芹

编　委：（以姓氏笔画为序）

王　华　王　巡　王和平　王新民

王彬彬　王艳璐　方　凯　叶瑞莲

刘云朋　朱克成　刘毅学　杨　涛

余　斌　张喜红　陈秀萍　郑春海

宣小牛　席红星　秦　毅　袁俊青

作 者 简 介

刘新福，男，1974 年 9 月出生，中共党员，博士学历，硕士生导师，教授级高级工程师，一级注册建造师。现任中铁十七局集团第三工程有限公司董事长、党委书记，兼任集团公司安全总监。

2009 年毕业于中国科学院寒区旱区环境与工程研究所岩土工程专业，主要研究方向为岩土力学、隧道与地下工程灾害防护。曾参加青藏铁路、京津城际轨道工程、京沪高铁、神延铁路、宝兰铁路、晋阳高速公路、成乐高速公路、宁安铁路等一批国家重难点工程建设。先后荣获河北省科学技术奖 3 项，甘肃省科学技术进步奖 1 项，铁道部科技进步奖 3 项，北京茅以升科学技术奖 1 项，主持研发达到国际先进水平成果 2 项。

科学管理、大胆创新、着力培养技术骨干的理念，全心全意为职工服务。先后获得山西省“五一”劳动奖章、西藏自治区劳动模范、铁道部“火车头奖章”、全国建筑业企业“优秀项目经理”、国家优质工程奖突出贡献者、河北省 BIM 协会副理事长、河北省建筑业协会理事会理事等荣誉称号。

前　　言

随着国家级顶层战略设计“一带一路”和“十三五”规划的实施，国家交通基础设施建设的步伐将进一步加快，作为穿越山体、河流、湖泊的隧道工程，规模、数量明显增多。隧道工程本身所处的地质条件也呈现出多样化，尤其在西部地区，情况更为复杂。交通隧道、水工隧洞及其他地下工程在穿越深埋、高地应力、复杂地质构造、软弱围岩及节理裂隙发育岩体地段时，隧道围岩变形引发的多种地质灾害，特别是隧道围岩大变形情况的处理，极为困难。目前，隧道围岩大变形处理措施尚没有系统规范的统一做法，隧道工程围岩大变形已经成为困扰地下工程界的一个重大难题；特别是长大隧道的变质片岩围岩，破碎且遇水极易软化膨胀，变形速率高、累计变形量大、持续时间长、围岩破坏牵引范围大，由此引发的涌水突泥现象极其明显。开展针对变质片岩隧道大变形、涌水突泥灾害的发生机理及灾害控制技术研究、长大隧道施工作业环境治理技术等科技难题的研究具有重要的工程价值和现实意义。

通省隧道是湖北省骨架公路网中迄今为止最长的变质片岩隧道，修建历时7年之久，是十堰至房县高速公路“第一难隧道”。隧道Ⅳ、Ⅴ级围岩占比高达99.6%，揭示围岩最大变形量高达160 cm，施工过程中多次发生拱顶坍塌、涌水突泥等地质灾害；为创新施工技术、总结施工经验，施工过程中对“变质片岩大变形防治”、“长大隧道施工作业环境治理”、“隧道超深竖井节能快速成井技术”开展了专题研究。

本书是对研究成果的归纳和总结，重点对通省隧道变质片岩大变形防治、长大隧道超长距离作业环境治理、超深竖井节能快速成井等施工技术进行研究。通过分析研究区段隧道的围岩受力和变形特征，提出了变质片岩长大隧道施工过程中围岩大变形分级方法及标准建议，提出了大变形预报监测预警技术；通过对围岩大变形、塌方、涌水突泥等地质灾害的防治和基于“二次扩井”的施工理念发明的隧道通风竖井节能快速施工方法的实施，提出了基于机械通风原理的置换式通风和联合竖井综合通风配套技术来改善作业环境；形成了针对复杂地质条件下山区高速公路变质片岩大变形、涌水突泥等不良地质安全施工与灾害防治技术的一整套较为完善的变质片岩长大隧道综合施工技术体系，对提升地下工程施工期灾害控制技术水平、保障隧道工程施工安全起到极其重要的作用。

本书在编撰过程中得到了参阅了大量研究成果，收集、借鉴和参考了相关设计、施工和管理成果。在此对提供技术指导、参与十房高速公路通省隧道建设的有关专家、技术人员和提供资料的人员表示感谢。

此书出版之际，谨向通省隧道全体建设者致以崇高的敬意。

刘新福

2016 年 11 月

目　　录

第一章　概　　述……………………………………………………………………… 1

第一节　变质片岩的分布及特性……………………………………………………… 1

一、变质片岩的分布 ……………………………………………………………… 1

二、变质片岩的特性 ……………………………………………………………… 3

第二节　变质片岩长大隧道的工程特点及研究现状………………………………… 3

一、变质片岩长大隧道的工程特点 ……………………………………………… 3

二、研究现状 ……………………………………………………………………… 4

第三节　依托工程概况………………………………………………………………… 7

一、工程地质概况 ………………………………………………………………… 8

二、水文地质概况 ………………………………………………………………… 8

三、工程主要特点 ………………………………………………………………… 9

四、施工方案……………………………………………………………………… 10

第二章　隧道地质勘察 ……………………………………………………………… 11

第一节　隧道初期地质勘察 ………………………………………………………… 11

一、初期地质勘察工作…………………………………………………………… 11

二、通省隧道区域地质特征……………………………………………………… 11

第二节　加深地质勘察 ……………………………………………………………… 11

一、加深勘察的主要内容………………………………………………………… 11

二、大变形基本特征与机理分析………………………………………………… 13

三、大变形观测技术……………………………………………………………… 13

四、超前地质预报………………………………………………………………… 14

第三章　变质片岩隧道大变形控制 ………………………………………………… 16

第一节　隧道预设计与修正设计 …………………………………………………… 16

一、隧道结构预设计 ……………………………………………………………… 16

二、隧道结构修正设计 …… 19
第二节 变质片岩隧道大变形分类技术 …… 31
一、通省隧道围岩变形概况 …… 31
二、大变形破坏特征及机理分析 …… 35
三、通省隧道施工阶段围岩大变形分级标准 …… 46
四、小　结 …… 49
第三节 变质片岩隧道大变形预报监测预警技术 …… 49
一、变质岩区围岩大变形专项地质预报方法 …… 50
二、变质岩区围岩大变形监控量测预警系统 …… 55
三、小　结 …… 56
第四节 变质片岩隧道大变形防治技术 …… 57
一、变质片岩隧道大变形开挖方法 …… 57
二、变质片岩隧道大变形段初期支护参数优化 …… 58
三、变质片岩隧道大变形不规则段抛物线形锚杆支护法 …… 61
四、变质片岩隧道大变形局部加强控制技术 …… 67
五、小　结 …… 68

第四章 隧道通风竖井施工 …… 69

第一节 隧道通风竖井施工技术国内外现状 …… 69
第二节 竖井节能快速施工技术 …… 71
一、竖井概况 …… 71
二、施工方案的比选 …… 72
三、反井钻机成孔工艺 …… 74
四、竖井开挖配套技术 …… 86
五、隧道竖井开挖、衬砌同步往复式施工方案 …… 90
第三节 大坡度变截面联络风道施工 …… 101
一、联络风道概况 …… 101
二、施工方案 …… 103
第四节 小　结 …… 111

第五章 长大隧道施工作业环境治理 …… 113

第一节 隧道施工作业环境分析 …… 113
第二节 超长距离通风方案 …… 114
一、通风设计 …… 115

二、通风风量计算 …… 115
三、通风方案 …… 117
四、通风辅助装置 …… 120
五、实施效果对比 …… 122
第三节　隧道喷射混凝土减尘方案 …… 124
一、采用湿喷工艺代替干喷和潮喷 …… 124
二、XPM 外加剂新材料应用 …… 124
第四节　小　　结 …… 127

第六章　隧道地质灾害防治 …… 129

第一节　地质灾害基本情况 …… 129
一、通省隧道变形塌方、突泥涌水情况统计 …… 129
二、典型塌方、突泥涌水处治过程 …… 132
第二节　地质灾害原因分析与防治措施 …… 149
一、塌方原因分析 …… 149
二、涌水突泥原因分析 …… 150
三、灾害防治对策 …… 151

第七章　隧道工程施工管理 …… 157

第一节　施工管理组织框架 …… 157
一、施工管理组织框架 …… 157
二、架子队的建设 …… 159
三、项目部与架子队管理模式的关系 …… 162
第二节　隧道科学管理的程序 …… 163
第三节　隧道施工质量管理 …… 164
一、施工质量管理体系 …… 164
二、围岩监控变形 …… 166
三、混凝土品质控制 …… 171
第四节　隧道施工安全管理 …… 179
一、安全生产管理体系 …… 179
二、安全管理制度 …… 181
三、安全施工教育 …… 181
第五节　隧道地质灾害应急预案 …… 185
一、隧道坍塌冒顶事故的应急预案 …… 185

二、隧道突水涌泥事故的应急预案 …… 189
三、隧道岩爆事故的应急预案 …… 197
四、隧道软岩变形事故的应急预案 …… 198
第六节　科学技术支撑 …… 199
一、技术咨询 …… 199
二、科研攻关 …… 204
三、主要科技成果 …… 204
第七节　工程技术人员培育 …… 205
一、科研任务 …… 205
二、人才培养 …… 206
三、工作室的成效 …… 207

主要参考文献 …… 208

第一章　概　　述

第一节　变质片岩的分布及特性

一、变质片岩的分布

变质岩是地壳发展过程中，已存在的各种岩石在特定的地质和物理化学条件下所形成的具有新的矿物组合和结构构造的岩石。其结构形式较为多样，主要有板岩、片岩、页岩等。

片岩是具有明显片状构造的变质岩，由片状、柱状和粒状矿物组成。一般为鳞片变晶结构、纤状变晶结构和斑状变晶结构。其变质程度很高，几乎所有的原岩物质都已经重结晶，所以颗粒粗大，其颗粒结构主要是石英和长石，石英含量一般比长石多，长石含量常少于25%。

片岩的类型主要取决于原岩类型，也与经历的温度压力条件密切相关。主要有云母片岩类、钙硅酸盐片岩类、绿片岩类、镁质片岩类、闪石片岩类、蓝闪片岩类等。

1. 云母片岩

其原岩主要为泥质岩和中酸性火山岩、钙质砂页岩等。矿物成分以云母为主，其次有石英、斜长石、石榴石、蓝晶石、十字石等。云母片岩分布较广泛，在区域变质岩分布地区经常可见。岩石具斑状变晶结构，变斑晶为铁铝榴石。基质为白云母、黑云母、石英及少量斜长石。变斑晶有时具残缕结构，如图1-1所示。

2. 绿片岩

原岩一般为中性至基性的火山岩、火山碎屑岩和钙质白云质泥灰岩等，经低级区域变质作用形成，是绿片岩相中常见的典型岩石。矿物成分主要有绿泥石、绿帘石、阳起石、钠长石、石英、方解石、白云母，副矿物有磁铁矿、榍石、磷灰石等，如图1-2所示。

3. 滑石片岩和蛇纹石片岩

由超基性岩和含铁镁的白云质泥灰岩在温度较低的情况下变质而成。主要由滑石和蛇纹石组成，也含阳起石、绿泥石等，如图1-3所示。

4. 角闪石片岩

原岩成分与绿片岩相似，由基性岩和钙质白云质泥灰岩在温度较高的情况下变质形成。主要矿物为普通角闪石，其次为石英、斜长石，如图 1-4 所示。

图 1-1　云母片岩

图 1-2　绿泥片岩

图 1-3　滑石片岩(台湾花莲)

图 1-4　角闪石片岩(台湾花莲县)

5. 蓝闪石片岩

蓝闪石片岩的特点是有含钠的角闪石和含钠的辉石，其他常见矿物有白云母、绿泥石、绿帘石、石榴石、石英、钠长石等。其主要由基性岩和砂岩变质而成。蓝闪石的出现代表高压的变质条件，往往分布在造山带的核部，如伴随着榴辉岩，则与板块俯冲后下地壳岩石折返有关，如图 1-5所示。

图 1-5　蓝闪石片岩

变质岩在我国分布很广。华北地块和塔里木地块主要由早前寒武纪的区域变质岩组成，构成了中国大陆的古老核心。以后的变质活动带则围绕斜切地块呈线型分布。如中元古界武当群、秦岭—大别造山带等部位。本书所述的变质片岩以依托工程所在地的云母变质片岩为主展开论述。

二、变质片岩的特性

变质片岩是变质岩的一种，在我国分布广泛。变质片岩是有片理构造，一般为鳞片变晶结构、斑状变晶结构、纤状变晶结构。常见矿物有云母、绿泥石、滑石、角闪石等片状、柱状矿物(含量大于30%)，粒状矿物以石英为主，长石很少或不含。其特征是岩层内倾斜角度较大，节理裂缝发育，围岩分层明显，片理面滑腻，节理和片理间多泥质物填充，围岩内摩擦角较小，黏结能力及自稳能力差。在富水区域中基本无自稳能力，软化现象严重，呈流塑状。

第二节 变质片岩长大隧道的工程特点及研究现状

一、变质片岩长大隧道的工程特点

变质片岩单轴抗压强度一般约5 MPa，呈片状构造，具有流变特性，暴露在空气之中容易风化潮解，受地下水软化作用明显，呈现为裂隙状，加大其透水性能。承载能力和抗变形能力较差，属工程软岩。基于变质片岩的物理特性，长大隧道穿越变质片岩地质区域，具有以下突出工程特点：

1. 隧道变形侵限严重

隧道开挖过程中，造成对隧道围岩结构的破坏和扰动，由于变质片岩强度低，自稳性能差，存在隧道变形侵限问题，一般采用"短进尺、强支护"的施工原则，隧道施工进度相对较慢。

2. 隧道偏压现象严重

由于变质片岩的分布不规律性以及隧道围岩的复杂性，围岩压应力存在不对称性，会造成隧道严重偏压，引起隧道横向位移导致支护结构的开裂、破坏。

3. 地质灾害风险高

施工前期由于缺少围岩特性相关的分析资料，仅通过设计地质资料，无法判断和验证支护结构的可靠性，在实际施工过程中需要加深地质勘察，并针对实际过程开展监控量测工作，积累现场数据，开展分析研究工作。在这一过程中，往往由于缺少现场资料和主观判断的失误，会造成一定灾害风险。尤其是变质片岩变形速率大，防治要求高，且具有突发性，引起其造成地质灾害的风险高，其表现形式有落石、坍塌、涌水、突泥等。

4. 施工通风和运营通风难度大

隧道通风是保障隧道施工作业和正常运营的常见技术，尤其是长大隧道在采用独头掘进时，隧道通风距离的加大，造成风压的持续降低，导致通风困难。对于长大隧道的运营通风，一般在设计上采用增设竖井结构，在隧道范围内增加进、出风口，与隧道主洞同步设计、同步施工。由于竖井是竖向的“井”状结构，目前普遍采用的施工工艺为全断面钻爆法和反井钻机扩挖成井法，由于变质片岩的特性，竖井开挖完成后岩石暴露的时间过长，会引起井壁坍塌的风险。因此竖井支护结构需要紧跟开挖工序，施工难度较大。

二、研究现状

自英国于 1826 年起在蒸汽机车牵引的铁路上开始修建长 770 m 的泰勒山单线隧道和长 2 474 m 的维多利亚双线隧道以来，英、美、法等国相继修建了大量铁路隧道。中国于 1887 年～1889 年在台湾省台北至基隆窄轨铁路上修建的狮球岭隧道，是中国的第一座铁路隧道，长 261 m。此后，又在京汉、中东、正太等铁路修建了一些隧道。京张铁路关沟段修建的 4 座隧道，是用中国自己技术力量修建的第一批铁路隧道。经历了 120 多年艰辛曲折的发展历程，我国隧道建设从 20 世纪 80 年代突飞猛进，在勘察设计、施工、运营、科研等方面取得了许多重大成就和创新。在喀斯特地貌、高原冻土、煤层瓦斯区、膨胀岩等复杂地质环境隧道修建技术方面积累了宝贵的经验。

在软岩隧道修建方面，国内外学者从理论上对软岩隧道围岩特性、变形机理、地质灾害预警、超前地质预报、围岩应力分布规律等开展研究工作。陈建平等分析了变质软岩变形破坏的特征，并依托实际工程研究了软岩的塑性流动变形、偏压、物化膨胀、流变、应力扩容等变形破坏机理，提出了提高围岩整体性、加强围岩的强度和刚度、增加体外支撑、加强监控量测等减避围岩变形的措施。刘富成等从地质调查、室内试验、监控量测等方面，采用 X 射线粉晶衍射矿物成分分析、物理力学试验、现场测量等手段，分析了通省隧道变质软岩的变形破坏特征，重点研究了变质软岩变形破坏的孕灾环境及灾变因子，并通过 AHP 层次分析法确定了各灾变因子的权重，并提出占权重最大的是地质及岩体力学性质因子，次之为水文地质因子和施工因子。李苍松等明确提出高水压的概念，建立了隧道衬砌水压力计算的概念模型，研究成果为高压富水隧道设计提供了理论依据。王国栋从技术和环保的角度，提出了在施工中对地下水处理的定性与定量标准、预测预报方法、高承压水的注浆设计和程序。杨会军等针对渗流水以静储存或者动储存为主的两种情况，分别采用以排为主和以堵为主的两种处治方式。李皓晖等以十堰至房县高速公路武当群片岩隧道中典型地下水渗漏区段为主要研究对象，从灾害段地下水渗漏特征、围岩的水理性、地下水的物理力学作用等方面阐述了变质软岩隧道施工中地下水渗漏的影响，并提出地下水的物理化学作用，能促使变质片岩软化、泥化、崩解、膨胀，使片岩强度和完整性降低，甚至失去自承能力；地下水产生的水压力亦能破坏围岩，增大围岩与支护所受荷载，给施工安全带来隐患。

Sung 等在新奥法原理的基础上，研究了软弱岩体中隧道开挖的最佳支护设计。何满潮针对软岩提出了最佳支护时间和最佳支护时间段的概念，并提出判别最佳支护时间(段)就是鳞、片状剥落出现的时间。程尚、罗学东、陈建平等适当提前施作二次衬砌的时间来承担部分因初期支护不足而产生的荷载，很好地控制了软岩的过度变形。张社荣、梁礼绘、张玉军、刘谊平、陈军等运用数值模拟的手段，对二次衬砌合理支护时机的确定进行了研究。马明等以十(堰)房(县)高速公路软弱变质片岩隧道通省隧道为例，针对软弱片岩隧道围岩累计变形量、变形速率较大，变形基本呈现不收敛趋势的特点，结合现场监测围岩所表现出的蠕变特性，采用改进的 Burgers 黏弹塑性蠕变模型进行隧道衬砌结构受力分析，并在此基础上确定二次衬砌合理施作时机及变形速率指标，为二次衬砌适时及时施作提供了一定的理论依据。

在工程实例方面，国内外属于典型的软岩围岩挤压变形的隧道有陶恩(Tauern)隧道(奥地利)、阿尔贝格(Arlberg)隧道(奥地利)、惠那山(Enasan)隧道(日本)、家竹箐隧道(中国)、木栅隧道(中国)、乌鞘岭隧道(中国)等。相关技术指标见表 1-1。

表 1-1　国内外典型挤压性围岩隧道

项　目	隧道名称					
	陶恩隧道	阿尔贝格隧道	惠那山隧道	家竹箐隧道	木栅隧道	乌鞘岭隧道
国　别	奥地利	奥地利	日本	中国	中国台湾	中国
隧道长度(m)	6 400	13 980	8 635	4 990	1 875	20 050
开挖断面(m^2)	90～105(宽 11.8 m×高 10.75 m)	90～103(宽 10.8 m×高 11.20 m)	宽 12.0 m×高 10.5 m	82.5(宽 9.34 m×高 10.47 m)	150	71.0 或 84.3(椭圆形宽 7.8 m×高 11.1 m或圆形直径 10.36 m)
用　途	公路隧道	公路隧道	公路隧道	单线铁路隧道	公路隧道	单线铁路隧道
施工年份	1970 年～1975 年	1974 年～1979 年	1978 年～1985 年	1993 年～1996 年	1996 年	2003 年～2005 年
埋深	500～1 000	平均 350，最大 740	400～450	400	—	450～1 100

续上表

项目		隧道名称					
		陶恩隧道	阿尔贝格隧道	惠那山隧道	家竹箐隧道	木栅隧道	乌鞘岭隧道
围岩(大变形地段)		绿泥石、绢云母、千枚岩	千枚岩、片麻岩、局部为含糜棱岩的片岩、绿泥岩	风化花岗岩组成的断层破碎带。局部为黏土	煤系地层	—	板岩夹千枚岩、断层泥砾、角砾、碎裂岩
抗压强度(MPa)		0.4～1.6	1.2～2.9	1.7～4.0	1.7	0.2	0.735
内摩擦力角(°)		20～22	28	35	30	12.7～39.2	25
黏聚力(MPa)		—	0.15	0.5	0.5	3.6	0.2
原始地应力(MPa)		16～27	13	10～11	8.57～16.09	3.6	9.15～20.5
侧压力系数		近似1	—	近似1	1.88	—	近似1
强度应力比		0.05～0.06	0.1～0.2	0.1～0.33	0.1～0.2	—	0.031～0.040
初期支护	原设计	喷25 cm混凝土，TH36钢架@75，锚杆长4 m	喷20～25 cm混凝土，可缩钢架，锚杆长6 m	喷25 cm混凝土，MU-29可缩钢架@100，锚杆长6 m	喷12 cm混凝土，模筑混凝土18 cm，锚杆长3 m，有钢架	—	喷15～20 cm混凝土，锚杆长3～4 m，有钢架
	改变设计	喷25 cm混凝土，TH21钢架@100，锚杆长6～9 m	除锚杆加长到9～12 m。其他同前	除锚杆加长到9～13 m。其他同前	喷35 cm混凝土，U29可缩钢架，锚杆长8 m	—	喷25～45 cm混凝土，锚杆长4～6 m，I20或H175钢架
初期支护变形速度		一般5～10 cm/d，最大20 cm/d	一般4～6 cm/d，最大11.5 cm/d	—	3～4 cm/d	—	一般4～5 cm/d，最大16.8 cm/d
初期支护位移		一般50 cm，最大120 cm（隧底打锚杆前隆起20 cm）	一般20～90 cm，最大35 cm(拱顶下沉15～20 cm)	一般20～25 cm，最大56 cm（拱顶下沉93 cm）	一般80～100 cm，最大210 cm。隧底隆起60～80 cm	最大拱顶150 cm，边墙内挤70 cm	一般40～80 cm，最大120 cm
收敛时间(d)		300～400	100～150	>300	≥100	—	≥100

续上表

项 目	隧道名称					
	陶恩隧道	阿尔贝格隧道	惠那山隧道	家竹箐隧道	木栅隧道	乌鞘岭隧道
主要控制措施	长锚杆、可缩钢架、喷层预留纵缝	长锚杆、可缩钢架	长锚杆、可缩钢架、喷钢纤维混凝土、加大预留变形量	改变洞形、长锚杆、加大预留变形量、喷层留纵缝、可缩钢架、双层衬砌	长预应力锚索、隧底长锚杆	改变洞形、中长锚杆、加大预留变形量、多面支护、变形管理

我国是世界上隧道及地下工程规模最大、数量最多、地质条件和结构形式最复杂、修建技术发展速度最快的国家，技术水平与建设成就已走在世界前列。挤压性围岩变形隧道，由于其变形量较大，且具有突发性特点，施工风险极大，国内外工程技术人员、研究学者做了大量的试验、研究工作。但依然存在诸多亟待解决的问题：对围岩大变形的定义分级尚不明确；复杂地形、水文环境下的变质片岩变形规律有待进一步深化研究，大变形地段大断面深竖井施工工艺技术普遍采用的依然是 20 世纪 50 年代兴起的全断面钻爆法施工，有待进一步改进和优化。为此，以十房高速公路通省隧道为依托工程，开展了挤压性隧道大变形防治、施工环境改善、竖井节能快速施工等方面的研究工作。

第三节 依托工程概况

通省隧道系湖北省十堰至房县高速公路上的特长隧道，位于湖北省十堰市房县境内，是十房高速的重点控制性工程。设计为双洞单向 2 车道交通，两洞轴线最大相距 48 m。隧道区域地形复杂，山岭险峻，峰峦叠嶂，中间段隧道最大埋深约 500 m。左线设计长 6 900 m，平曲线半径 R 为 1 420 m，隧道纵断面采用－1.9%的单向坡；右线设计长度 6 873 m，平曲线半径 R 为 1 420 m，隧道纵断面采用＋1.9%的单向坡。隧道较长，考虑运营期合理通风，设置有 1、2 号两处通风竖井。1 号竖井中心位置位于左线，竖井深度约 218 m，直径为 8.5 m。2 号竖井中心位置位于右线，竖井深度约为 308 m，直径为 9.2 m。其中，出口端及 2 号竖井，隧道净空面积为 64.87 m^2，当量直径为 8.2 m。

一、工程地质概况

1. 围岩地质特征

隧址区在大地构造位置上，处于扬子通北缘和秦岭—大别造山带的交接部位，属上扬子板块及北缘构造带的一部分。在长期的地质发展演化进程中，经历了多期次、多阶段的变形变质作用和岩浆活动，地质构造复杂。隧道位于武当山背斜北翼，区内基岩大都直接出露，为中元古界片岩，产状 50°～60°∠40°～55°。隧址区内发育 2 条断裂破碎带。从地质调绘和区域资料来看，隧道主要穿越地层为元古界武当群(P_{t2w})片岩，鳞片变晶结构，片状构造，进出口附近坡面覆盖有第四系残坡积层。根据工程地质调绘、钻探及室内岩土试验结果，勘探深度范围内地层从上至下可分为第四系覆盖层、片岩风化层及片岩。

原设计通省隧道围岩类型以Ⅲ级围岩为主，占隧道总长的 75.8%，Ⅳ级围岩占隧道总长的 19.8%，Ⅴ级围岩占隧道总长的 4.4%，揭示围岩地质构造情况与设计相差较大，原设计Ⅲ级围岩开挖后揭示围岩多为青灰色 P_{t2wd}强风化变质片岩，薄层状，岩质软弱，云母含量较高。节理裂缝发育，倾斜角度较大，围岩分层明显，片理面滑腻，节理和片理间多泥质物填充，围岩内摩擦角较小，黏结能力及自稳能力差。

2. 围岩变形破坏特性

隧道围岩主要矿物组成为云母、石英，次要矿物有蒙脱石、绿泥石、长石、方解石等。整体呈薄层状结构，岩质软弱，云母含量较高。节理裂缝发育，倾斜角度较大，围岩分层明显，片理面滑腻，节理和片理间多泥质物填充，围岩内摩擦角较小，黏结能力及自稳能力差。在富水区段基本无自稳能力，软化现象严重，呈流塑状。由于围岩强度极低，隧道在开挖后多次出现拱顶坍塌，掌子面失稳、核心土挤出，临时仰拱底部鼓起等现象，围岩变形量大、变形速率快且持续时间长，初期支护喷射混凝土开裂、掉块，钢拱架扭曲变形甚至断裂等现象严重。

二、水文地质概况

1. 补给水源

通省隧道洞顶无小溪、河流、湖泊、池沼等水源，地下也无暗河存在，地下水的来源主要是大气降水，隧道所在区域年平均降水量为 914 mm 左右，日均最大降雨 200 mm。同时，涌水塌方段刚好位于山体Ⅴ形低洼地带，形成很大的汇水区，降雨及远山地表水可汇聚于此，地表汇水面积大约 0.3 km^2。

2. 储存条件

隧道富水区域地质构造极为复杂，受两边岩体挤压和多次竖向拉伸作用的影响，岩石破碎，透水能力强，裂隙空隙大，地下水在该区域运移通畅，储存空间广泛。隧址区地下水主要为基岩裂隙水。基岩裂隙水分布于隧址区基岩裂隙及构造破碎带中，主要是变质岩的构造裂隙中，接受冲沟地表水、大气降水的补给，径流滞缓，排泄于沟谷及地势较低的第四系堆积物中。第四系空隙性潜水主要接受山区基岩裂隙水、大气降水补给，向下游排泄，水位埋置较深，含水层较厚。

3. 连通条件

隧道富水区域山体中断层带及其影响带内劈理、揉皱等次级构造较发育，透水性强，且山体内这些断层相互交接，部分互通向上延伸于地表，向地下延伸极远，深于隧道所在部位，形成隧道与地表水之间连通的通道，使地下涌水得到源源不断的补充。

三、工程主要特点

1. 隧道围岩变形严重，初期支护开裂、侵限现象严重

通省隧道在施工过程中围岩岩性与结构多变。无论是围岩岩石强度与矿物成分，还是岩体完整性以及岩体的片理结构均发生较大的变化，初期支护变形破坏强烈，隧道净空侵限严重。隧道在开挖后曾多次出现拱顶崩塌，掌子面失稳，核心土挤出，临时仰拱底鼓，变形持续不收敛，初期支护喷射混凝土开裂、掉块严重、拱架扭曲，涌水突泥等情况。

2. 断层区域富水量大，涌水突泥现象严重

隧址区的地质构造主要受房县—青峰逆冲断裂带控制。通省隧道穿越断层发育区段，受多次挤压与张拉影响，围岩节理裂隙发育，切割严重，多发育有含泥质软弱夹层，易储存大量地下水，开挖后易沿软弱夹层发生滑动，隧道所穿越地层有20％为破碎富水地段，在穿越断裂带处施工过程中发生较大规模涌水突泥（涌水量最大达 192 m^3/h）。

3. 独头掘进通风距离长，施工环境恶劣

通省隧道独头掘进最大距离达 3 450 m，为了最大限度的改善施工环境，减少粉尘、施工机械产生的不良气体等对施工人员的伤害，因此采用充气式隔离通风装置进行单洞通风设置，并采用 XPM 喷射混凝土技术减少粉尘污染，并在施工掘进至竖井桩号时，及时贯通竖井 ϕ140 cm 导井，增大洞内空气的对流。

4. 竖井采用全断面开挖法施工能耗大、施工风险高

通省隧道 2 号竖井处地质复杂，全部为Ⅳ、Ⅴ级围岩，强风化变质片岩分布范围大，围岩裂隙水补给条件充足，全断面施工塌方风险较大，且竖井作业期间抽排水困难，因此合同段采用反井作业法施工，率先贯通导井进行地质超前探测和排水，为后续扩挖消除塌方和涌水的风险。

四、施工方案

通省隧道按“保证重点，突出难点，分单元组织施工，单元内按大循环与小流水相结合组织施工，确保物流有序，均衡生产，步调一致”的原则进行总体规划。通省隧道的施工基于变质片岩的特点，变形速率快、变形滞后、变形持续时间长、变形存在明显滞后性和破坏模式多样等，施工主要是严控施工风险，合理配置资源，确保安全施工。正确选择由两端向中心同步掘进，采用新奥法施工，隧道出渣采用无轨运输，不设置斜井和平行导坑，独头掘进最大距离达 3 450 m。通风竖井的施工采用全断面钻爆二次扩孔快速成井，开挖衬砌分区同步施工工艺。

第二章　隧道地质勘察

第一节　隧道初期地质勘察

通省隧道地质勘察综合运用以地质勘探为主，多种物探、钻探、试验、测试、地质超前预报相结合的地质勘察技术。

一、初期地质勘察工作

初期地质勘察工作是在设计勘察阶段进行，包括地质调查和钻孔测量。隧道区位于扬子板块北缘，属秦岭地层区，出露地层以中元古界武当群变质片岩为主，整套地层沉积厚度巨大，层序较为稳定，变质作用明显；第四系地层在区内零星分布。

二、通省隧道区域地质特征

隧址区在大地构造位置上，处于扬子通北缘和秦岭—大别造山带的交接部位，属上扬子板块及北缘构造带的一部分。在长期的地质发展演化进程中，经历了多期次、多阶段的变形变质作用和岩浆活动，地质构造复杂。根据沉积建造、岩浆活动、变质作用和构造变形等特征，将本区划分为武当山复背斜、襄枣断陷、青峰台褶束三个次级构造单元。其中，武当山复背斜、襄枣断陷两个次级构造单元，位于南秦岭构造带中；青峰台褶束则处于扬子准地台中。

武当群在隧道区出露最广，地层厚度最大，普遍遭受变质作用，构造变动也最为复杂。岩性以片岩为主，其间有大量基性岩脉贯入和少量酸性岩浆活动。

第二节　加深地质勘察

一、加深勘察的主要内容

根据工程地质调绘、钻探及室内岩土试验结果，勘探深度范围内地层从上至下可分为第四系覆盖层、片岩风化层及片岩。第四系覆盖层主要是碎石、角砾及粉质黏土，分布于隧道进、出口端坡面，厚度约为 1.4～7.7 m；全风化片岩岩芯呈碎屑状及碎块状，含粗砂状石英及云母片，原岩结构构造全部破坏，呈棕褐、浅灰色；强风化片岩节理裂隙发育，裂面有少量铁锰质浸染，岩芯多数呈碎块状，采取率约80%，鳞片变晶结构，片状构造，呈灰绿色；中风化片岩主要矿物成分为钠长石、云母、石英等，局部见灰白色或烟灰色石英条带，节理不甚发育，沿节理面见铁质侵染，岩芯多呈短柱状，块状，采取率85%，RQD=70%，鳞片变晶结构，片状构造，呈灰绿色，如图2-1～图2-4所示。

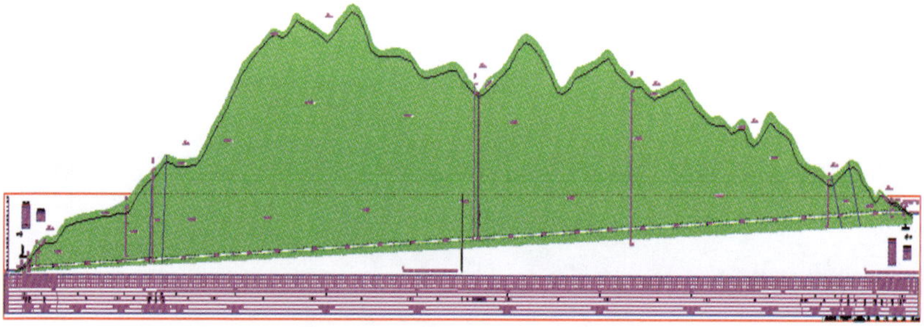

图2-1　通省隧道纵断面地质图

图2-2　隧址区强风化片岩露头

图2-3　掌子面揭露的云母石英片岩

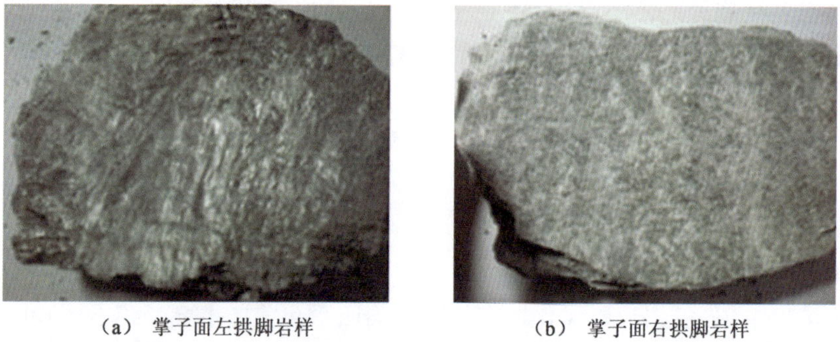

(a) 掌子面左拱脚岩样　　(b) 掌子面右拱脚岩样

图2-4　掌子面拱脚岩样

二、大变形基本特征与机理分析

1. 变质岩区片岩变形特征

变质片岩隧道围岩变形存在明显的个性特征：变形量大、变形速率快、变形持续时间长、变形存在明显滞后性和破坏模式多样等。因此主要以通省隧道为依托，对典型区段进行围岩压力、变形及波速测试，分析支护结构组合和施工方案对围岩变形的影响（围岩的塑性区、弹性区等），并取得以下成果。

（1）现场监测调查。搜集通省隧道已开挖段，对出现大变形区段地质情况进行统计，并进行有针对性的围岩压力监测工作，监测结果显示：总体上，整条隧道左拱顶压力较大，这一结果与地形及围岩片理产状影响效果一致。

（2）室内试验研究。通过对研究区域的岩样采用结构面性质试验、岩石成分矿物试验以及岩石微观试验。工程特性方面，对岩样进行软化崩解试验等，了解了该区域岩体的物理性质与力学性质，如该类围岩具有较高的软化性、流变性、崩解性、易扰动性等特性。并采用爆破振动仪及声波测试方法对典型区段的松动圈大小进行测试。上述成果为隧道围岩分级研究与隧道稳定性分析提供了可靠依据。

2. 变质岩区大变形破坏机理分析

（1）基于实际施工变形破坏特征，结合室内试验，对变质软岩的物理力学性质、矿物成分特征、工程特性等进行研究，运用围岩损伤劣化理论，对不同因素主导下的变质岩区隧道大变形破坏机理进行分析，并提出大变形处治与预防措施。

（2）建立地貌偏压隧道开挖与支护的数值模型，研究偏压隧道开挖与支护条件下，模型应力场及位移场变化。研究表明：地形偏压条件下，应力随离隧道距离的增加而快速减小，超过 2 倍洞径后趋于稳定；最大主应力、最小主应力、竖直应力表现为在拱顶、底板拉应力集中和拱脚处压应力集中，后开挖的深埋洞更加明显；剪应力呈 45°和－45°交叉分布在拱腰和拱脚处，深埋洞要大于浅埋洞；塑形区主要分布在深埋洞一侧拱腰和拱脚处，偏压的存在使得拱顶、仰拱和边墙等部位极易出现剪切破坏；深埋洞的变形要明显大于浅埋洞。

（3）对爆破作用下，片岩的损伤劣化机理及破坏特征进行了研究，结果表明：考虑损伤后裂纹的最终长度比不计损伤时要长；围岩中的裂隙对爆破能量具有导向和吸收作用。基于以上认识，对软岩隧道光爆参数进行了优化。

三、大变形观测技术

监测方案包括监测精度设计，基准网及工作基点布测，观测点布设，监测周期及频次的确定，观测方法的选择，监测数据的采集、处理、分析及整理等内容。根据隧道结构特点、地形地质条件和变形特征，本工程采取整体围岩变形监测为主，并对局部加强监测。

四、超前地质预报

隧址区穿越变质片岩区域，围岩破碎，裂隙发育，变质岩遇水软化易产生变形，隧道极易坍塌，变质岩的自稳能力差，透水性强，当围岩失稳发生变形时人员几乎来不及逃生，设备更来不及撤离。为规避风险，安全施工，切实探明前方的地质情况，隧道施工中建立超前地质预报小组，并将超前地质预报工作纳入到隧道的正常施工工序中。

1. 超前地质预报的主要内容

超前地质预报由超前地质预报组来完成，超前地质预报工作内容主要包括：

(1) 对照勘测阶段的地质资料，预测、预报地质条件变化及其对施工的影响。

(2) 断层或不稳定岩层预测、预报。

(3) 涌水(涌水地点、涌水量大小、地下水泥砂含量等)预测、预报。

2. 超前地质预报的主要方法

(1)超前探水预报方法(图 2-5)

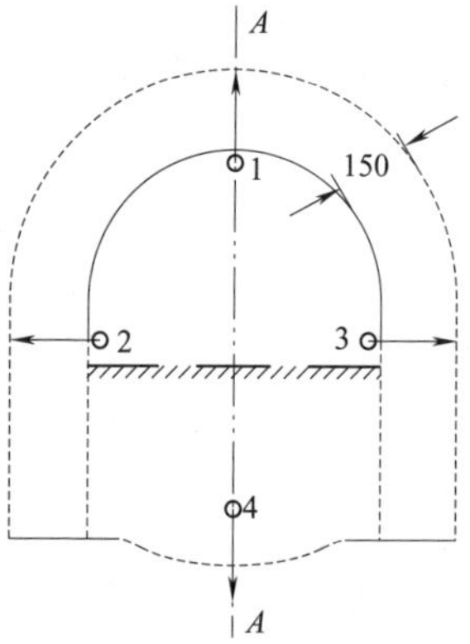

(a) 探水孔布置断面

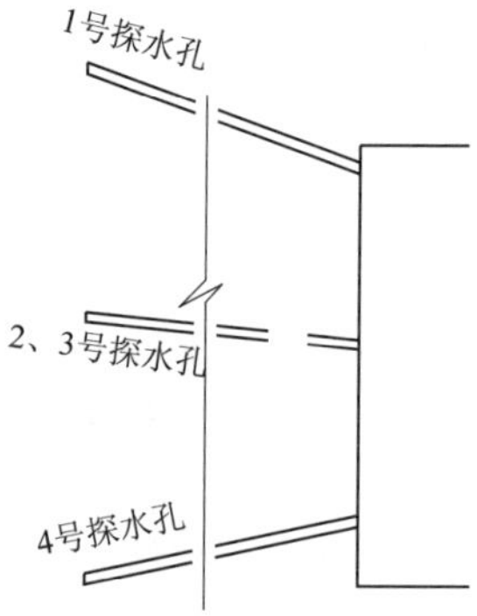

(b) A—A断面

图 2-5 超前探水孔布置示意图(单位：cm)

(2)利用工作面地质素描预报

正洞掘进施工时，有经验的地质工程师在每循环爆破后对工作面进行地质素描。地质素描内容主要包括地下涌水(重点是突涌水)，地层岩性，岩石特征，断层，软弱夹层，贯穿性强的大节理、岩溶等。根据地质素描的内容，做出开挖面前方较短距离内的岩体稳定性分析，通过综合分析判断，提出地质预报。

(3)超前水平勘探

利用钻机钻孔并适当加长钻杆,通过观测记录钻速,冲洗液及岩屑、岩粉的变化,进行分析判断,预报短距离的地质灾害问题。

(4)超前地质预报组织

在隧道施工中成立专门的超前地质预报研究小组,主要由工区总工、现场工程技术人员组成,负责调查、统筹安排各种施工方法,组织资料分析和预报,报告指挥部及监理工程师,针对出现的问题采取必要的施工措施。

3. 超前地质预报信息的处理

(1)地质预报由专业地质工程师负责,其他施工、质检人员予以配合,进行资料收集、统计、分析和编制信息预报成果,由主管技术人员予以复核。

(2)为保证超前地质预报工作的准确性,不断总结经验,对已施工地段保证地质超前进行地质复查,并与前期地质预报内容相比较,评估预报结果的准确性,积累经验,为以后的预报工作提供借鉴。

(3)地质预报主要项目汇总见表 2-1。

表 2-1 地质预报主要项目表

项目		预报主要内容	主要方法/仪器	重点预报地段
常规预报	围岩类别	岩性特征,节理,裂隙发育特征和岩体结构特征	地质素描法	断层破碎带
	涌水量	涌水量大小、压力、变化规律,环境水文地质特征	钻探孔/测流计,渗压计	富水地段
异常预报	断层	位置,规模,破碎程度,充填情况,含水情况	钻探孔,地质素描法	断层地段
	突水突泥	位置,规模,泥流成分性质	钻探孔,地质素描法,物探法/台车,测流计	岩溶发育带,向斜核部

第三章　变质片岩隧道大变形控制

根据通省隧道高地应力软弱围岩变形的实际情况，提出了“短开挖、快封闭、强支护、快速成环、二次衬砌适时紧跟”施工原则。选择合理的断面形状，留足预留变形量，超前支护，中等长度系统锚杆和少量补强锚杆加固围岩，多重支护或一次大刚度支护，适当提高衬砌刚度和提前施作衬砌。采用小导坑释放应力、快开挖、快支护和快封闭的挤压大变形综合控制技术。

第一节　隧道预设计与修正设计

隧道设计分为预设计和修正设计两类。预设计是通过施工前的地质调查，按标准设计进行的设计，正确与否或与实际的符合程度，需通过施工的检验。修正设计是通过施工中的调查和观察，包括量测的验证等，而对预设计进行修正的设计，也可称为设计变更或施工设计。隧道工程预设计—修正设计流程如图 3-1 所示。

预设计以大致掌握安全性、施工性、对周边的影响等为主要目的，其设计项目以表 3-1 中的①～④为主要对象。修正设计则着重在表中的⑤以下的项目，并修正预设计决定的项目。

表 3-1　预设计、修正设计的设计项目

设计项目	预设计	修正设计	设计项目	预设计	修正设计
①断面形状	◎	△	⑥二次衬砌及仰拱	○	◎
②开挖方法	◎	△	⑦防排水	☆	◎
③对策	◎	△	⑧洞口部	☆	◎
④超前支护	◎	△	⑨量测	☆	◎
⑤一次支护	○	◎			

注：◎ —详细研究；○—以需要的精度研究；△—有必要时修正；☆—有必要时研究。

一、隧道结构预设计

通省隧道属房县辖区范围内，路线位于房县土城镇塘埂村，隧道单线全长 13 779 m，左线长 6 900 m；右线长 6 873 m。

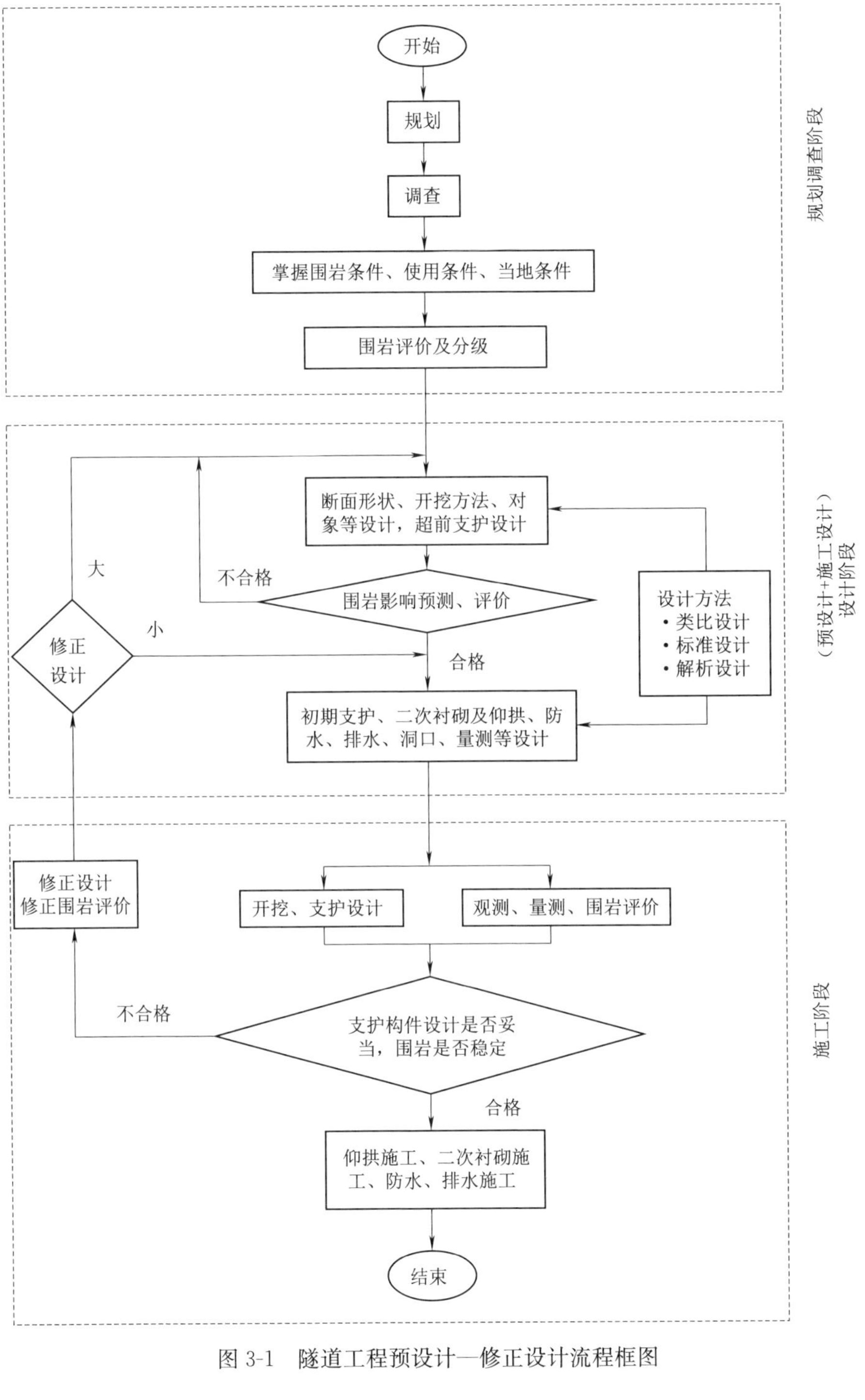

图 3-1　隧道工程预设计—修正设计流程框图

路线平面线形设计：线形设计不过分追求高标准，注重因地制宜，以人为本，尽可能将路线与当地环境和自然景观融为一体，考虑到沿线地形的分布，保证线形与地形、地物的协调。通省隧道设交点 1 个，平曲线半径 R-1 420 m(1 处)；平曲线占线路总长 27.14%，最大直线长度 2 972.765 m，最小直线长度 2 972.765 m。

路线纵断面设计：项目地处鄂西北山地，低—中山地貌区，区内山顶高程500～1 500 m，切割深度一般 200～600 m，最大切割深度近 1 000 m，地形坡度一般为 30°～50°，沿线山高谷深，峡谷蜿蜒，区内水系发育，多成树枝状、栅状，水系主方向多为近南北向，沟谷深且多“V”形。纵面线形设计主要受特长隧道因素控制，纵断面共设变坡点 3 个，最大纵坡 1.90%(1 处)，最短坡长 500.02 m(1 处)，平均每公里纵坡变更次数 0.735 次；最小竖曲线半径：凸型 14 338.240 m(1 处)、凹型 18 775.018 m(1 处)，竖曲线占路线总长 7.42%。

据已批准的初步设计文件中所确定的修建原则、设计方案、技术要求等资料，有针对性地进行工程地质勘察工作，为确定公路路线、工程构造物的位置和编制施工图设计文件提供了准确、完整的工程地质资料。

根据勘察结果可知，隧道区处鄂西北山地，属巴山区东段的武当山区，为中山地貌，区内山顶高程 1 000～1 365 m，切割深度一般 200～600 m，最大切割深度近 1 000 m，地形坡度一般为 30°～50°。其位于扬子板块北缘，属秦岭地层区，出露地层以中元古界武当群变质岩为主，整套地层沉积厚度巨大，层序较为稳定，变质作用明显。第四系地层在区内零星分布。勘探期围岩级别及简要围岩概况见表 3-2。

表 3-2　勘探期围岩级别及简要围岩概况

左线桩号	右线桩号	围岩级别	围岩状况
ZK116+950～ZK116+990	YK116+915～YK116+958	Ⅴ	围岩为第四系残坡积粉质黏土及武当群全—强风化片岩。覆盖层稍湿，硬塑，厚度较大；片岩风化强烈成洞困难；主要为孔隙水，雨季渗水；无支护易坍塌
ZK116+600～ZK116+950	YK116+560～YK116+915	Ⅳ	围岩为武当群中风化片岩，受构造破碎带及地形影响，节理裂隙发育，岩体破碎，稳定性差；地下水为基岩裂隙水，水量较小雨季滴水；开挖拱部易掉块应加强支护和防水
ZK116+500～ZK116+600	YK116+460～YK116+560	Ⅴ	为中风化片岩，物探推测为破碎带，岩石节理裂隙发育，岩体破碎，成洞性差；地下水为基岩裂隙水，水量较小雨季渗水；开挖易坍塌，成洞困难，需超前支护

续上表

左线桩号	右线桩号	围岩级别	围岩状况
ZK116＋150～ZK116＋500	YK116＋150～YK116＋460	Ⅳ	围岩为武当群中风化片岩，受构造破碎带及地表冲沟影响，节理裂隙较发育，岩体破碎，稳定性差；地下水为基岩裂隙水，水量较小雨季滴水；挖拱部易掉块应加强支护和防水
ZK116＋150～ZK113＋520	YK116＋150～YK113＋540	Ⅲ	围岩为武当群中～微风化片岩，鳞片变晶结构，片状构造，节理裂隙发育，岩体完整，稳定性差；洞室一般较干燥，雨季少量滴水；开挖无支护拱部易掉块或局部小规模坍塌，侧壁基本稳定，应及时支护

二、隧道结构修正设计

1. 修正设计总体思路

修正设计是在施工过程中，通过已经暴露的地质情况和施工中发生的各种变异现象，对预设计进行修正和完善的设计过程。这也是隧道设计不同于其他工程结构物设计的最重要的特点之一。

隧道设计、施工受到围岩条件的极大影响，而围岩性质又受到岩质（软硬、构成矿物、粒度构成、物性等）、裂隙状况（频率、方向、充填物的种类等）、涌水状况（水压、水量）、地质构造（断层等）等多种条件的影响，同时与施工方法也有极大的关系。

此外，隧道是地中的线状结构物，要进行全线的精密调查，从经济上看是极为困难的；同时，能够定量地掌握前述复杂的围岩性质的试验及调查方法也是不多的，要想在设计前取得满足设计的资料是困难的。

隧道的预设计，考虑到事前调查的精度，设计不一定是最合适的。因此，以建设安全而经济的隧道为目标，在施工阶段应尽可能根据围岩的实际条件修正预设计。内容包括：

（1）围岩级别的变更；

（2）支护结构的变更；

（3）辅助工法的追加；

（4）开挖分部尺寸的变更；

（5）开挖断面的变更；

（6）断面的早期闭合等。

修正设计实质上就是反馈设计，即：根据施工中出现各种现象对预设计进行恰如其分的修正。这种修正不仅仅是结构参数的修正，也包括施工方法和参数的调整和修正。

隧道设计两个阶段的划分如图 3-2 所示。

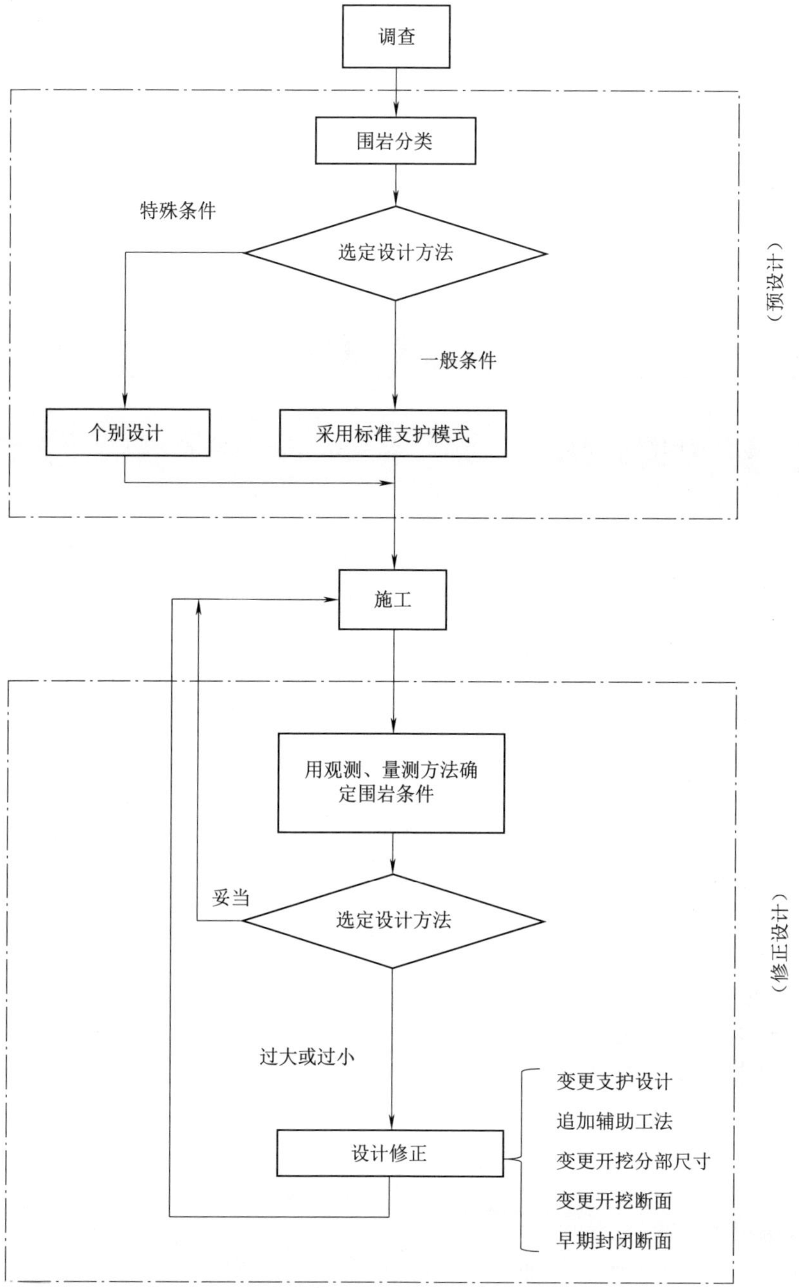

图 3-2　隧道设计两个阶段的划分

通省隧道大面积分布有云母变质片岩，与预设计存在不符，因此隧道开挖支护是以修正设计为主，预设计变更率达 90%。在施工过程中通过对位移信息、应力信息、变异信息的观察和测量，及时进行围岩级别和支护类型变更，为顺利开挖掘进打下基础。在施工过程中，还对遇到最多的软弱围岩大变形进行了研究，并总结出相应的支护结构形式。

2. 隧道结构形式试验研究与修正设计

根据对围岩和地质不断加深了解，通省隧道大多进行了二次支护衬砌结构设计，在软弱围岩塌方地段甚至是多次的修正。以 ZK114+377～ZK114+363 段为例，对通省隧道支护结构的变更过程进行阐述。

(1)初步设计支护类型

在初步设计阶段(施工图纸中设计)，ZK114+377～ZK114+363 段为Ⅲ级围岩区，支护类型为 Z3b 型。

(2)施工前设计情况

1)施工前超前地质预报

当施工至 ZK114+379 时，联合东华理工大学勘察设计研究院，采用地质雷达结合工程地质调查分析推断法，对前方 30 m 范围内的围岩进行超前地质预报，预报结果如下：

①掌子面地质描述

左洞(ZK114+379)围岩为武当群强风化泥质片岩为主，皱褶发育，位于断层带范围。强风化泥质片岩锤击声哑，无回弹，有凹痕，易击碎，浸水后手可掰开，属于软岩。主要发育两组结构面，其产状分别为 302°∠7°、154°∠13°，片状～鳞片状结构。节理裂隙发育，层间结合差，岩体极其破碎，围岩完整性差。掌子面整体湿润，泥化严重，围岩稳定性差。围岩遇水易软化，受扰动易失稳。掌子面照片及素描图如图 3-3 所示。

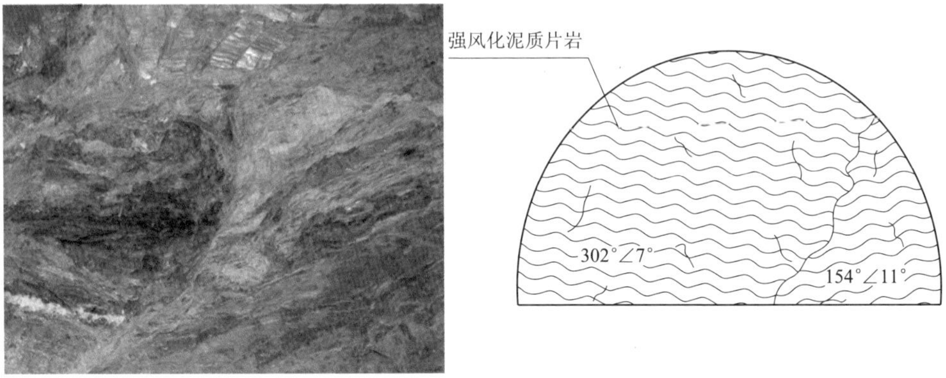

图 3-3　ZK114+379 掌子面照片及素描图

②地质雷达测线布置

地质雷达测线布置示意图如图 3-4 所示，现场测线为近于水平线。

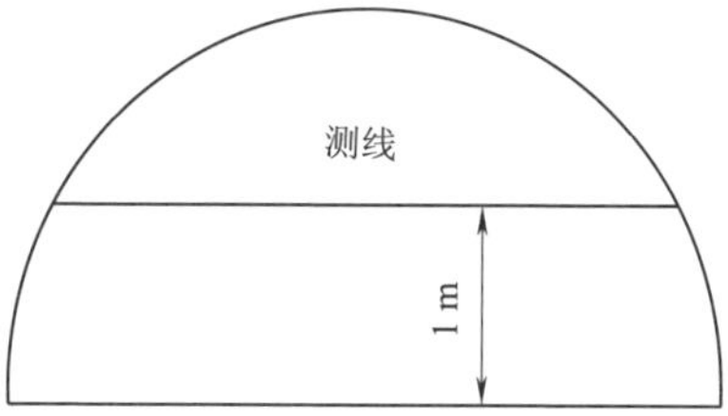

图 3-4 地质雷达测线布置示意图

③地质雷达探测成果

左洞 ZK114＋379 地质雷达探测距离为 30 m，里程桩号范围为 ZK114＋379～ZK114＋349。地质雷达探测结果如图 3-5 所示。

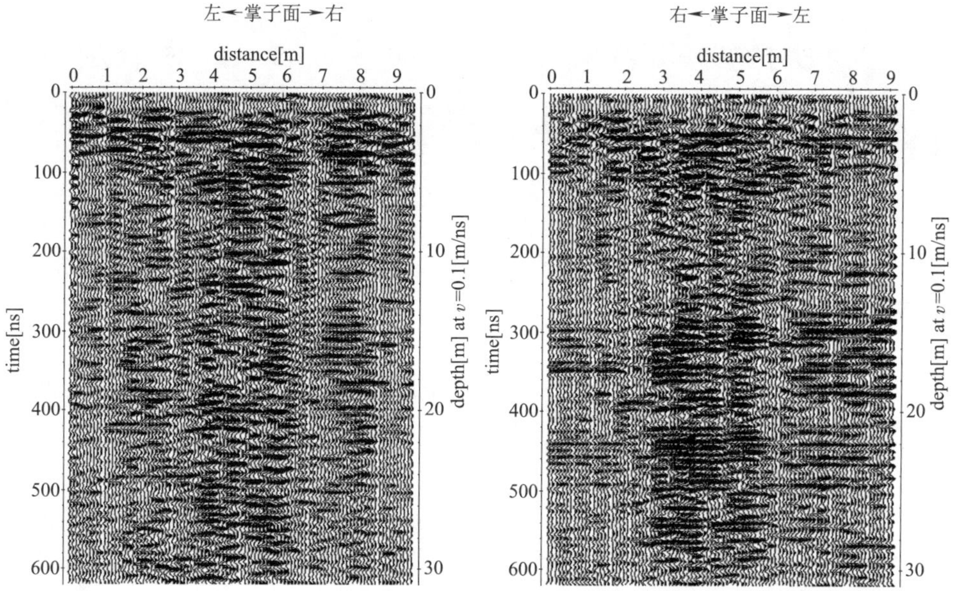

图 3-5 地质雷达探测结果图

a. 测线 0.0～9.5 m 范围，掌子面前方 0.0～6.0 m 范围为物探异常区，推测围岩与掌子面基本相同，围岩以武当群强风化泥质片岩为主，节理裂隙发育，层间结合差，岩体极破碎，围岩完整性差。富含水，存在涌水可能。泥化严重，围岩稳定性差。围岩遇水易软化，受扰动易失稳。

b. 测线 0.0～9.5 m 范围，掌子面前方 6.0～30.0 m 范围推测围岩较前段基本相同，围岩以武当群强风化泥质片岩为主，节理裂隙发育，层间结合差，岩体极破碎，其中掌子面前方 6.0～30.0 m 范围中部围岩较两侧围岩完整性更差。富含水，存在涌水可能。局部泥化严重，围岩稳定性差。围岩遇水易软化，受扰动易失稳。

2)结论及建议

依据地质雷达解译结果，结合掌子面描述与地表地质调查，预报段主要结论与建议为：

①预报段围岩以武当群强风化泥质片岩为主，断层发育，岩性软。节理裂隙发育，层间结合差，岩体极破碎。围岩完整性差，其中前方 6.0～30.0 m 范围中部围岩较两侧围岩完整性更差。富含水，存在涌水可能。局部泥化严重，围岩稳定性差。围岩遇水易软化，受扰动易失稳。

②受岩性、地质作用及地下水作用影响，ZK114＋379～ZK114＋349 段围岩稳定性差，建议围岩级别为Ⅴ级。

③预报段围岩以武当群强风化泥质片岩为主，断层发育，岩性软。围岩完整性差，稳定性差，遇水易软化，受力扰动易失稳。开挖无支护时，侧壁、拱顶可能掉块、塌方。建议开挖时应少进尺，减少爆破或弱爆破，注意初期支护的及时性和强度，并加强监控量测工作。

④由于预报受掌子面平整度等因素对雷达探测效果的影响，以上预报结论与围岩级别建议值仅供参考，实际情况以隧道开挖揭露为准，施工过程中密切关注围岩变化情况并采取及时的应对措施。

(3)施工前围岩变更

当施工至 ZK114＋377 时，十房高速公路建设指挥部、驻地办、设代处、中国地质大学(武汉)、中铁十七局集团公司五家单位的有关人员共同查看通省隧道左线开挖掌子面 ZK114＋377。对前方 10 m 范围内围岩及支护类型进行变更，变更结果如下：

1)ZK114＋377 地质描述：

ZK114＋377 掌子面围岩主要为中风化薄层状云母石英片岩，云母含量相对较高，掌子面较潮湿，局部有滴水，拱顶及中部偏上岩体为薄层状，片理近水平状，局部发育有泥质薄膜，开挖易产生掉块；线路左右两侧岩体主要为薄层状，片理及节理裂隙发育，局部存在少量软弱夹层；从总体上掌子面围岩整体性和稳定性较差，如图 3-6 和图 3-7 所示。

2)ZK114＋377 掌子面岩体基本质量指标 BQ 计算

①根据 ZK114＋377 掌子面取样结果，现场取得试样，经过试验测得垂直层理饱和单轴抗压强度 R_c 为 27.4 MPa，依据《公路隧道设计规范》JTG D70—2004 中表 3.6.2-2可判定岩石坚硬程度定性为较软岩。

②根据 ZK114＋377 掌子面实测，岩体体积节理数 J_v 为 18 条/m^3，依据《公路

隧道设计规范》JTG D70—2004 表 3.6.2-4 和表 3.6.2-5，取岩体的完整程度 K_v 值为 0.45，岩体完整程度为较破碎。

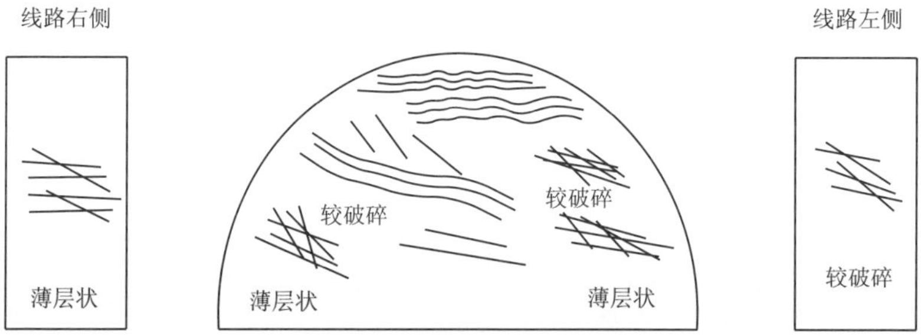

图 3-6　ZK114+377 掌子面素描图

（a）线路右侧　　（b）掌子面　　（c）线路左侧

图 3-7　ZK114+377 掌子面围岩照片

③依据《公路隧道设计规范》JTG D70—2004 第 3.6.3 条 围岩基本质量指标 BQ 计算式：

$90K_v+30=70.5$，大于 R_c，故取 $R_c=27.4$；

$0.04R_c+0.4=1.496$，大于 K_v，故取 $K_v=0.45$；

$BQ=90+3R_c+250K_v=90+3\times27.4+250\times0.45=284.7$

④依据《公路隧道设计规范》JTG D70—2004 第 3.6.4 条 计算式对围岩基本质量指标 BQ 值进行修正。根据《公路隧道设计规范》JTG D70—2004 附录 A 表 A.0.2-1、表 A.0.2-2、表 A.0.2-3 可查得，ZK114+377 掌子面潮湿，取地下水影响修正系数 $K_1=0.2$；结构面走向与洞轴线夹角为 36°，结构面倾角为 72°，取主

要软弱结构面产状影响修正系数 $K_2=0.2$，根据计算所得 BQ 值，取对应表中初始应力状态影响修正系数 $K_3=0.5$。围岩基本质量指标修正值$[BQ]=BQ-100(K_1+K_2+K_3)=194.7$

⑤依据《公路隧道设计规范》JTG D70—2004 表 3.6.5，围岩基本质量指标修正值$[BQ]$小于 250，故可根据表 3.6.5 公路隧道围岩分级确定目前掌子面围岩为Ⅴ级围岩。

3)变更结论

原设计里程 ZK114＋377～ZK114＋367 为武当群中微风化片岩，鳞片变晶结构，片状构造，节理裂隙不发育，支护类型为 Z3。现掌子面围岩主要为中风化薄层状云母石英片岩，云母含量相对较高，掌子面较潮湿，局部有滴水，拱顶及中部偏上岩体为薄层状，片理近水平状，局部发育有泥质薄膜，开挖易产生掉块；线路左右两侧岩体主要为薄层状，片理及节理裂隙发育，局部存在少量软弱夹层；从总体上掌子面围岩整体性和稳定性较差。依据现场勘测实际围岩情况和试验岩石单轴饱和抗压强度 R_c 数据计算修正的围岩基本质量指标$[BQ]$，判定围岩级别为Ⅴ级。经指挥部、驻地办、设代处、中国地质大学(武汉)、施工单位共同研究决定将ZK114＋377～ZK114＋367 段变更支护类型为 Z5c。

最终确定 ZK114＋377～ZK114＋367 段围岩类型为Ⅴ级，支护类型为 Z5c。并以此进行了施工。

(4)施工后大变形及其处理

1)变形侵限情况描述

通省隧道左线 ZK114＋377～ZK114＋367 段施工过程中，线路右侧围岩为强风化云母片岩，围岩极其破碎，强度极低，岩体大范围呈泥质物状，开挖过程中该侧不断出现涌水、塌方现象。2014 年 5 月 26 日采用激光断面仪扫描断面时发现ZK114＋377～ZK114＋366 段线路右侧侵入二次衬砌净空，最大为 55.1 cm，在后续时间段中出现喷射混凝土开裂、剥落等现象，同时监控量测显示该段的数据变形收敛和拱顶下沉仍在持续。

2014 年 6 月 10 日再次采用激光断面仪扫描断面时发现 ZK114＋377～ZK114＋366 段线路右侧侵入二次衬砌净空最大已达 60.8 cm，ZK114＋366～ZK114＋367 段拱顶部位 3 节拱架侵入二次衬砌净空最大量为 74.7 cm，且监控量测显示变形收敛和拱顶下沉数据仍在增大且无趋稳趋势。现掌子面为三台阶施工，上台阶施工至 ZK114＋361，中台阶施工至 ZK114＋366，下台阶施工至ZK114＋371，二次衬砌施工至 ZK114＋380，仰拱施工至 ZK114＋374(上台阶和中台阶施工断面为衬砌断面图圆心以上部分，即衬砌钢支撑型钢拱架部分)。附部分变形侵限照片，通省隧道左线 ZK114＋377～ZK114＋367 段变形如图 3-8～图 3-13所示。

图 3-8　混凝土脱落

图 3-9　裂缝

图 3-10　裂缝

图 3-11　混凝土脱落及裂缝

图 3-12　裂缝

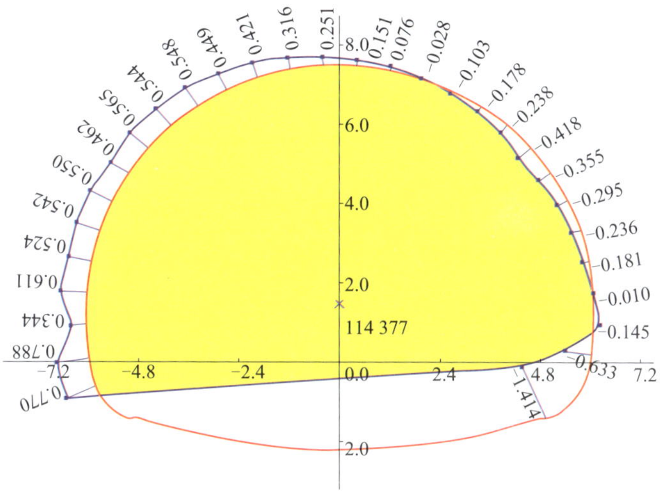

面积：96.65 m²；超挖面积：0.00 m²；最大超挖：0.000 m；

面积：0.16 m²；欠挖面积：18.46 m²；最大欠挖：0.000 m；

超挖平均值：0.000 m。

图 3-13　ZK114＋377 变形监测断面图

2)变形侵限原因分析

①此段线路右侧围岩为强风化云母片岩，大部分围岩呈泥质状，线路左侧围岩相对较好，围岩受此段出水影响，岩体力学性能劣化显著；左右侧围岩软硬不均差距明显，导致初期支护受力严重不均；整体而言，围岩抗剪强度极低，自稳能力极差。

②地质构造偏压的影响。在掌子面范围内可以发现岩体片理倾角 40°左右，同时左右侧岩体强度差异明显，使得掌子面围岩表现出显著的各向异性，进而使围岩和初期支护体系受力和变形的不对称分布，加大了线路右侧的变形。

3)变形侵限处理措施

①立即停止掌子面施工，加大对此段前后段落监控量测频率，同时安排安全员和技术员 24 h 轮流值班，有突发情况及时汇报，由值班领导第一时间上报指挥部、设代处、驻地办等相关人员。

②打设超前管棚和超前钢轨进行预支护，对塌方涌水端进行弃渣返填，改变外部围岩应力状态，保持围岩稳定。

③对 ZK114＋377～ZK114＋366 段线路右侧环向 12 m 范围和 ZK114＋366～ZK114＋367 拱顶部位环向 12 m 范围进行置换，采用支护类型 Z5a 进行置换，双排超前小导管进行施工。

④对支护结构置换段,进行抛物线形锚杆打设,隧道右侧最长打设 6 m 锚杆,以应对偏压防止右侧二次变形侵限;置换后的拱架横向连接采用型钢连接增加支护结构的整体刚度。

(5)附变更及变形处理前后支护参数,见表 3-3。

表 3-3　通省隧道优化后各级围岩初期支护衬砌支护参数表

设计阶段	围岩级别	衬砌类型	预留变形量(cm)	初期支护												辅助施工	备注
				湿喷混凝土		系统锚杆				钢支撑			锁脚锚杆				
				强度等级	厚度(cm)	直径(mm)	长度(cm)	间距(cm)	根数(根)	类型	规格	间距(cm)	型号	长度(cm)	根数(根)		
预设计	Ⅲ	Z3b	4	C20	10	22	250	120	17	—	—	—	—	—	—	锚杆	在变形侵限处理阶段,增加抛物线形锚杆和横向型钢连接加强
修正设计	Ⅴ	Z5c	10	C25	23	22	300	160	15	型钢	HW150	80	ϕ42导管	450	4	单排小导管	
变形处理设计	Ⅴ	Z5a	15	C25	25	22	300	120	20	型钢	HW175	60	ϕ42导管	500	4	双排小导管	

(6)结构设计变更统计

1)围岩设计变更

通省隧道地质条件复杂,洞身开挖后,围岩级别与设计出入较大。变更率达 95%,原设计Ⅳ、Ⅴ级围岩占 24.2%,实际施工Ⅳ、Ⅴ级围岩占 99.6%,施工方法和工艺都有较大调整,见表 3-4。

表 3-4　通省隧道原设计、变更后围岩级别对照表

围岩级别	通省隧道左线(3 450 m)				通省隧道右线(3 438 m)			
	原设计		变更后		原设计		变更后	
	长度(m)	占总长百分比	长度(m)	占总长百分比	长度(m)	占总长百分比	长度(m)	占总长百分比
Ⅲ	2 600	75.4%	30	0.87%	2 620	76.2%	0	0
Ⅳ	700	20.3%	1 375	39.85%	665	19.3%	1 239	36%

续上表

围岩级别	通省隧道左线(3 450 m)				通省隧道右线(3 438 m)			
	原设计		变更后		原设计		变更后	
	长度(m)	占总长百分比	长度(m)	占总长百分比	长度(m)	占总长百分比	长度(m)	占总长百分比
Ⅴ	150	4.3%	2 045	59.28%	153	4.5%	2 199	64%

注:通省隧道单线总长 6 888 m,原设计Ⅲ级围岩 5 220 m,占隧道总长 75.8%,Ⅳ级围岩 1 365 m,占隧道总长 19.8%,Ⅴ级围岩 303 m,占隧道总长 4.4%;变更后Ⅲ级围岩 30 m,占隧道总长 0.4%,Ⅳ级围岩2 614 m,占隧道总长 38%,Ⅴ级围岩 4 244 m,占隧道总长 61.6%。

2)通省主要支护类型参数及其施工长度表

实际上场施工过程中发现,原设计支护类型分类不能满足通省隧道地质条件差、围岩多变的特性,经十房高速公路建设指挥部、驻地办、设代处、中国地质大学(武汉)、中铁十七局集团公司五家单位共同研究决定,重新进行支护设计和支护类型的划分,具体原设计支护结构类型和变更后支护类型及其施工长度,见表 3-5 和表 3-6。

表 3-5　通省隧道原设计各级围岩初期支护衬砌支护参数表

衬砌类型	初期支护													辅助施工	设计长度(m)	备注
	预留变形量(cm)	湿喷混凝土		系统锚杆				钢支撑			锁脚锚杆					
		强度等级	厚度(cm)	直径(mm)	长度(cm)	间距(cm)	根数(根)	类型	规格	间距(cm)	型号	长度(cm)	根数(根)			
Z5＋	10	C25	23	25	350	100	24	型钢	HW150	60	ϕ22锚杆	400	4	长管棚	71	Ⅴ级围岩
Z5	10	C25	23	25	350	100	24	型钢	HW150	80	ϕ22锚杆	400	4	小导管	200	
Z4＋	7	C25	20	22	300	100	23	格栅型钢	ϕ25	100	ϕ22锚杆	350	4	小导管	225	Ⅳ级围岩
Z4	7	C25	15	22	300	100	23	格栅型钢	ϕ22	100	ϕ22锚杆	350	4	锚杆	1 060	
Z3＋	7	C25	15	22	300	100	21	格栅钢架	ϕ22	100	—	—	—	锚杆	0	Ⅲ级围岩
Z3	4	C20	10	22	250	120	17	—	—	—	—	—	—	—	4 980	

续上表

衬砌类型	初期支护													辅助施工	设计长度(m)	备注
	预留变形量(cm)	湿喷混凝土		系统锚杆				钢支撑			锁脚锚杆					
		强度等级	厚度(cm)	直径(mm)	长度(cm)	间距(cm)	根数(根)	类型	规格	间距(cm)	型号	长度(cm)	根数(根)			
Z7a	10	C25	20	22	350	100	26	格栅钢架	ϕ25	100	ϕ22锚杆	400	4	锚杆	80	Ⅳ级紧停
Z7b	7	C20	15	22	350	120	20	—	—	—	ϕ22锚杆	400	—	素混凝土	240	Ⅲ级紧停

表 3-6　通省隧道优化后各级围岩初期支护衬砌支护参数表

衬砌类型	初期支护													辅助施工	设计长度(m)	备注
	预留变形量(cm)	湿喷混凝土		系统锚杆				钢支撑			锁脚锚杆					
		强度等级	厚度(cm)	直径(mm)	长度(cm)	间距(cm)	根数(根)	类型	规格	间距(cm)	型号	长度(cm)	根数(根)			
Z5a	15	C25	25	22	300	120	20	型钢	HW175	60	ϕ42导管	500	4	小导管	827	Ⅴ级围岩
Z5b	12	C25	25	22	300	160	15	型钢	HW175	80	ϕ42导管	450	4	小导管	1 211	
Z5c	10	C25	23	22	300	160	15	型钢	HW150	80	ϕ42导管	450	4	小导管	1 914.4	
Z4a	7	C25	23	22	250	160	15	型钢	I16	100	ϕ42导管	400	4	小导管	1 836.6	Ⅳ级围岩
Z4b	7	C25	20	22	250	160	15	型钢	I14	100	ϕ42导管	350	4	锚杆	717	
Z3a	7	C25	15	22	250	160	14	格栅钢架	ϕ22	120	—	—	—	锚杆	30	Ⅲ级围岩
Z7d	12	C25	25	22	400	120	23	型钢	HW175	80	ϕ42导管	500	—	小导管	107	Ⅴ级紧停
Z7e	12	C25	25	22	400	120	23	型钢	HW175	60	ϕ42导管	500	—	小导管	93	
Z7a+	12	C25	23	22	350	100	26	型钢	HW150	80	ϕ42导管	450	—	锚杆	120	Ⅳ级紧停

第二节　变质片岩隧道大变形分类技术

一、通省隧道围岩变形概况

自施工以来，通省隧道多次出现围岩大变形与垮塌、涌水、突泥现象，严重干扰了正常施工。分别选取常见变形的几种情况见表 3-7。

表 3-7　通省隧道常见大变形情况统计表

桩号段落	地质情况	地下水	变形情况	初期支护情况	埋深情况
ZK116+020～ZK116+055	薄层状强风化～中风化青灰色 P_{t2wd} 武当群变质片岩，云母含量较高，节理裂隙发育，遇水易软化成泥，自稳能力差	开挖时掌子面局部湿润，裂隙水不发育；支护后初衬出现渗水	拱顶下沉累计值为 105 mm，变形速率 6～13 mm/d，周边收敛 10 d 累计值为 117 mm，变形速率 7～14 mm/d	初期支护完成后出现局部渗水、纵向环向裂缝、喷射混凝土剥落，经过其加固处理后变形收敛有减缓趋势	埋深约 202～218 m
ZK116+090～ZK116+115	薄层状强风化青灰色 P_{t2wd} 武当群变质片岩，层间结合差，云母含量高，局部揉皱成泥，受结构面切割岩体破碎，自稳能力差	基岩裂隙水，渗水滴水为主，岩石软化作用明显，有岩石膨胀、崩解现象产生	拱顶下沉累计值为 209 mm，变形速率 15～25 mm/d，周边收敛 10 d 累计值为 245 mm，变形速率 13～26 mm/d	初期支护完成后出现纵向环向裂缝、喷射混凝土剥落、钢拱架扭曲变形现象，经过对初期支护加固、置换处理后变形收敛有减缓趋势但不明显	埋深 176～191 m
YK115+970～YK115+995	薄层状强风化青灰色 P_{t2wd} 武当群变质片岩，岩质软弱，节理裂缝发育，张裂状，多泥化物填充，整体稳定性差	开挖时掌子面局部湿润，节裂隙水不发育	拱顶下沉累计值为 483 mm，变形速率 30～67 mm/d，周边收敛 10 d 累计值为 327 mm，变形速率 30～39 mm/d	初期支护完成后出现纵向环向裂缝、喷射混凝土剥落、钢拱架扭曲变形、剪断、锚杆拉断等现象，经过对初期支护加固、置换处理后变形收敛无明显减缓趋势，且在变形一段时间后，拱腰或边墙侧初期支护遭到破坏，变形量会迅速增大	埋深 208～219 m

续上表

桩号段落	地质情况	地下水	变形情况	初期支护情况	埋深情况
ZK114+340～ZK114+360	薄～中层状强中风化青灰色 P_{t2wd} 武当群变质片岩为主，为断层破碎带，节理裂隙发育，泥化夹层发育，岩体破碎，完整性差，围岩遇水或潮湿空气环境下极易泥化，无自稳能力	基岩裂隙水，水量受降雨影响，洞室渗水淋雨状滴水为主，雨天出现涌水，有柱状水流出；结构面的软化、泥化为主	拱顶下沉累计值为 113 mm，变形速率 10～13 mm/d，周边收敛 10 d 累计值为 108 mm，变形速率 10～12 mm/d	初期支护完成后出现大面积渗水，渗水淋雨状滴水为主，现象严重，纵向环向裂缝、喷射混凝土剥落、钢拱架扭曲变形等现象。经过对初期支护加固处理后变形仍无收敛趋势	埋深 354～409 m

根据统计常见隧道大变形情况为：部分初期支护出现渗水现象→喷射混凝土出现掉块现象→变形范围出现环向、纵向裂缝→型钢拱架扭曲、剪断变形→初期支护侵限或坍塌，如图 3-14～图 3-17 所示。

图 3-14　部分初期支护出现渗水现象

图 3-15　喷射混凝土出现掉块现象

图 3-16　变形范围出现纵向裂缝

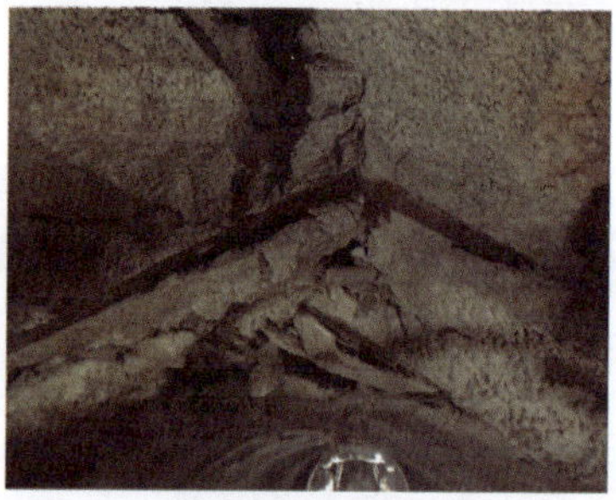

图 3-17　型钢拱架扭曲、剪断变形

在富水地段施工过程中，初期支护完成后大面积的出水，伴随的涌水、突泥等地质灾害，很大程度加大了隧道的施工风险。如图 3-18～图 3-23 所示。

图 3-18　初期支护侵限

图 3-19　初期支护大变形坍塌

图 3-20　开挖过程中的出水

图 3-21　初期支护线状出水

图 3-22　涌水

图 3-23　突泥

根据表 3-7,大变形情况简述的几种情况以及对应的初期支护完成后监测变形速率大致情况见表 3-8。

表 3-8　通省隧道断面变形速率、拱顶下沉统计表

里程段落	里程断面	变形速率（mm/d）	拱顶下沉（mm）	变形速率（mm/d）	周边收敛（mm）
ZK116＋020～ZK116＋055	ZK116＋020	5～12	103	6～11	113
	ZK116＋025	6～11	101	6～12	115
	ZK116＋030	6～10	101	7～12	111
	ZK116＋035	5～11	102	7～13	109
	ZK116＋040	6～13	105	7～14	117
	ZK116＋045	7～12	104	6～11	113
	ZK116＋050	6～13	104	7～13	115
	ZK116＋055	6～11	99	6～12	110
ZK116＋090～ZK116＋115	ZK116＋090	14～23	178	15～25	221
	ZK116＋095	16～22	183	13～24	232
	ZK116＋100	15～21	203	13～23	215
	ZK116＋105	15～25	209	13～26	245
	ZK116＋110	17～20	197	14～22	218
	ZK116＋115	17～21	205	13～21	207
YK115＋970～YK115＋995	YK115＋970	28～51	489	29～38	326
	YK115＋975	31～40	376	31～33	313
	YK115＋980	30～45	432	30～36	327
	YK115＋985	30～67	483	30～39	325
	YK115＋990	30～36	326	31～35	307
ZK114＋360～ZK114＋375（富水）	ZK114＋360	11～12	109	10～11	103
	ZK114＋365	10～13	111	9～11	105
	ZK114＋370	10～11	113	10～12	108
	ZK114＋375	10～11	108	10～11	103

第一段:ZK116＋020～ZK116＋055 段,长度 35 m,埋深约 202～218 m,该段洞室围岩主要为薄层状强～中风化青灰色 P_{t2wd}武当群片岩,云母含量较高,节理裂隙发育,遇水易软化成泥,自稳能力差,围岩类型为Ⅴ级,初期支护完成后出现局部渗水、纵向环向裂缝、喷射混凝土剥落现象。断面最大拱顶下沉累计值为

105 mm，断面最大变形速率 6～13 mm/d，断面最大周边收敛累计值为117 mm，断面最大变形速率 7～14 mm/d，经过对初期支护加固处理后变形收敛有减缓趋势。

第二段：ZK116＋090～ZK116＋115 段，长约 25 m，埋深 176～191 m，该段洞室围岩主要为薄层状强风化青灰色 P_{t2wd} 武当群片岩，层间结合差，云母含量高，局部揉皱成泥，受结构面切割岩体破碎，自稳能力差，隧道工程地质条件整体差，围岩类型为Ⅴ级，初期支护完成后出现纵向环向裂缝、喷射混凝土剥落、钢拱架扭曲变形现象。断面最大拱顶下沉累计值为 209 mm，断面最大变形速率 15～25 mm/d，断面最大周边收敛累计值为 245 mm，断面最大变形速率 13～26 mm/d，经过对初期支护加固、置换处理后变形收敛有减缓趋势但不明显。

第三段：YK115＋970～YK115＋995 段，长 25 m，埋深 208～219 m，围岩主要为薄层状中风化青灰色 P_{t2wd} 武当群片岩，岩质软弱，节理裂缝发育，张裂状，多泥化物填充，整体稳定性较差。围岩类型为Ⅴ级，初期支护完成后出现纵向环向裂缝、喷射混凝土剥落、钢拱架扭曲变形、剪断、锚杆拉断等现象。断面最大拱顶下沉累计值为 483 mm，断面最大变形速率 30～67 mm/d，断面最大周边收敛累计值为 327 mm，断面最大变形速率 30～39 mm/d，经过对初期支护加固、置换处理后变形收敛无明显减缓趋势，且在变形一段时间后，拱腰或边墙侧初期支护遭到破坏，变形量会迅速增大。

第四段：ZK114＋340～ZK114＋360 段，长 20 m，埋深 354～409 m，围岩以薄～中层状强中风化青灰色 P_{t2wd} 武当群片岩为主，为断层破碎带，节理裂隙发育，泥化夹层发育，岩体破碎，完整性差，围岩遇水或潮湿空气环境下极易泥化，无自稳能力。地下水为基岩裂隙水，水量受降雨影响，洞室渗水、滴水现象严重，雨天出现涌水，有柱状水流出，部分地方发生大的涌水、突泥灾害。围岩类型为Ⅴ级，初期支护完成后出现纵向环向裂缝、喷射混凝土剥落、钢拱架扭曲变形等现象。断面最大拱顶下沉累计值为 113 mm，断面最大变形速率 10～13 mm/d，断面最大周边收敛累计值为 108 mm，断面最大变形速率 10～12 mm/d，经过对初期支护加固处理后变形仍无收敛趋势。

二、大变形破坏特征及机理分析

1. 大变形破坏特征

分析所发生的大变形现象和监测数据，通省隧道变质软岩隧道变形破坏特征如下：

（1）岩性：大变形主要发生在云母石英片岩中，多呈薄～中厚层状、碎裂～松散结构，一般为Ⅳ、Ⅴ级围岩，突发性塌方主要发生在Ⅲ级围岩中。

(2)变形存在滞后性:大变形并非都发生在掌子面附近,一般发生在初期支护完成后,掌子面后方 20～50 m 范围内,具有明显的滞后效应。

(3)变形破坏形式多样:一般有拱顶下沉、侵入挤压、坍塌、片帮等,如图 3-24 所示,隧道表现出强烈的整体收敛和破坏,变形破坏机理复杂,影响因素繁多。

(a) 大变形　　(b) 小型塌方

图 3-24　通省隧道施工中出现的破坏形式

(4)累计变形量大:大部分Ⅴ级围岩拱顶下沉和洞壁收敛值均大于 100 mm,部分高达 1 220 mm,有时还出现隧道左右两侧收敛不均匀,使得隧道轮廓发生严重破坏,如图 3-25 所示。

图 3-25　通省隧道单侧破坏大变形和拱顶下沉

(5)变形速率高:收敛速率最高可达 67 mm/d,即使施作常规的锚喷支护,Ⅴ级围岩施作钢拱架后,隧道的收敛速率仍可达 10 mm/d,而且其收敛速率降低缓慢。

(6)持续时间长:变形破坏持续时间很长,且隧道变形与施工工序的多次扰动密切相关,如施作仰拱对围岩的再次扰动,也将出现较大的变形速率。

(7)围岩破坏范围大:由于软岩隧道中围岩强度比很小,导致软岩隧道围岩的破坏范围大,特别是当支护不及时或结构刚度、强度不够时更大。一般设计锚杆长度不能超过松动区,这常是导致锚喷支护失效的根本原因。

2. 大变形机理分析

通省隧道施工过程中,多次出现变形值超过预留变形量,初期支护侵入二次衬砌界限,现有支护条件下难以遏制隧道大变形的产生和发展。基于实际施工变形破坏特征,结合室内试验,对变质软岩的物理力学性质、矿物成分特征、工程特性等进行了研究,运用围岩损伤劣化理论,对不同因素主导下的变质岩区隧道大变形破坏机理进行分析,初步得出变质片岩变形作用有岩性作用、塑性流动作用、挤出作用、地下水作用和高地应力作用,为后续提出大变形处治与预防措施奠定了理论基础。

(1)变质软岩岩性作用

1)变质软岩矿物的物化膨胀作用

通省隧道的围岩主要有石英片岩、云母片岩,X射线粉晶衍射试验表明围岩中含有较高含量的伊利石、蒙脱石、绿泥石等片状吸水性较强的矿物,此类黏土矿物的存在一方面使得变质软岩具有明显的膨胀性和崩解性,另一方面降低了岩体的结构面和片理面强度,使得围岩更容易破坏。岩体遇水膨胀后,体积增大,产生较大的膨胀压力,与隧道开挖卸荷后形成的围岩压力一起作用在支护结构上,从而导致大变形的产生。正因为如此,通省隧道的多个地段在施工过程中出现了底鼓,仰拱开裂等现象。

2)变质软岩矿物和水的相互作用分析

变质软岩中带负电性的黏土颗粒将其电场范围内水溶液中的 Al^{3+},Ca^{2+},Na^{+}等阳离子吸附到其表面,形成固定层,越靠近黏土颗粒表面,静电引力就越强,极性水分子和水化离子的活动性越差,在固定层的外围部分,静电引力逐渐减小,极性水分子和水化离子活动性增强,在该范围内形成扩散层。黏土颗粒吸水后,扩散层的厚度变大,黏土颗粒之间的引力变小,是吸水产生膨胀的微观机理。

通省隧道穿越 P_{t2wd} 片岩,属中低压变质岩系。岩石粒度约为 0.1～0.5 mm,受后期构造运动改造显著,多见小型韧性剪切面和钩状无根小褶皱。岩体片理面间含有绢云母等矿物,而这些矿物晶体在解理面平行,因此容易产生顺层的滑动,使片岩容易剥离,在大范围的规则分布排列中,容易产生弱面。另一方面,这些矿物成分具有很强的润滑性,使得岩体间的胶结性很差,从而使得其 c、φ 值都比较小。再加上绢云母和伊利石、蒙脱石具有很强的吸水性能,而吸水后容易使岩体风化、崩解,有些还会发生膨胀变形,最终难以发挥其自承能力,而使得围岩发生大变形。

通省隧道沿线岩体中主要矿物成分是石英、云母、长石、绿泥石、伊利石等，部分还含有蒙脱石。由于蒙脱石、伊利石等黏土矿物颗粒细小，亲水性强，具有明显的吸水膨胀、崩解和失水干缩的特性，并且对环境的湿度、温度、压力和地下水等因素的变化极为敏感。由于矿物颗粒的不均匀膨胀，使得岩石内部产生了不均匀的应力，最终导致岩石颗粒的碎裂崩解。

变质软岩隧道围岩经膨胀、崩解后，丧失了其应有的强度和承载能力，一是使围岩结构破坏，由块间连接变为裂隙结合，甚至成松散结构，强度完全丧失，导致围岩压力增大；二是造成围岩应力变化，无论膨胀压力或收缩应力，都将破坏围岩的稳定性，特别是膨胀产生的膨胀压力将对增大围岩压力起叠加作用，反映在通省隧道的施工中，常见的破坏形式有：

①隧道开挖后围岩膨胀所产生的力使原生隐裂隙张开扩大，沿围岩周边产生裂缝，再加上存在的泥化软弱夹层，使得局部初期支护开裂。

②由于膨胀后隧道上部围岩压力过大且下部岩体的承载力较低，隧道在这样的受力形式下产生下沉，其结果直接影响到支护受力，甚至出现支护破坏、岩体垮塌的现象。

③在进行隧道底部开挖时，不管是否设置仰拱，拱顶和两侧拱腰岩体的围岩压力向隧道底部传递，底部因承受过大的膨胀压力而产生失稳并形成流变现象，边墙被内挤，仰拱上鼓、隆起、开裂。

通省隧道 ZK116＋775～ZK116＋810 段为强风化薄层状的云母石英片岩，云母、伊利石含量较高，片理面手摸有滑腻感，锤击声哑易碎无回弹，岩质较软，片理、节理裂隙发育，岩体破碎，抗压强度和抗剪强度较低，该段埋深 70～80 m，偏压现象不明显，地下水以基岩裂隙水为主，掌子面渗水岩体潮湿，已施作的初期支护呈淋雨状滴水，底板积水严重，浸泡在水中的岩体逐步膨胀、泥化。ZK116＋775～ZK116＋810 段初期支护施作后，在围岩遇水软化、膨胀的作用下出现了拱顶下沉和周边收敛速率和累积量较大、持续变形和流变特征明显、初期支护出现裂缝、仰拱隆起、开裂的现象。

(2)变质软岩塑性流动作用

软岩受力后产生的屈服流动是产生隧道变形过大的一个重要原因。隧道开挖后，围岩将出现应力重分布，某些部位有可能进入弹塑性状态，从而在洞室四周形成一定厚度的破坏松动范围，如图 3-26 所示。

隧道围岩松动圈的大小与围岩的稳定性以及支护的难易程度密切相关，测定其范围大小可以为分析隧道变形破坏的原因、进行支护结构的设计提供重要的依据。利用超声波法对通省隧道左线 ZK116＋885～ZK116＋910 进行松动圈大小测定，结果显示该段围岩松动圈大约为 3.5～4.5 m，属于大松动圈。该地段岩体高度风化、极度破碎、松散，围岩自稳能力极差，加之隧道开挖的卸荷作用，使得松动圈范围内的围岩呈现出典型的塑性流变特性，表现为向隧道净空收敛的位移随着时间而不断增长，隧道变形长期无法稳定，并最终导致了初期支护侵限变形、混凝土开裂等大变形问题。该段围岩的收敛位移曲线如图 3-27 所示。

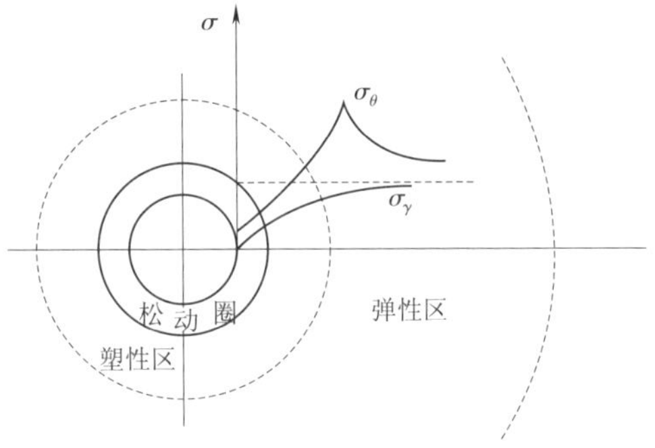

图 3-26　围岩松动圈示意图

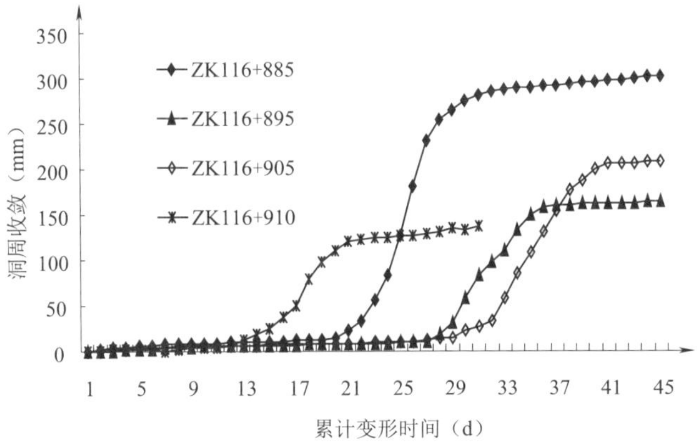

图 3-27　洞身围岩水平收敛曲线

此外，通省隧道发生大变形的 ZK116＋885～ZK116＋910 松散破碎段的围岩级别为Ⅳ级，设计的初期锚喷支护参数钢支撑选用间距 1 m 的格栅拱架，系统锚杆选用直径为 22 mm、间距为 1 m、长度为 3 m，小于该段的塑性松动圈半径，导致锚杆全部位于塑性松动圈之内，无法发挥其对围岩的悬吊和组合梁作用，而是随着围岩的变形向隧道内移动。因此，锚杆的失效也是软岩塑性流动得不到有效控制的重要原因。

(3)软岩挤出作用

围岩的挤出作用是指隧道开挖引起的重分布应力超过岩体强度而使得原岩进入塑性屈服状态，与膨胀岩体向隧道净空方向膨胀主要在于岩石体积增大不同，挤出性岩体向隧道净空挤入时无明显体积变化，是逐渐缓慢发生的变形。挤出的先决条件是云母或低膨胀性黏土矿物含量的百分率高。

软岩向隧道净空的挤出变形包括剪切滑移和弯曲变形两种形式(图 3-28)。节理发育的软弱岩体在变形中往往沿着结构面而形成滑移面，这些滑移面在隧道围岩空间内组成塑性滑体并向洞室内剪切滑移。随着主应力方向和侧压力系数的不同，塑性滑体可出现在洞周不同部位，从而导致这些部位的围岩变形和支护破坏。另一方面，对于薄层状的变质软岩，在隧道开挖卸荷条件下，岩体容易发生弯曲变形以致破坏，这种形式可以类比板梁在弯矩或纵弯作用下发生挠曲变形。岩体的弯曲变形既可引起隧道侧壁的变形，也可在洞顶和底板处引起压顶和底鼓。

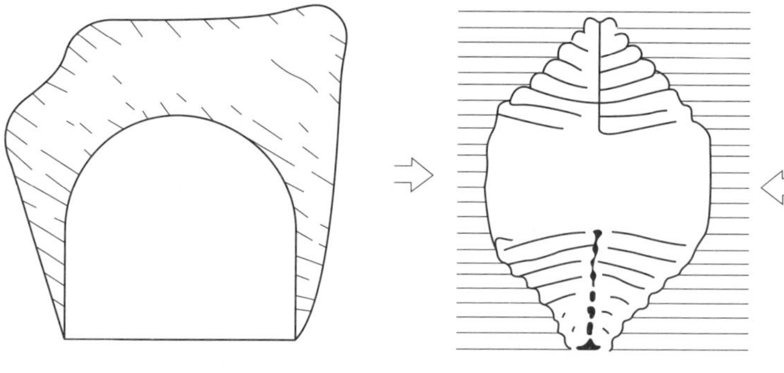

(a) 剪切滑移　　(b) 弯曲变形

图 3-28　软岩的挤出变形

与挤出现象有关的主要参数：

①坚固系数(单轴抗压强度 σ_c 对覆盖压力 γ_H 的比值)可能小于 2；

②隧道壁切向应变($\varepsilon_\theta = u/R$)可能大于 1%；

③挤出岩石的含水率可能大于 25%；

④岩体通常含有泥质矿物质，具有膨胀性；

⑤围岩发生挤出现象所需时间与岩石坚固系数有关，坚固系数越小，挤出时间越短、破坏越快。

国外学者 Aydan 等认为，实验室条件下，岩石对单轴压缩的响应，即应力—应变关系，与开挖条件下隧道围岩对切应力的响应具有相似性，根据室内或现场单轴或(低围压)三轴试验中岩石所表现出的 5 个状态:弹性阶段、硬化阶段、屈服阶段、弱化阶段、流动状态,可以对隧道围岩的挤出潜势和程度进行分类,见表 3-9。表中 ξ 为隧道边墙的相对应变、η_p 为隧道弹性相对形变、η_s 为隧道塑性相对形变、η_f 为隧道残余塑性相对形变。

表 3-9　挤出程度分级表

分级号	挤出程度	符号	理论公式	隧道特征
Ⅰ	无挤出	NS	$\xi \leqslant 1$	岩石是弹性的,隧道掌子面的影响消失后,隧道是稳定的
Ⅱ	轻微挤出	LS	$1 < \xi \leqslant \eta_p$	岩石显示了应变强化的特征,掌子面的影响消失后,位移会收敛,隧道最终是稳定的
Ⅲ	中等挤出	FS	$\eta_p < \xi \leqslant \eta_s$	岩石显示了应变弱化的特征,同时位移变大,但是在掌子面影响消失后,位移会收敛
Ⅳ	严重挤出	HS	$\eta_s < \xi \leqslant \eta_f$	岩石显示应变弱化性,弱化速率很高,接着,位移增大,并且在掌子面影响消失后也不会趋于收敛
Ⅴ	最严重挤出	VHS	$\xi > \eta_f$	岩石破坏造成滑动,并且位移极大、侵限,必须重新开挖和施作支护

通省隧道出口段右洞 YK116＋213～YK116＋200 段围岩为强风化青灰色的元古界武当群(P_{t2wd})云母石英片岩,鳞片变晶结构,片状构造,薄层状,片理产状为 118°∠37°,云母含量较高,岩质较软,抗压强度和抗剪强度均较低,岩体局部破碎,片理、节理裂隙较发育,自稳能力差,微张,无充填或少量岩石碎屑充填,节理产状为 315°∠46°,地下水不发育,掌子面比较干燥,已施作的初期支护可见局部湿斑。在初期支护施作后于 2011 年 10 月 12 日左右出现纵向开裂,纵向裂缝位于隧道拱顶稍偏左侧,目测裂缝的宽度在 10～15 mm,沿着主要的纵向裂缝“枝生”出一些“支裂缝”,还有与一些环向的裂缝交错,也出现了“切割”混凝土,使初期支护产生局部掉块的现象,如图 3-29 所示,随着隧道的继续向前开挖,纵向裂缝向着掌子面方向延伸。

通省隧道 YK116＋213～YK116＋200 段设计为Ⅳ级围岩,支护类型为 Z4,后根据动态施工变更为 Z5c。根据隧道的勘察设计资料,云母石英片岩(Ⅴ级)的物理力学参数如下:密度为 1.8 g/cm^3,容重为 20.7 kN/cm^3,变形模量为 1.5 GPa,泊松比为 0.40,单轴抗压强度为 8.11 MPa,弹性抗力系数为 120 MPa/m,摩擦角为 43°。参照隧道的纵断面图,得知 YK116＋213～YK116＋200 段的埋深是 115 m。

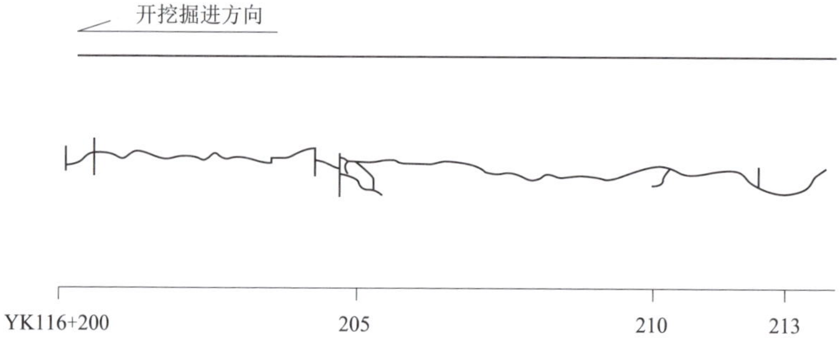

（a）通省隧道YK116+213~YK116+200段纵向开裂示意图

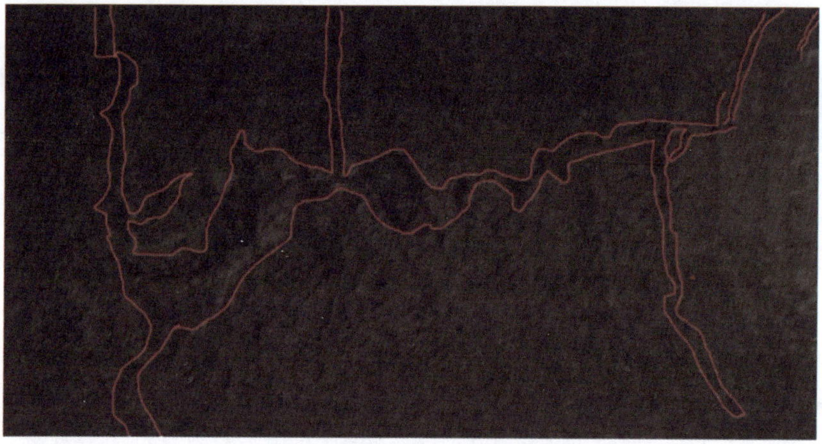

（b）YK116+213~YK116+200段纵向裂缝

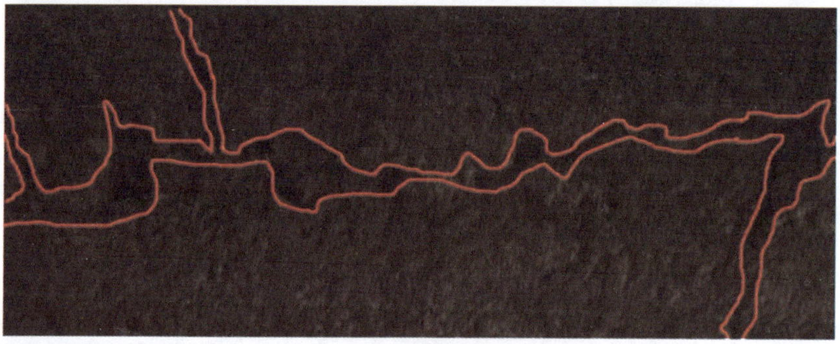

（c）纵向裂缝近照

图 3-29　通省隧道 YK116＋213～YK116＋200 段初期支护纵向开裂示意图及照片

经过计算可得：坚固系数 $\alpha=\frac{\sigma_c}{P_0}=\frac{\sigma_c}{\gamma H}=\frac{8.11\times10^6}{20.7\times10^3\times115}=3.4$，$\alpha^*=\frac{\alpha}{2}=1.7$；

$f=f^{*}=2.0$；$\phi^{*}=\phi=43°$；$q^{*}=q=5.26$；$\eta_{p}=\dfrac{\xi_{p}}{\xi_{e}}=2\sigma_{c}^{-0.17}=1.4$，$\eta_{s}=\dfrac{\xi_{s}}{\xi_{e}}=3\sigma_{e}^{-0.25}=1.78$，$\eta_{f}=\dfrac{\xi_{f}}{\xi_{e}}=5\sigma_{c}^{-0.32}=2.56$，$\eta_{sf}=\dfrac{\eta_{s}+\eta_{f}}{2}=2.17$。

所以隧道边墙的相对应变为：

$$\xi=\frac{\xi_{\theta}^{\alpha}}{\xi_{\theta}^{e}}=\eta_{sf}\left\{\frac{\dfrac{2}{q+1}\left[\dfrac{(q-1)+\alpha}{q-1}\right]\eta_{sf}^{\frac{f+1}{q-1}}-\dfrac{\alpha}{q-1}+\dfrac{\alpha^{*}}{q^{*}-1}}{\beta+\dfrac{\alpha^{*}}{q^{*}-1}}\right\}\frac{f^{*}+1}{q^{*}-1}=2.59$$

因为 $\xi=2.59>\eta_{f}=2.56$，参照表 3-9 可知，通省隧道 YK116＋213～YK116＋200 段的挤出程度为Ⅴ级，属于最严重挤出，隧道开挖引起的重分布应力超过围岩的强度，使围岩进入塑性状态，发生塑性挤出变形破坏。

(4)地下水作用下隧道大变形机理分析

变质软岩如石英片岩、绢云母片岩、绿泥石片岩透水性一般较差，但是由于通省隧道围岩较破碎，节理裂隙较为发育，加之有隧道穿越两条破碎带，使得在已经开挖施工的一条断裂破碎带 YK116＋435～YK116＋580(ZK116＋475～ZK116＋630)揭示的岩体风化程度高，云母含量高，片理、节理裂隙极发育，岩体破碎，地下水主要为基岩裂隙水，断裂破碎带中地下水发育，局部出水量很大，底板积水严重，破碎。强风化的云母片岩具有较强的渗透性，水分很容易进入云母间并达到饱和，使得云母间微弱的黏结力和嵌挤力丧失，宏观表现为施作初期支护后发生的围岩大变形。

隧道地下水的发育特征有一个渐变的过程，掌子面的地下水在刚爆破完基本不发育，岩体较干燥，而在距离掌子面 1 倍洞径的地方可能局部发育湿斑，在距离掌子面 2～3 倍洞径的支护面发育大面积湿斑，在距离掌子面更远的距离可能出现滴水现象，其发育过程如图 3-30 所示。

隧道的地下水发育与围岩变形破坏的过程密切相关。随着离掌子面的距离远近不同，其发育也在随之变化，可以通过地下水的发育特征而判定岩体的完整性变化。

对工程中有断裂破碎带的隧道可能存在地下水发育情况，围岩处于应力场和渗流场构成的环境中，两者相互作用和影响是一种耦合作用。在隧道开挖时，水文地质条件的变化必会引起渗流场的变化，形成新的水文地质边界条件，加上应力场发生改变，围岩受到扰动，引起岩体结构的变化，改变了围岩的渗透性能，于是渗流场发生变化；而渗流场的改变又进一步影响着应力场。

在应力场和渗流场通过耦合相互作用下，如果隧道重分布应力超过了围岩强度时，隧道便会发生变形破坏。

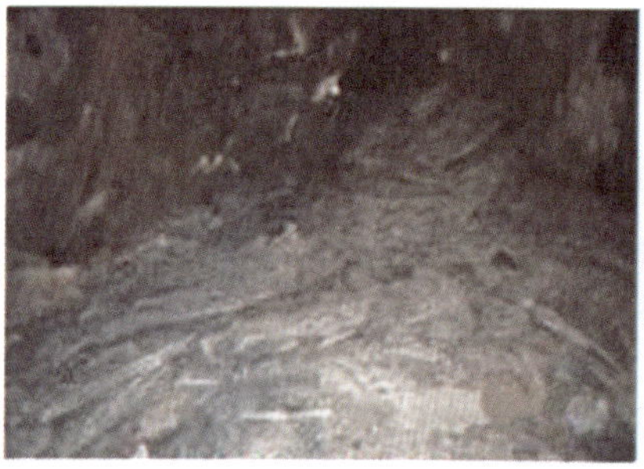

（a）掌子面岩体干燥

（b）初期支护局部湿斑

（c）初期支护大面积湿斑

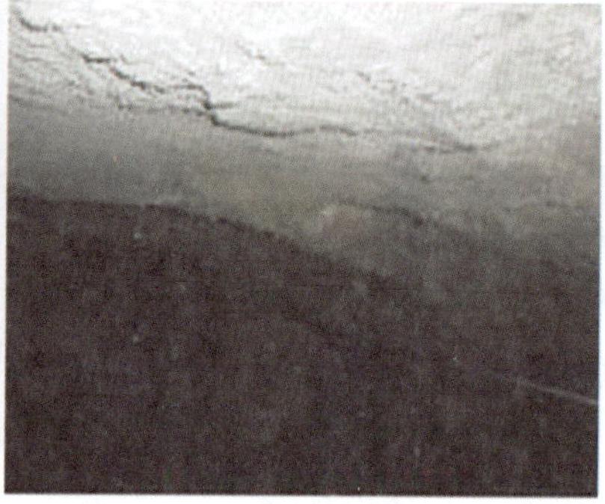

（d）初期支护线状滴水

图 3-30　通省隧道地下水发育渐变过程

（5）高地应力作用

关于地应力的大小和级别，不同的部门有不同的划分方法，目前常用的划分方法有：

1）按构造地应力大小判别

按照地应力的绝对值大小，即最大主应力达到 20～30 MPa，认为岩体处在高地应力状态。通过对十房高速公路通省隧道采用水压致裂法进行了现场地应力试验可以得出，最大水平主应力值最大值为 16.82 MPa，最小水平主应力值最大值为 9.27 MPa，侧压系数 λ 为 1.80～3.81，从最大主应力量值大小来看，通省隧道区域范围内属中等水平应力区。

2）按岩石或岩体的强度应力比判别

利用岩石或岩体的强度应力比，即岩石单轴抗压强度（R_b）与最大主应力（σ_{max}）的比值，岩石强度应力比$\frac{R_b}{\sigma_{max}}$大小来划分地应力，我国《工程岩体分级标准》GB 50218—1994，对地应力的高低界定值，见表 3-10。

表 3-10　构造地应力分级标准

判　　据	$\frac{R_b}{\sigma_{max}} \leqslant 4$	$4 < \frac{R_b}{\sigma_{max}} \leqslant 7$
构造地应力分级	极高地应力	高地应力

高初始应力地区岩体在开挖过程中出现的主要现象见表 3-11。

表 3-11　高初始应力地区岩体在开挖过程中出现的主要现象

应力情况	主要现象
极高应力 ($\frac{R_b}{\sigma_{max}} \leqslant 4$)	软质岩：岩芯有饼化现象，开挖过程中洞壁岩体有剥离，位移极为显著，甚至发生大位移，持续时间长，不易成洞； 硬质岩：开挖过程中时有岩爆发生，有块体弹出，洞壁岩体发生剥离，新生裂缝多，成洞性差
高应力 ($4 < \frac{R_b}{\sigma_{max}} \leqslant 7$)	软质岩：岩芯时有饼化现象，开挖过程中洞壁岩体位移显著，持续时间较长，成洞性差； 硬质岩：开挖过程中可能出现岩爆，洞壁岩体有剥离和掉块现象，新生裂缝较多，成洞性较差

通过测试，通省隧道深埋段岩体的单轴抗压强度 $R_b = 21.37$ MPa，而水平最大主应力 $\sigma_{max} = 16.82$ MPa，其岩石强度应力比 $\frac{R_b}{\sigma_{max}} = \frac{21.37}{16.82} = 1.27 < 4$，属于极高构造地应力水平。

在地质历史时期，隧址区岩体经历了多期地质构造作用，岩层以弹性变形的形式储存了变形能。一旦有隧道开挖掘进，这些变形能会以变形的形式向临空区释放，宏观上表现为岩层的应力扩容膨胀。另一方面，岩层在洞室形成后，应力状态从三维转变为二维，在构造应力作用下，往往发生破坏而产生非线性弹塑性变形，容易导致支护体系的宏观破坏。由于构造应力一般以水平构造应力为主，在构造应力显著地区，隧道两帮的破坏往往颇为明显，其力学机制模式如图 3-31 所示。

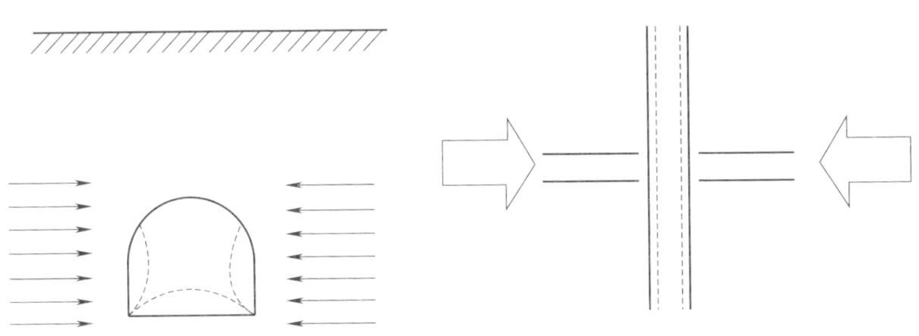

图 3-31　构造应力变形的力学机制示意图

高应力软岩隧道围岩初始应力较高，在隧道开挖后，随即发生内应力释放和回弹。隧道开挖卸荷相当于在初始应力状态上叠加相应反向拉应力，于是隧道围岩(尤其是层状岩体)在弯曲作用下发生挠曲，或沿结构面发生剪胀滑移变形，围岩发生体积膨胀变形(扩容)，表现为侧墙内移(侧向张裂、片帮)、尖顶(拱顶剪裂)、底鼓和冒顶等。破坏最严重的部位多在拱顶和拱墙交界处，初期支护的钢筋多因位移过大而扭弯屈曲甚至钢拱架也被扭弯或剪断，如图 3-32 所示。此外，通过对通省隧道 YK115＋995～YK116＋052 段变形和围岩压力监测，发现变形小的线路左侧反而围岩压力大，这一现象符合应力扩容变形的力学机制。

图 3-32　通省隧道钢拱架被扭弯实例照片

在构造应力场中，深埋软岩隧道围岩的变形可分衰减变形和稳定变形两个阶段，隧道围岩变形随时间的延续隧道围岩表面的位移增大，随着侧压力系数的增大逐渐增大。

隧道开挖后，围岩临空面线路左侧应力瞬时降为零，应力重分布后隧道周边围岩的应力高度集中，使围岩产生局部受拉、受剪破坏。同时，深部软岩隧道的流变性随着地应力的增加也变得更为显著，加剧了软岩隧道的变形破坏。

三、通省隧道施工阶段围岩大变形分级标准

1. 国内常用的围岩变形分级方法对比

目前，国内关于围岩大变形还未能形成一致和明确的定义。围岩大变形区别于一般岩体失稳(如岩爆、塌方等围岩局部破坏)的显著特征是持续不断的变形和具有明显的时间效应特征，并给施工处理造成了较大难度。

大变形是相对正常变形而言的。不同国家不同行业都制订有不同的预留变形量以容纳这些正常变形。

(1)铁二院喻渝从预留变形量出发，取预留变形量的 0.8 倍作为正常变形值的上限，取上述正常值的 2 倍作为大变形的下限，即单线隧道发生 25 cm、双线隧道发生 50 cm 的位移，则认为发生了大变形，并得出不同侧压力系数的应力比临界值，即 $\lambda=1$ 时，$\frac{\sigma_v}{R_b}=3$；$\lambda=2$ 时，$\frac{\sigma_v}{R_b}=2$。

(2)铁二局分别以围岩变形量、相对变形量、原始地应力及应力比为指标进行变形等级划分，确定了挤压性隧道的大变形分级标准，见表 3-12。

(3)重庆交通学院徐林生提出公路隧道围岩大变形三级划分方案，见表 3-13。

(4)张祉道以洞壁相对位移为参数，列出不同严重程度大变形等级分类，见表 3-14。

表 3-12　挤压型隧道大变形分级标准

指　　标	大变形分级		
	Ⅰ	Ⅱ	Ⅲ
应力比 $\frac{\sigma_v}{R_b}$	3.0～5.0	5.0～8.0	>8.0
原始地应力(MPa)	5.0～10.0	10.0～15.0	>15.0
相对变形(%)	11-2-0～7.0	7.0～10.0	>10.0

表 3-13　公路隧道围岩大变形分级方案

指　　标	大变形分级		
	Ⅰ	Ⅱ	Ⅲ
一般估判变形量(mm)	15～30	30～50	>50
相对变形量(%)	1.5～3.0	3.0～5.0	>5.0

表 3-14　大变形等级之现场判定

指　　标	大变形等级		
	轻度	中等	严重
U_a/a(%)	3～6	6～10	>10
双车道公路隧道(mm)	20～35	35～60	>60
单线铁路隧道(mm)	15～25	25～45	>45

注：U_a 为洞壁位移，a 为隧道当量半径，变形及位移均在初期支护已施工的情况下产生，该支护系常规标准支护。

结合通省隧道变质软弱围岩的大变形的工程实际，将软岩大变形定义为：软弱围岩大变形现象为一种在隧道开挖过程中与时间、空间有关的大变形，与围岩的弹黏塑性时效力学行为具有很大程度的关联性，表现为在工程扰动力作用下，引起显著黏塑性变形，变形持续时间长，可归属于变形速率较快而收敛速率较慢的非线性变形范畴。

可以看出，这些方法在一定变形情况下变形等级划分均能得到很好地应用，但对于变质围岩、富水、断层破碎带围岩中变形速率较大而收敛速率较慢的情况下没有提出明确的分级标准。

2. 制定通省隧道施工阶段变质片岩分级标准必要性

(1)通省隧道多次出现围岩大变形与垮塌，严重干扰了正常施工。分析所发生的大变形现象和监测数据，通省隧道变形破坏特征为变形存在滞后性、变形破坏形式多样、累计变形量大、变形速率高、持续时间长、围岩破坏范围大等。围岩变化频繁，各因素主导变形的比例差异显著，这都决定了围岩变形级别的判定难度。

(2)各个地区各个隧道地质条件的变化和不确定性以及没有具体的施工阶段变形定性分级标准，若不能详加区别，就会造成“乱开方”的现象，导致有的洞段支护不力，引起围岩坍方或出现严重变形和开裂，对隧道本身结构安全造成巨大隐患，有些段落又存在超支护，造成相当大的浪费。

3. 通省隧道施工阶段围岩大变形分级方法研究

(1)围岩分级指标确定

根据铁二院喻渝从预留变形量出发的变形标准，铁二局分别以围岩变形量、相对变形量、原始地应力及应力比为指标进行变形等级划分的《挤压型隧道大变形分级标准》，重庆交通学院徐林生提出公路隧道围岩大变形三级划分方案《公路隧道围岩大变形分级方案》，张祉道以洞壁相对位移为参数标准《大变形等级之现场判定》，通省隧道仍采用定性与定量分级相结合的综合评判方法。新加入变形速率等影响因素的修正标准，对通省隧道围岩施工阶段的大变形分级进行细化，对各指标值的大小和特征进行归类对应的大变形级别，从而形成通省隧道施工阶段围岩大变形分级方案。

(2)通省隧道施工阶段以变形速率为指标对大变形等级的划分

根据通省隧道变质软弱围岩的大变形的工程实际，选取了四段具有代表性的现场实际围岩情况以及围岩变形监测情况数据统计，采取以变形速率为指标对通省大变形等级的划分。为保证分级的准确性，将围岩收敛累计量、收敛趋势、现场初期支护变形情况、水的影响因素也作为分级方案定性分析影响因素之一。

通省隧道施工阶段围岩大变形分级方案详见表 3-15。

表 3-15　通省隧道变质片岩大变形分级方案

大变形分级	指　标	辅助指标			
	最大变形速率(mm/d)	累计变形(mm)	采取加固措施后的变形趋势	初期支护情况	围岩级别
Ⅰ	10～15	100～150	有减缓趋势	局部渗水、纵向环向裂缝、喷射混凝土剥落	Ⅲ级、Ⅳ级
Ⅱ	15～30	150～300	有减缓但无收敛趋势	纵向环向裂缝、喷射混凝土剥落掉块、钢拱架扭曲变形	Ⅴ级、Ⅳ级
Ⅲ	＞30	＞300	无明显减缓趋势	贯通纵向环向裂缝、喷射混凝土剥落掉块、钢拱架扭曲变形剪断、锚杆拉断	Ⅴ级
	＞10	＞100	有减缓但无收敛趋势	洞室滴水、渗水现象严重，有柱状水流出、纵向环向裂缝、喷射混凝土剥落、钢拱架扭曲变形	Ⅴ、Ⅳ级

四、小　结

通过对通省隧道变质片岩大变形特性的认识，根据变形速率，结合累计收敛量、采取加固措施后的收敛情况、变形后初期支护情况、地下水的影响等因素对隧道围岩变形分级的影响，提出了变质片岩隧道施工过程中围岩大变形分级方法及标准建议。

第三节　变质片岩隧道大变形预报监测预警技术

大变形是应力重分布超过围岩强度而发生塑性变化形成的，其产生原因一般认为是开挖形成的应力重分布超过围岩强度以及岩石中的某些矿物和水反应而发生膨胀。目前，针对大变形的研究多围绕变形后的处治，如何在施工之前判别预测大变形，确保施工过程中能对大变形地段进行有效的预控；在大变形无法避免时提前准备相应的措施和材料，将对保证施工的安全顺利提供重要的警示作用。

基于此目的，项目分别针对变质岩区围岩大变形专项地质预报方法、大变形阶段监控量测预警机制进行了研究，并将研究成果应用于施工过程中，总结积累了一定的经验。

一、变质岩区围岩大变形专项地质预报方法

1. 围岩大变形地质分析法

由于许多数学方法要求的参数选取在工程实践中未必能够得到，监控量测数据又常常存在较大误差甚至错误，导致数学计算结果无法满足施工要求。因此，采用地质分析与物探仪器相结合来对围岩大变形进行预测预报已被广泛采用，并取得了良好的效果。

地质分析法是通过区域地质资料分析、隧道轴线地表和洞内工程地质调查，了解隧道所处地段岩层地质年代、结构构造，借助经验公式和传统方法，推断前方的工程地质情况，预测隧道掌子面前方的不良地质现象可能的类型、部位、规模。该方法重视区域地质资料收集分析、隧道地面踏勘、掌子面地质编录等工作。

(1)地面地质调查法

软岩隧道矿山法施工围岩大变形是在岩性、地下水、地应力和工程偏压的综合作用下，因施工开挖诱发软岩塑性变形所致。针对大变形的机理，对隧道地面地质调查主要针对以下几个方面：

岩性：鄂西北地区的片岩具有遇水软化、膨胀、崩解的特性。而导致这些性质的基本原因是岩石的矿物成分。因此，在地质调查阶段必须了解隧道沿线的岩性情况，主要分析岩石矿物成分、风化程度、强度。必要时可进行物理、化学实验，测定围岩矿物成分及物理性质。

地下水：近年来的研究均肯定了地下水对软岩岩体大变形产生的影响，因此，充分调查隧道区域内的地下水情况，可以在施工中提前准备应对围岩大变形的措施，有效降低施工风险。

结构构造：隧道围岩的结构构造直接影响着围岩的完整性、软弱夹层的展布。另外，通过结构构造调查可以了解隧道的构造应力情况，是分析隧道大变形风险的基础。

地貌：软岩具有较强的流变性。隧道区的地貌，尤其对浅埋段的地貌进行调查、建模，是掌握大变形区域的主要方法。

(2)地质素描法

在大变形前，围岩首先出现节理裂隙扩大，地下水渗入，初期支护出现局部湿斑。因此，软岩隧道区地质素描要注重掌子面及围岩的地下水情况描述。湿斑一般随着开挖时间的增加而逐渐增大。节理裂隙的逐步贯通可能会导致地表水与地下水的连通，雨季地下水水量的增大进一步软化围岩，使得塑性圈半径逐渐变大，大变形将持续发展，甚至侵限。发展过程一般为：潮湿→点滴状出水→淋雨状出水→成股状出水→大变形。

此外，地质素描还要注意对软弱夹层的描述，软岩中存在较多的软弱层，对隧道稳定性极为不利。详细的地质素描可以掌握软弱夹层的组成成分、风化程度、展布情况与隧道的关系。

2. 围岩大变形地震波法

隧道地震波超前预报(TGP)。TGP(Tunnel Geology Prediction)超前预报技术是利用高灵敏度的地震波接收器，广泛收集由布置在隧道单侧壁上多个地震激发点产生的地震波及其在围岩传播中遇到不同反射界面时的反射波，通过分析反射界面所在的位置，进而结合具体的地质情况，预测影响施工断层破碎带的位置、宽度、产状等，是一种有效的物探方法。在硬岩隧道的预测距离可达 150～200 m。

仪器采用北京市水电物探研究所研制的 TGP206，以地质分析为基础，在隧道中合适位置布置炮点和接受点，通过爆破激发地震波，经结构面和不良地质体反射后，由接受点设备设置的震源反射波的数据采集系统(传感器和记录仪)，将数据经计算机处理后储存起来。炮点和接受点布置示意图如图 3-33 所示。

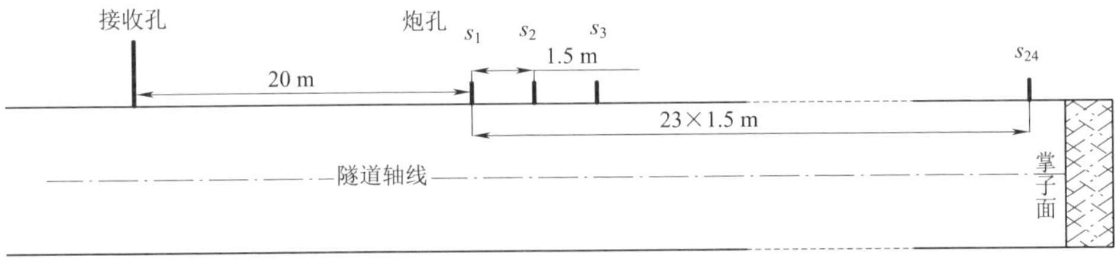

图 3-33　TGP 系统布置示意图

通过 TGP 不仅能够采集到不良地质体(如断层破碎带、软弱结构面等)的空间位置信息，还能获取围岩相关力学参数，如地震波传播波速、静态与动态弹性模量、密度、泊松比等。通过对获取参数的分析，可以预测岩性分界面、破碎带、软弱围岩等不良地质的空间位置，再根据信息对开挖面进行超前加固或预注浆，从而有效地防止围岩大变形。

3. 围岩大变形超前地质钻探法

超前钻探是采用较早的超前地质预报手段之一，也是超前地质预报技术体系主要组成部分，占有重要的地位，具有不可或缺、不可替代的作用。特别是在岩溶隧道的超前地质预报中，更起到突出的作用。超前钻探一般在隧道洞身长期、短期超前地质预报基础上进行，侧重长期、短期超前地质预报已经基本认定的主要不良地质区段；除非特殊情况，一般不宜全隧道连续进行。

超前地质钻探通过钻探取芯来进行，能够直观提供掌子面前方岩土体特征及异常情况信息，该方法提供的数据毕竟是“一孔之见”，尽管可以通过多布置钻孔数量来提高精确度，但对施工成本和进度带来巨大影响。不可否认的是，由于钻孔提供的岩芯具有直观性，能较好验证其他地质预报方法所取得的成果，并能为地质专家的推断提供较好的参考作用，揭露实例如图 3-34 所示。

(a) 隧道钻孔岩芯

(b) 开挖揭示的岩性

图 3-34　软岩隧道钻探实验

4. 通省隧道典型断面大变形地质预报

(1)洞内地质调查(YK110+660)

掌子面灰白色 P_{t2wd} 变质片岩，岩质软弱，强风化，云母含量高。薄层片状，层面多平直，局部受挤压作用呈弯曲状。岩体较破碎，层间结合差，手可剥碎。石英岩脉较发育，多呈条带状，与层面产状一直。发育两组结构面：层面 110°∠47°，薄层状，张开，层间结合差，多岩石碎屑充填。J1：结构面粗糙，弯曲，贯通性好，与隧道轴线呈小角度相交。张开状，多岩石碎屑充填，结构面强度低，如图 3-35 所示。岩体干燥，地下水不发育。岩体易扰动性强，在隧道开挖施工过程中易发生掉块现象。

(2)岩石矿物试验

通省隧道穿越地层岩性单一，为中元古界武当山群(P_{t2wd})云母石英片岩，属中低压变质岩系。岩石主要由云母、石英、钠长石及少量黏土矿物构成，见表 3-16和图 3-36。岩石粒度细小而均匀，约为 0.1～0.5 mm，具细粒镶嵌结构，变余晶屑结构。

表 3-16 给出右洞 YK110+510～ZK110+575 各矿物含量的百分比，可看出主要矿物为石英和伊利石，含量均超过 30%，其次为长石，并还有少量的绿泥石，蒙脱石含量不超过 10%。随着开挖深度的增加，蒙脱石含量有所减小。因此，该段围岩内石英含量的存在，明显提高了围岩本身的强度，相对左洞的岩体，岩石强度将明显提高。少量蒙脱石的存在，表明该隧道的右洞围岩有一定的膨胀性，但不构成主要的岩石内力，岩体内膨胀力较小，相对于构造应力，膨胀力的作用力相对较小，在含水率高以及蒙脱石含量继续增加时，岩体内力应将膨胀力考虑在内。

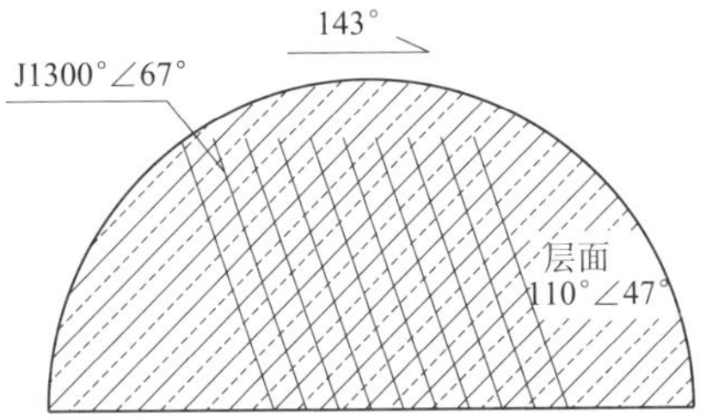

（a）掌子面地质素描示意图

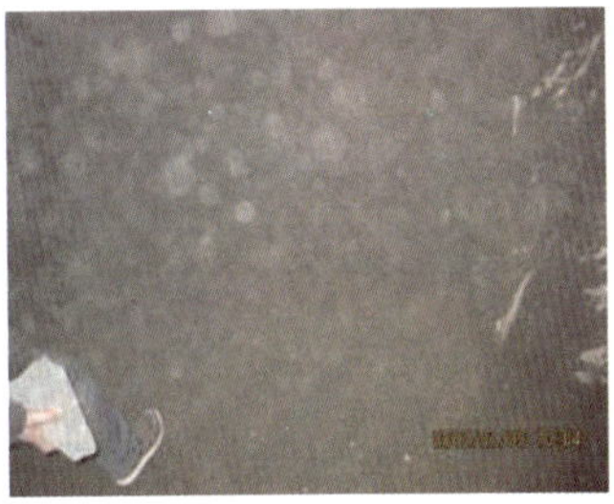

（b）掌子面左边照片

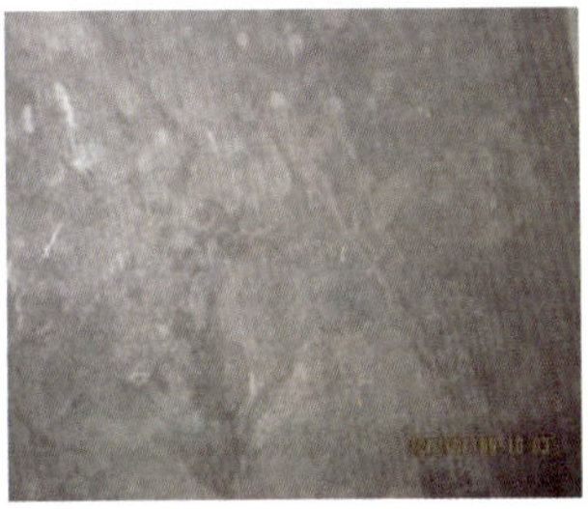

（c）掌子面右边照片

图 3-35　掌子面地质调查

表 3-16　YK110＋510、ZK110＋575 各矿物含量表

分析批号：2012—(XRD)—002　　　　计量单位：ω(B)/10^{-2}

桩　　号	绿泥石	伊利石	石英	长石	方解石	白云石	黄铁矿	蒙脱石
YK110＋575	15	43	28	14	0	0	0	0
YK110＋510	5	30	41	14	0	0	0	10

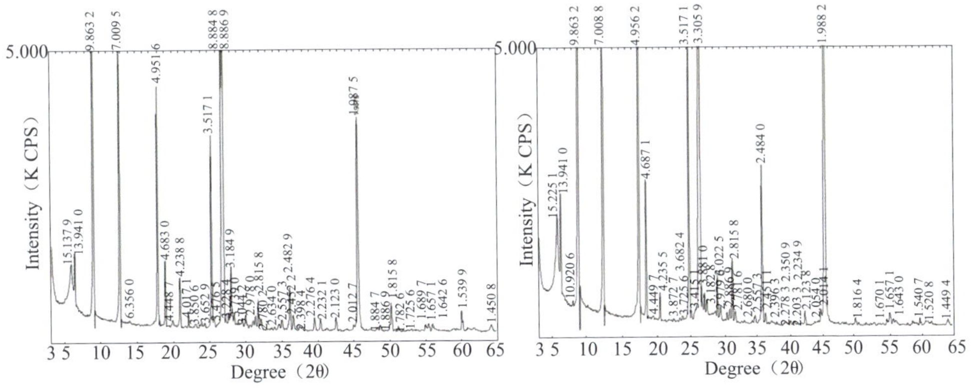

图 3-36　YK110＋510、ZK110＋575 X 衍射实验结果图

(3)V8 电法探测资料

如图 3-37 中 V8 电法探测效果图,可看出目前隧道开挖面(YK110+660)正处于电阻率为 1 680 Ω·m 范围内,电阻率相对于桩号 YK110+450 及 YK111+000 较高,推测该掌子面附近含水率较少,节理裂隙不发育,岩体完整性较好。在桩号 YK111+090 处电阻率明显降低,接近 33 Ω·m,推测节理裂隙发育,含水率较高,导电性显著增强,故而电阻率降低。

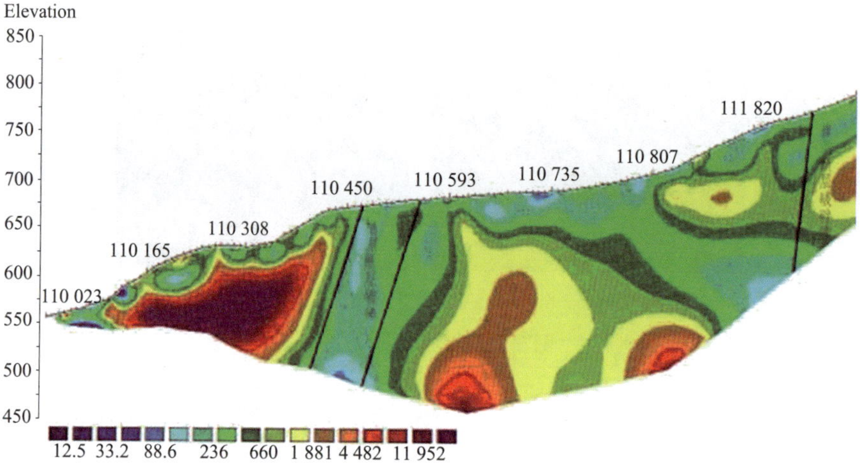

图 3-37 进口段 V8 高密度电法探测效果图

(4)结论与建议

1)结论

①原设计物探推测破碎带在桩号 K111+080,经过洞内地质情况以及外部地貌调查推测,应将该破碎带提前至 K110+745,左洞掌子面 ZK110+745 内出现类似流石流砂的现象正是该推测结论的有效证明。

②隧道围岩主要产状为 110°∠20°,东南向,左洞围岩一直处于右洞围岩的上盘,如图 3-38 所示,故而在施工过程中,进口右洞的围岩主要为相对坚硬的翼部围岩,强度相对较高,不易发生类似左洞流砂流石等塌方现象。

2)施工建议

①桩号 YK110+660~YK110+700:在目前埋深不大的情况下,右洞围岩位于左洞围岩的下盘(右盘),岩体产状规则,但由于石英含量较高,岩层的厚度明显增加,有一定的自承能力。受两组常规节理的切割,施工中应防止岩体发生块体滑动的现象。

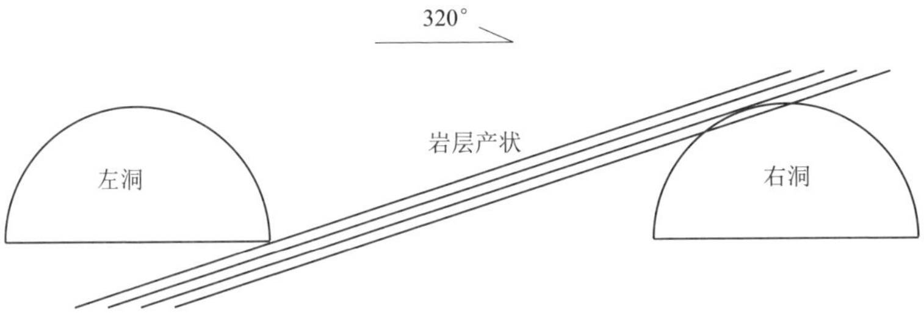

图 3-38　左洞与右洞横断面关系图

②桩号 YK110＋700～YK110＋760：结合左洞围岩开挖后的地质情况，以及武当推覆体内北北西向推覆力和断层的存在，推测断层破碎带在右洞出露的里程约为 YK110＋760，该段为上盘推覆褶皱的翼部，岩体内褶皱发育程度较上盘小，岩体完整性较好。在桩号为 YK110＋750 处接近断层部位，岩体内褶皱将增加，含水率也随之增加，岩体层间将由于水的存在产生泥化现象，隧道在开挖过程中要注意拱顶的防水及因水的软化作用造成的大变形现象。

二、变质岩区围岩大变形监控量测预警系统

工程上不仅关心围岩的变形量，更关心变形速率的大小，前者是用变形值的大小来反映围岩变形特性及其稳定状态；而后者则是从一定时间内发生的变形量来比较围岩变形的发展趋势，若变形速率超过该级围岩通常的极限变形速率值，则预示着围岩即将出现失稳破坏，急需采取加强支护的措施以阻止隧道围岩的破坏性变形。因此，项目结合监控量测形成的通省隧道施工阶段围岩大变形分级标准，对施工阶段大变形进行判别预测，提出了通省隧道围岩变形临界值及警戒值，并形成预警机制。

1. 通省隧道围岩变形警戒值

(1)位移警戒值

按照相关规范并结合通省隧道围岩特点，将临界值的三分之一作为基准值，临界值的三分之二作为警戒值，警戒值和临界值之间称为警告范围。

(2)变形速率警戒值

从通省隧道的监测情况来看，隧道围岩发生大变形或失稳除表现为累计收敛位移达到一定量值外，还可表现为一段时间(如一周左右)收敛速率的突然增大。因此，在该段隧道的监测预警预报中，项目参考收敛速率这一指标，对围岩的变形情况进行监测，以达到综合反映围岩变形状态的目的。对有征兆的大变形，亦可及时采取应急措施，避免重大事故的发生。

2. 变形速率警戒值预警系统

根据通省隧道监测资料分析，项目参考收敛速率这一指标，结合变形量等影响因素，对应Ⅰ、Ⅱ、Ⅲ级三个等级的大变形制定出适用于通省隧道三个等级的预警制度以及与之对应的处治措施，形成完整的预警系统，确保隧道施工安全。见表3-17。

表3-17　通省隧道变质片岩大变形预警机制

<table>
<tr><th>预警等级</th><th>大变形等级</th><th>最大变形速率(mm/d)</th><th>累计收敛(mm)</th><th>预警发生情况</th><th>应对措施</th></tr>
<tr><td>Ⅲ</td><td>Ⅰ</td><td>10～15</td><td>100～150</td><td>初期支护开裂、掉块</td><td>立即采取临时加固措施</td></tr>
<tr><td>Ⅱ</td><td>Ⅱ</td><td>15～30</td><td>150～300</td><td>小范围垮塌</td><td>暂缓掌子面施工，立即采取特殊形式的支护措施</td></tr>
<tr><td rowspan="2">Ⅰ</td><td rowspan="2">Ⅲ</td><td>>30</td><td>>300</td><td>坍塌</td><td rowspan="2">立即停止掌子面施工，撤离出施工人员，采取对应的应急措施</td></tr>
<tr><td>>10(富水地段)</td><td>>100(富水地段)</td><td>坍塌、涌水、突泥</td></tr>
</table>

Ⅲ级预警：隧道最大收敛速率达到15 mm/d或连续三天大于10 mm/d，表明围岩已处于不稳定的状态，尽管此时累计位移值还未达到警戒值的范围，但也应作为一种警戒情况发出预警；此时还应尽快分析变形速率增大的原因，及时采取临时加固措施；对于由正常施工扰动(下台阶开挖、施作仰拱等)引起的变形速率过大，待该工序结束后，如围岩变形速率恢复正常，可解除警报。

Ⅱ级预警：隧道收敛速率范围在15～30 mm/d或最大收敛速率范围在20～30 mm /d，表明围岩已处于失稳状态，应立即暂缓掌子面施工，采取特殊形式的支护措施。

Ⅰ级预警：隧道收敛速率大于30 mm/d或富水地段大于10 mm/d，表明围岩已处于失稳状态并可能发生坍塌、涌水、突泥，立即停止掌子面施工，撤离出施工人员，采取对应的应急措施。

三、小　　结

通过对通省隧道变质片岩大变形特性的认识，在结合研究区工程地质及水文地质条件的基础上，综合分析各种超前地质预报方法的优缺点，建立一套针对变质岩区围岩大变形的施工地质预报系统。结合监控量测形成的通省隧道施工阶段围岩大变形分级标准，对施工阶段大变形进行判别预测，提出了通省隧道围岩变形临界值及警戒值，并形成预警机制。预报系统和监测预警机制的制定有效提高了现场技术人员对变形事故的反应效率，在反复的实践中提高了控制变质岩区隧道施工大变形的效果。

第四节　变质片岩隧道大变形防治技术

总结隧道施工至今变形及处治的经验教训可知，现有开挖方法及对应的支护参数难以有效预防隧道大变形的产生；按照原支护参数置换已侵限的拱架也无法有效控制大变形的继续发展。鉴于此，制定与通省隧道地质条件相适应的开挖与加固措施，对于保障施工安全，加快施工进度显得尤为必要。项目经过反复研究，结合传统施工方法特点及难点，对开挖方法和施工工艺做了相应的改进，在此基础上完成了对原设计支护参数的优化，建立了一套变质岩区隧道从开挖到初期支护大变形防治的施工工艺，为通省隧道后续施工提供了有益指导。

一、变质片岩隧道大变形开挖方法

1. 开挖方法的对比

变质片岩隧道围岩变形存在明显的个性特征，且隧道围岩强度低、岩体破碎、自稳性差，隧道施工极易产生较大塑性变形，且变形速率非常快，变形长时间不能趋于稳定，最终导致初期支护破坏，二次衬砌开裂，无法保证结构安全。

针对上述情况，通省隧道在施工过程中依次采用上下台阶预留核心土法、临时仰拱辅助工法、CRD 法等方法，但效果仍不明显，究其原因主要在于：

(1)上下台阶法施工虽然整体速度较快，能减少对围岩扰动次数，变形相对较小，但台阶开挖断面面积过大，掌子面围岩更容易失稳坍塌，施工安全性差。

(2)临时仰拱辅助工法是在台阶法基础上增加临时仰拱，但由于该隧道围岩压力较大，临时仰拱在未达到拆除条件时，就已经发生隆起破坏。另外，临时仰拱的安装与拆除过程较慢，尤其是在增加纵向连接和喷射混凝土后耗时更长，不利于控制围岩变形。

(3)CRD 法在一般的软弱围岩隧道中较为常见，一方面有利于隧道稳定，另一方面施工相对安全，但施工临时支护较多，周期较长。因通省隧道围岩在兼有一般软弱围岩特性之外，围岩变形速率快且无法稳定是其突出问题，经监测，围岩下沉及收敛平均约 30 mm/d，且呈线性增长。在运用 CRD 法后，变形依旧严重，且由于工序转换较为复杂，数月没有进度。

经综合分析和现场施作，项目总结出三台阶预留核心土临时横撑法施工，既保证了及时成环抑制变形速率，又在中、下台阶及仰拱的施工过程中加快临时横撑的拆除便捷及利用次数，确保了二次衬砌的紧跟施工，解决了变形不能趋于稳定且时间过长的问题。

2. 三台阶预留核心土临时横撑法

大变形地段施工应严格遵循“管超前、短进尺、弱爆破、强支护、快封闭、勤量测”的原则，使用合理的施工方法。两台阶法施工过程中，由于通省隧道变质片岩自稳性极差，台阶高度过大且循环时间及台阶长度影响整体成环时间，对变形难以控制，较大的增加了坍塌及初期支护置换的可能性。经综合分析和现场施作，三台阶预留核心土临时横撑法施工，既保证了及时成环抑制变形速率，又在中、下台阶及仰拱的施工过程中加快临时横撑的拆除便捷及利用次数。

三台阶预留核心土临时横撑法在围岩变形地段上台阶设置临时型钢横撑，对隧道初期支护整体成环前减缓变形速率，有效的抑制变形。三台阶预留核心土临时横撑法施工上台阶高度 2.6 m，中台阶高度 3.7 m，下台阶高度 3 m。为确保掌子面、仰拱及填充、二次衬砌的安全距离及现场施工的实际空间要求，上台阶长度控制在 3～5 m，中、下台阶控制在 3～5 m，仰拱及填充的混凝土浇筑通过 10 m 长栈桥过渡，仰拱及填充与二次衬砌距离控制在 10～13 m，确保各工序间有足够的衔接作业空间。根据围岩地质情况，合理确定循环进尺，每次开挖长度不得超过 0.5 m，开挖后立即初喷 3～5 cm 混凝土，以减少围岩暴露时间。如图 3-39 和图 3-40所示。

二、变质片岩隧道大变形段初期支护参数优化

软岩隧（巷）道大量的施工实践已经表明，在软岩中格栅拱架和厚度较薄的喷射混凝土组成的纯柔性支护等难以有效地控制围岩变形。

在软岩地层中，因为软岩自身强度低，开挖后围岩自身不足以承受应力重分布产生的二次应力，加上围岩松弛后，自身也成了荷载的一部分，所以初期支护应采用强度高的钢结构与喷射混凝土，来增加支护刚度。

通省隧道在按原设计支护参数施工完成后出现环向和拱顶贯通的纵向裂缝，随后出现大面积的侵限，换拱之后变形仍持续增大。在这种情况下现行的两个常规做法是增大预留变形量和提前施作二次衬砌。

鉴于施作二衬支护需要一定时间，在此段时间内换拱后的隧道仍有侵限的可能；即便换拱后支护结构未侵限，二次衬砌能否承担相应的压力，后期安全储备是否充足仍未可知。

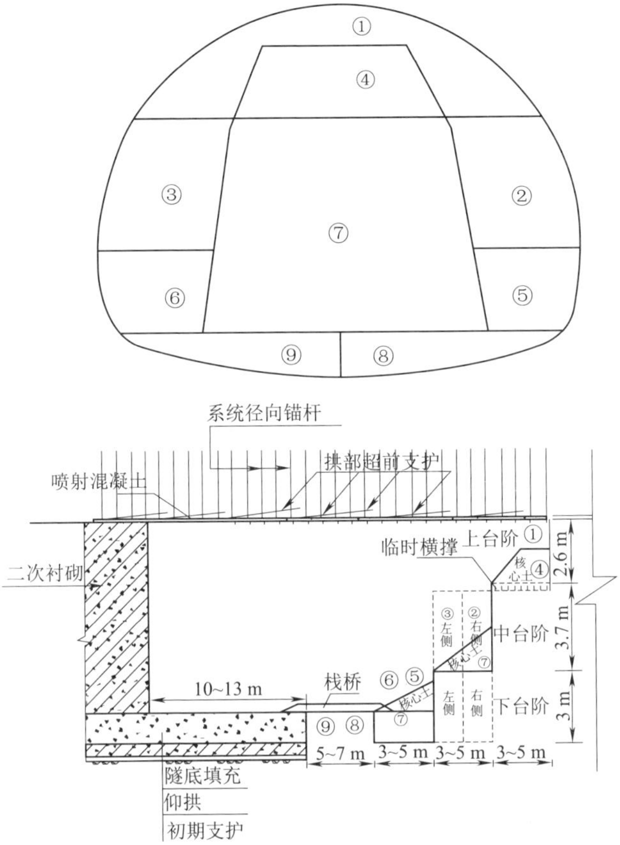

图 3-39　三台阶预留核心土临时横撑法示意图

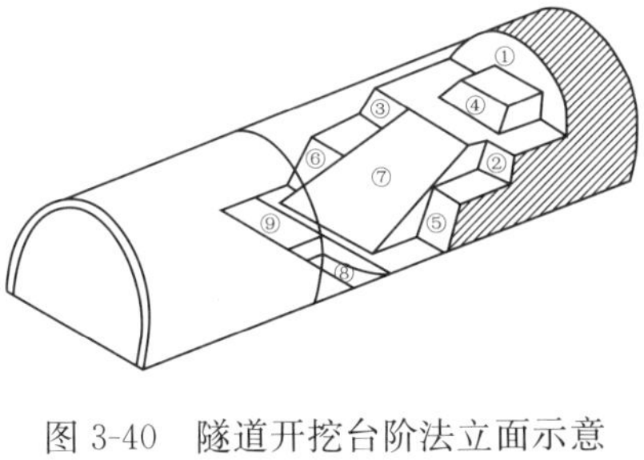

图 3-40　隧道开挖台阶法立面示意

如何有效地预防和限制围岩的大变形，以保证隧道安全稳定、加快施工进度显得极为重要。为此，项目通过实践对初期支护的施工参数进行了优化，具体方案如下：

1. 喷射混凝土优化

(1)适当增加喷射混凝土厚度

不同厚度的喷射混凝土支护下围岩位移变化差别明显，因此适当增加喷射混凝土厚度可以发挥喷射混凝土的功能，包括支撑作用、“卸载”作用、填平补强围岩、隔绝作用、传递分配外力、间接提高围岩中的环向力，提高初期支护组合拱的质量，增强组合拱的支撑能力。

通省隧道在现场施工中，针对变质片岩Ⅴ级围岩地段喷射混凝土厚度原设计10 cm优化至10 cm、12 cm、15 cm三种厚度，有效地预防缓解了在变质片岩Ⅴ级围岩地段变形速率有差异的三种情况，保证了隧道施工的安全。

(2)改良喷射混凝土性能

在通省隧道施工中出现的初期支护大变形过程中变形范围出现环向、纵向裂缝，钢筋网片连接处拉断等现象，经过现场分析实践，对喷射混凝土的抗压、抗拉性能进行了加强。通过喷射聚丙烯网状纤维混凝土和原设计普通混凝土进行了试验对比，见表3-18，发现聚丙烯网状纤维混凝土从根本上改变混凝土的抗裂、抗冲击、抗疲劳、抗磨损性能，大大提高混凝土的韧性及变形能力，在变形段应用过程中有效的控制了混凝土裂缝发展，特别是边墙和拱部处纵向裂缝的产生，提高整体的支护能力，缓解了隧道初期支护的变形发展。

在试验过程中，课题组研制了一种混凝土劈裂抗拉强度试验夹具(ZL201420538800.4)的实用新型专利，它具有制作成本低、操作方便、定位准确等特点。使用它进行混凝土劈裂抗拉强度试验，安装简单、定位轴线准确，从而保障试验数据准确。

表3-18 普通C25喷射混凝土与聚丙烯网状纤维喷射混凝土性能对比表

类别 \ 混凝土	C25混凝土	纤维混凝土
28 d抗压强度(MPa)	26.3	32.3
7 d抗折强度(MPa)	1.7	6.4
一次性喷射厚度(mm)	60	>200
变形情况	变形地段出现环向、纵向裂缝	无明显裂缝产生

2. 强化钢支撑

在软岩支护中，一般通过加大钢支撑的截面积、型钢拱架替代格栅拱架来提高初期支护的刚度和强度。在处理通省隧道软岩大变形施工时，往往还需要加大钢支撑的截面积、加密其间距来提高支护结构的强度。

通省隧道原设计中钢拱架的支护选择HW150型钢拱架、ϕ25钢筋格栅拱架

和 ϕ22 钢筋格栅拱架三种类型。在现场使用过程中对Ⅴ级围岩变形速率较大地段将原设计 HW150 型钢拱架优化为 HW175 型钢拱架；Ⅳ级围岩变形速率较大地段将原设计 ϕ25 钢筋格栅拱架和 ϕ22 钢筋格栅拱优化为 I16 和 I14 工字钢。

通过现场实践，在同样情况下加大型号后的型钢拱架和替代的钢拱架支护位移量较原设计支护要小；在变形速率大及地质情况差的情况下使用都起到了良好的效果。

3. 加强锁脚锚杆

在隧道辅助施工措施实施时，锁脚锚杆（管）不同的型号、长度、角度、数量、注浆工艺、注浆材料、施工时间均会影响围岩的变形速度。如何通过现场试验确定辅助施工措施的技术参数，最大限度地抑制隧道围岩变形是锁脚锚杆施工的难点和重点。

现场采用原设计和优化后的对比方案进行试验，将原设计的 ϕ22 锁脚锚杆与优化后的 ϕ42 锁脚导管以及长度、注浆材料、位置等因素对围岩变形的控制效果进行了对比，通过对比分析可以看出：

（1）优化后 ϕ42 锁脚导管对初期支护变形的抑制作用较为有效，可以使收敛速率减小一半以上，特别是对控制各台阶开挖时周边岩体坍塌效果明显。

（2）通过对单液浆与双液浆注浆效果的对比，施工中应尽量选择水泥水玻璃双液浆，以减少浆液中水对围岩的软化作用。

（3）软弱围岩条件下，施工角度应设置在 20°～25°之间为宜。

三、变质片岩隧道大变形不规则段抛物线形锚杆支护法

片岩隧道经常会出现岩层结构偏压，特别是片理面发育的薄层状片岩隧道经常会出现垂直于片理面的弯曲、张裂与折断，沿着片理面的滑移产生偏压，而产生大变形。

通省隧道在施工中经常发生大变形破坏偏向隧道初期支护线路左侧的情况。大变形时，垂直于片理面的锚杆被拉断，平行于片理面的锚杆随岩体一起沿着片理面滑出，可以看出锚杆垂直于片理面的作用比平行于片理面的作用大。项目根据隧道不同位置变形量不等的情况，通过抛物线形设置锚杆的工法，针对性地局部增长锚杆、改变锚杆的方向，有效地抑制了变质片岩隧道经常出现的岩层结构偏压所产生的变形破坏。

1. 抛物线锚杆法方案思路

变质片岩隧道大变形中的扰动损伤、持续变形劣化、水劣化，主要是对围岩塑性圈的围岩损伤劣化，使围岩弹性模量 E、黏聚力 c、内摩擦角 φ 等物理力学性能劣

化降低,使围岩的自稳能力降低,进而产生大变形,其过程表现为:开挖→应力调整→变形、局部破坏,产生塑性圈、松动圈→围岩损伤劣化→再次调整→再次变形→较大范围破坏→大变形。从其过程表现认识到围岩的大变形破坏是渐进式逐次发展的,针对在施工中经常发生大变形破坏偏向隧道初期支护线路左侧的情况,通过抛物线锚杆法调节下锚杆支护的布置方式(图 3-41),从而达到抑制产生变形破坏的松动圈继续发展,使围岩强度得到提高,自承能力得到发挥,从而达到控制隧道围岩变形的目的。

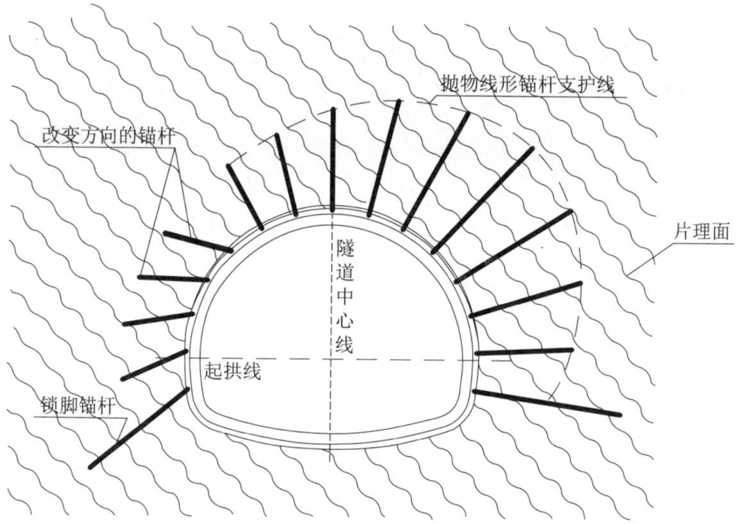

图 3-41 抛物线形锚杆支护示意图

2. 松动圈测试

(1)测试设备

测试采用中科院武汉岩土力学研究所研制生产的 RS-STOID (P)跨孔超声检测仪进行测试,探头直径 40 mm。超声波测试技术是围岩松动圈测试技术中最常用的一种方法,具有简便、快捷、可靠、经济及无破损等特点。由岩体力学理论知,声波波速随介质裂隙发育、密度降低、声阻抗增大而降低,随应力增大、密度增大而增高。声波波速高则说明围岩完整性好,波速低说明围岩存在裂缝,围岩有破坏发生。因此测出距离围岩表面不同深度的岩体波速值,做出深度和波速曲线,再结合相关地质资料就可以推断出被测试隧道的围岩松动圈厚度。

采用跨孔测试方法进行岩体声波速度测试,即收、发信号探头分别置于平行的两个钻孔中,并使两个探头位于相同的钻孔剖面位置,测出探头间距和信号发射—接收时间,即可计算两个孔之间不同深度处的岩体声波传播速度。分析岩体声波传播速度沿孔深的变化,即可大致确定松动圈大小。

(2)测试方案

试验现场在通省隧道左线 ZK116＋885～ZK116＋915 段布置 2 个间距 30 m 的观测断面;每个观测断面布置两组分别位于隧道两帮的测孔,测孔间距 100～120 cm,孔深 600 cm,孔径 60 mm,探头直径 40 mm,如图 3-42 所示。

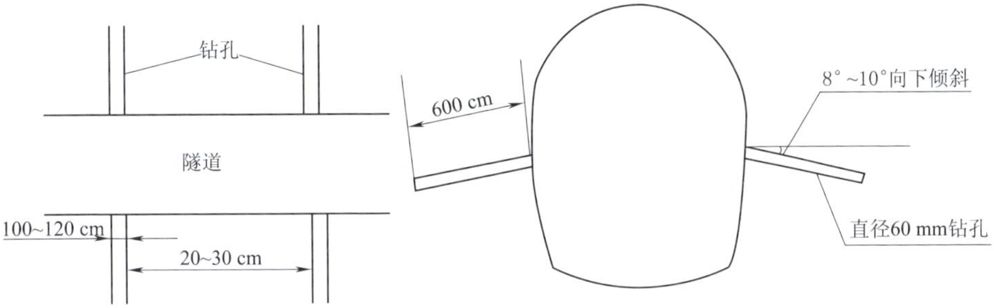

图 3-42　松动圈测试测孔布置示意图

(3)测试结果分析

超声波测试结果如图 3-43 所示,现场对每组测孔进行了两次超声波测试,图示为每组测控两次超声波测试声波与深度变化曲线。

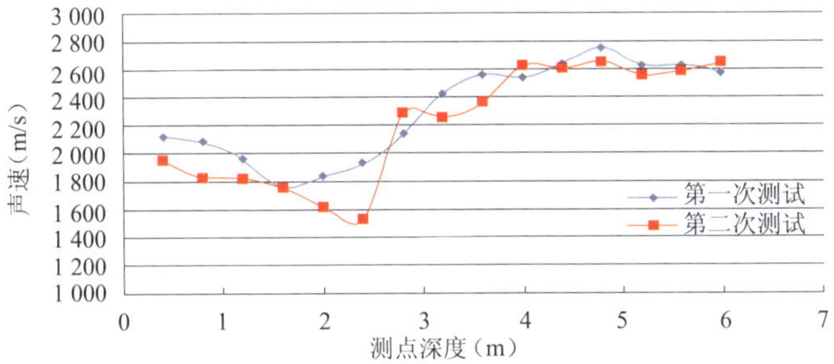

(a) 第一组测孔

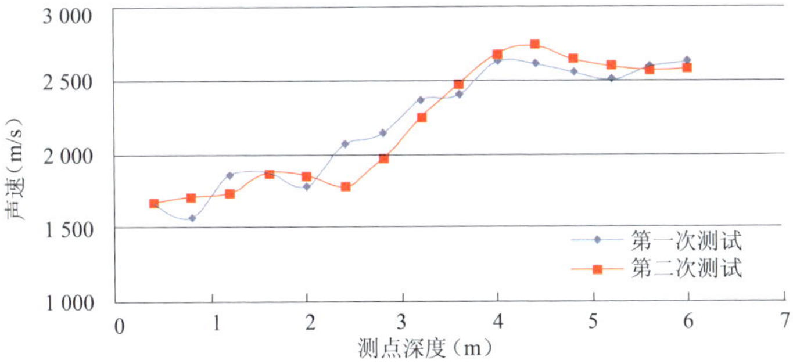

(b) 第二组测孔

图　3-43

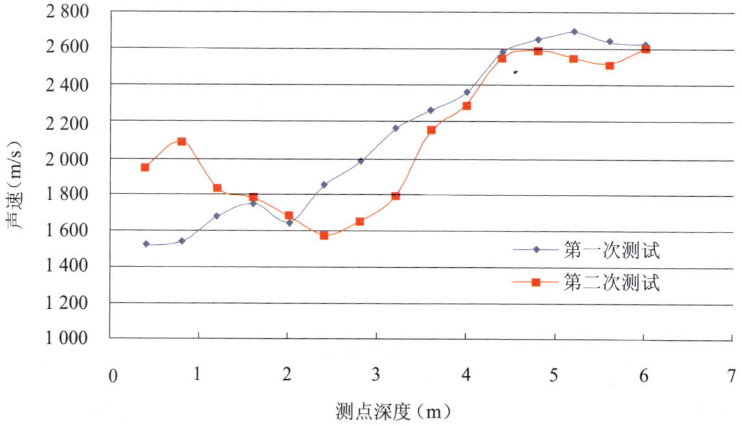

(c) 第三组测孔

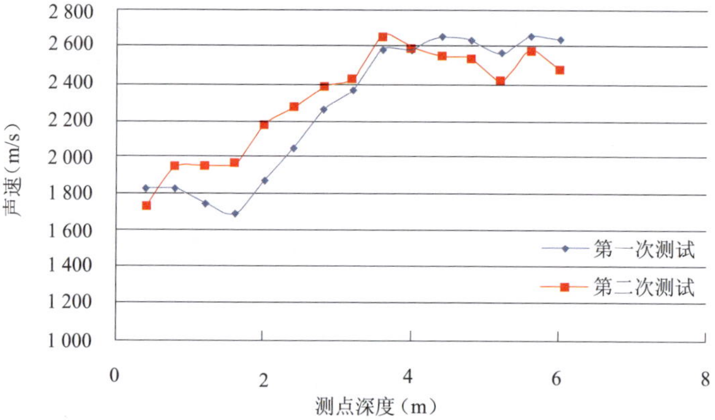

(d) 第四组测孔

图 3-43 通省隧道出口端左洞钻孔声波测试曲线(续)

第一组测孔两次测试结果曲线整体走势一致，第一次测试中，在测控深度小于 1.6 m 时，声波速度从 2 123 m/s 逐渐下降到 1 767 m/s，随后缓慢增大，直至测孔深度为 3.6 m，逐步趋于稳定，波速在 2 600 m/s 上下浮动，第二次测试中，声波波速变化幅度较第一次大，在 2.3 m 左右波速降至最低，后突升至 2 290 m/s，直至孔深为 4 m 以后，在 2 600 m/s 上下浮动，可判断围岩在 1.5～2.5 m 处围岩条件较差，围岩较破碎，松动圈半径在 4 m 左右。第三组测孔与第一组测孔类似，声波波速变化幅度较大，第一次测试声波波速基本呈增长的趋势，从 1 522 m/s 增至 2 691 m/s，在孔深 4.5 m 以后声波波速浮动较小，稳定在 2 630 m/s 左右，第二次测试大致呈先减后增而后稳定的变化趋势，在孔深为 2.4 m 时波速为最低，4.5 m

以后声速变化较小，基本呈稳定趋势，此组测孔测试结果显示松动圈半径在 4.5 m 左右。

第二组与第四组变化规律相似，数据突变概率较小，第二组测孔测试结果显示在孔深大于 4 m 时，声速变化较小，第四组数据则在 3.5 m 以后趋于稳定，围岩受扰动较小。

对上述测试结果进行分析研究，可以认为通省隧道左线 ZK116 ＋ 885～ZK116＋915 段围岩松动圈厚度大约为 3.5～4.5 m。

3. 抛物线形锚杆布置取值确定

从松动圈试验中得出的结论可以拟通省隧道在施工过程中的松动圈范围为 3.5～4.5 m，在施工中经常发生大变形破坏偏向隧道初期支护线路左侧的情况，抛物线锚杆设置长度穿过松动圈拟采用最短锚杆为 5 m。针对现场量测变形速率破坏最大处即为抛物线顶点，拟采用最长锚杆为 6 m。Ⅴ级围岩地段未受到变形破坏处设计锚杆长度为 3 m，由此 3 处长度、位置的确定可得出此破坏范围加强锚杆的抛物线形 $y=ax^2+bx+c$，具体布设形式如图 3-44 所示。

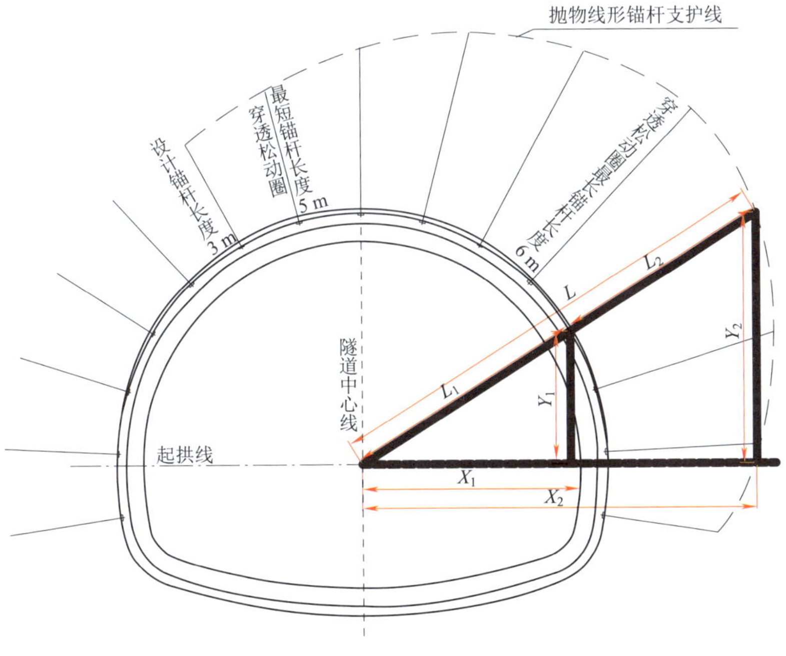

图 3-44　抛物线形锚杆施工布置示意图

图 3-44 中隧道中心线和起拱线分别为抛物线形的 X 轴和 Y 轴，图中抛物线形上任意一点对应的锚杆长度 L_2 计算方法如下：

根据隧道设计断面尺寸可知 L_1、X_1、Y_1 的数值，可计算出抛物线形中 X_2、Y_2 的关系为 $Y_2=Y_1\times X_2/X_1$，将 Y_2 代入抛物线公式可求解出 X_2 数值，反之可求解出 Y_2，然后根据勾股定理可求解出 L 的数值。

由此可算出 $L_2=L-L_1$

4. 抛物线形锚杆施工参数

在现场实践过程中发现，隧道单侧变形破坏地段经常出现锚杆拉断、崩开等现象。课题组在抛物线形锚杆施工段采用 ϕ25 中空注浆锚杆，相对于普通砂浆锚杆来说中空注浆锚杆的锚固质量更好，中空杆体有更好的刚度和抗剪强度，中空锚杆杆体大螺距螺纹结构增加了锚杆体与注浆材料的黏结面积从而提高了锚固力。注浆完成后使围岩整体强度提高，结合初期支护达到整体受力，达到了抑制变形破坏松动圈的继续发展。

锚杆采用 ϕ25 中空注浆锚杆，注浆浆液采用 1∶1 水泥浆，注浆压力在 0.5～1 MPa压力下注浆饱满稳压 2 MPa，注浆过程中由于钻爆法开挖岩面凸凹不平使方形垫板安装不平，目前使用的止浆塞安装不能紧贴钻孔岩面造成漏浆压力上不去，不好稳压而影响锚固质量，漏浆也造成材料浪费。课题组在注浆施工研发了一种中空注浆锚杆用充气注浆式止浆塞(ZL201320024487.8)，较之前的固体止浆塞相比，其密封性能有了显著的提高，可使注浆液达到较高的压力，提高锚杆与岩体结合的牢固程度，从而保障施工质量、确保施工安全。

各级围岩锚杆长度根据实际情况进行抛物线形布置调整，具体长度见表 3-19。

表 3-19　抛物线形锚杆设置长度取值表

锚杆长度 / 环向间距	Z5a 锚杆长度(m)	Z5b、Z5c 锚杆长度(m)	Z4a、Z4b、Z3a 锚杆长度(m)	Z3b 锚杆长度(m)
最长锚杆	6	6	6	6
间距 1.2 m	12.9	—	—	12.9
间距 1.6 m	—	12.9	12.9	—
间距 2.4 m	12.8	—	—	12.8
间距 10.2 m	—	12.8	12.8	—
间距 3.6 m	12.7	—	—	12.7
间距 4.8 m	12.5	12.7	12.7	12.5
间距 6.0 m	12.3	—	—	12.3
间距 6.4 m	—	12.5	12.5	—
间距 7.2 m	12.1	—	—	12.1

续上表

锚杆长度 环向间距	Z5a 锚杆长度(m)	Z5b、Z5c 锚杆长度(m)	Z4a、Z4b、Z3a 锚杆长度(m)	Z3b 锚杆 长度(m)
间距 8.0 m	—	12.3	12.3	—
间距 8.4 m	5	—	—	5
间距 9.6 m	5	12.1	12.1	5
设计长度	3	3	2.5	2.5

注:表中间距一列均为距离最长锚杆打设环向间距,相邻锚杆间环向间距为支护参数优化后各级围岩间距(锚杆环向间距 Z5a、Z3b 为 1.2 m;Z5b、Z5c 、Z4a、Z4b、Z3a 为 1.6 m)。

四、变质片岩隧道大变形局部加强控制技术

1. 预留变形量的适度加大

根据施工现场开挖初期支护完成后直至二次衬砌开始的监控量测数据统计分析,在原有设计预留变形量 10～15 cm 的基础上加大预留变形量,可有效的控制在二次衬砌施工时混凝土厚度不受初期支护变形影响,通省隧道预留变形量根据现场灵活掌握,拱部控制在 45～60 cm,边墙部位控制在 25～35 cm。

2. 增加超前小导管纵向搭接长度

增加超前小导管的纵向搭接长度,在原设计 100 cm 的小导管搭接长度增加到 200～250 cm,局部采用双层小导管,使得施工过程中拱部云母含量高的地段及松散夹层得到了较好的加强控制,加强了超前支护的棚护受力,确保在初期支护完成前围岩变形失稳的施工安全性,在通省隧道施工过程中起到了明显的效果。

3. 增加锁脚导管数量

大变形地段施工中型钢拱架连接处是薄弱环节,加强锁脚导管的施工,很好的控制了型钢拱架的整体承载能力。通省隧道原设计拱腰处左右各两根 ϕ42 锁脚导管,现施工中在型钢拱架的连接处设置 4 根长度 4.5 m 的 ϕ42 锁脚导管,锁脚导管施工角度小于 20°～25°。

4. 加强纵向连接筋

加强初期支护中的纵向连接,采用型钢连接替代原设计的钢筋连接,提高了初期支护的整体受力,用相同型号的 H 型钢、工字钢替代了原有的 ϕ22 螺纹钢纵向连接筋,加强了拱架的连接之间的抗扭、抗弯性能,提高了初期支护的稳定性。

5. 加强连接钢板的强度

型钢拱架节点受力部位受力较薄弱,施工中加大型钢连接钢板的尺寸和厚度,由原设计 20 cm×24 cm 加大至 28 cm×34 cm,以增加受力面积。根据现场施工情况,购置 1.5～2 cm 厚钢板替代原设计 1 cm 厚钢板,增加连接处的刚度,并在连

接螺栓施工后对型钢拱架钢板连接缝处进行焊接，提高连接的质量，对型钢拱架连接的强度起到了较好的效果。

6. 增设临时横撑

上台阶初期支护施工完成后，在临时仰拱部设 HW175 型钢临时横撑，确保上台阶施工后临时成环的整体受力，临时横撑也可在中、下台阶及仰拱的施工重复利用，且拆卸方便。

五、小　结

通省隧道隧址区主要穿越武当山群地层，围岩是以含云母为主矿物成分的片岩。在施工过程中围岩岩性与结构多变，施工中不能按照传统的新奥法理念，待初期支护稳定后进行二次衬砌施工。通过对通省隧道变质片岩大变形特性的认识，结合监控量测调整开挖方法、初期支护参数，通过局部加强、控制地下水等施工工艺，使得隧道变形得到了有效的控制，形成了一套变质岩区隧道从开挖到初期支护大变形防治的施工工艺工法，为通省隧道后续施工提供指导和依据，保证了隧道的安全快速施工。

第四章　隧道通风竖井施工

第一节　隧道通风竖井施工技术国内外现状

竖井是一种自地面竖直通向地下一定深度的桶状构筑物，通常采用圆柱形，为了保证竖井井壁的稳定和耐久，除围岩完整密实外一般需进行必要的喷锚或衬砌。随着国民经济的高速发展，高速公路不断向山区延伸，长大隧道建设项目日益增多。长隧道通风阻力大、流速慢、距离长，洞内自然通风无法达到迅速改善洞内空气质量的目的。采用洞内安装大功率射流风机实施强制性通风，提高洞内空气流速，收效显著，但能耗巨大。山区高速公路隧道远离电网，尚需建设专门的输配电线路系统。

采用通风竖井对运营隧道进行辅助通风，是一项经济实用的技术，具有节约能源、降低通风费用的优点。随着长大隧道工程建设项目的增多，作为辅助通风和事故应急处理通道的竖井工程在长大公路隧道中被广泛采用。竖井辅助通风的基本原理是：利用竖井上、下口之间高差形成的气压差和温度差，使空气由低位向高位自然流动，即"烟囱效应"，具有一定的自然通风作用。竖井越深自然通风效果越好；当自然通风效应不能满足需要时，可加装排风通风机，加大通风能力。隧道通风竖井一般设在纵向人字坡顶部或隧道的 1/2 处。当隧道纵坡为平坡或人字坡时，隧道进、出口至竖井排风口直接将污浊空气排出，以置换通风为主；当隧道全长纵向为一面坡上坡时，竖井进风口至隧道出口之间以稀释性通风为主，即从竖井顶部进风口反向安装压风送风机向隧道内压入新鲜空气，迫使污浊空气向出口风向流动。隧道通风竖井工作原理如图 4-1 所示。

竖井工程属于附属工程，存在着起步晚、技术原始、劳动强度大、工效低、工期长、能耗高、设备配装滞后等实际问题。目前已建成运营的隧道通风竖井，大多是借鉴采矿技术和装备完成施工，至今尚无成熟的技术、理论和工法。

竖井施工最初源于英国的矿山开采，后来在俄罗斯得到广泛运用。我国于 20 世纪 50 年代引入竖井施工的概念并应用于矿山开采领域，后经逐步发展、演变、扩展到水利水电工程引水隧洞减压竖井、公路铁路长大隧道辅助通风竖井、高层建筑的空调节能竖井等工程领域。目前，竖井施工技术的发展越来越快，竖井的用途、种类也越来越多，竖井的功能区分也越来越细。竖井的直径已达到 10 m 以上，深度超过 600 m。

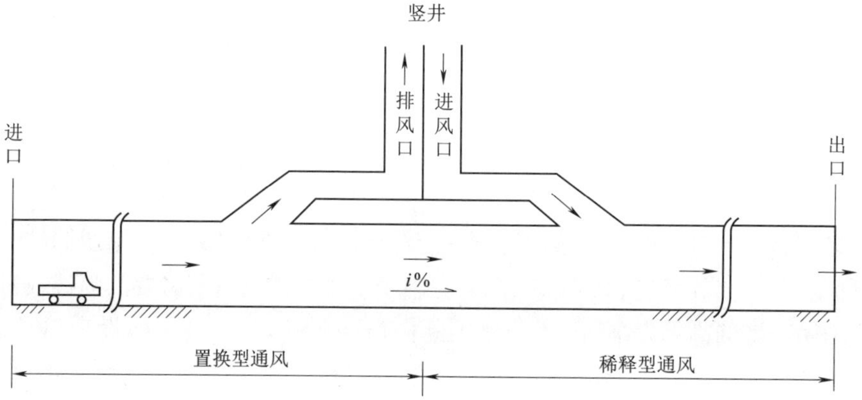

图 4-1　隧道通风竖井工作原理图

竖井施工分为竖向掘进与衬砌两大部分。目前，竖井的掘进施工方法主要有自上而下全断面开挖的“正井法”和自下而上分次开挖的“反井法”。衬砌方法主要为自下而上“滑模”或“翻模”施工法。掘进与衬砌均为逆向、分步单行作业。

早期的铁路隧道通风竖井(永临结合)，仅采取在井口附近施作混凝土或浆砌片石锁口，对井壁围岩稳定性差的部位进行嵌补加固、出水点埋管引流等措施；随着钢筋混凝土技术的应用，采用逐层开挖、逐层浇筑混凝土封闭的措施。20 世纪 80 年代引进新奥法施工理念后，采用喷锚初期支护和二次钢筋混凝土衬砌技术加固，附之压浆封堵、压浆加固等技术。目前，国内已建成通车的秦岭终南山公路隧道 2 号通风竖井深度已达 655.687 m，采用初期喷锚支护、后期钢筋混凝土二次衬砌的结构形式。无论正井法还是反井法只是竖井开挖成井方式有所不同，而衬砌都是待竖井开挖结束后自下而上展开施工。

衬砌采用的工艺主要有滑模、翻模等成熟施工技术。滑模采用液压顶升技术，可实现井壁衬砌的连续施工，机械化程度高，适合于外形尺寸不变或变化不频繁的混凝土现浇施工，有利于深竖井衬砌的快速施工。翻模是今年逐渐成熟起来的模板技术，亦能满足隧道通风竖井衬砌作业的需要。目前，隧道通风竖井衬砌，自竖井设计底标高开始，浇筑钢筋混凝土直至设置在井口的锁口底，形成连续的井筒结构，关键技术在于浇筑模板的固定。根据通风竖井内功能分区的需要，竖井内设置隔板，目前，二次衬砌与隔板一体浇筑技术已经试验成功并用于施工。

通省隧道竖井施工包括竖井主体结构和与隧道主洞相连通的联络风道。由于联络风道围岩差，断面小，且因地形特殊联络风道设计坡度较大，并上跨隧道主洞，联络风道施工难度较大。而对于隧道竖井，由于地处变质片岩区域，开挖断面暴露空气时间过长，存在极大的坍塌风险。为解决上述问题，针对竖井联络风采用人工开挖、台车衬砌的施工方案。针对竖井施工，考虑到变质片岩的不稳定性以及隧道主洞的通风问题，竖井采用先导孔扩挖成井技术。同时，通过隔离施工作业区域，解决开挖和衬砌同步作业，降低开挖面的暴露时间。

第二节 竖井节能快速施工技术

一、竖井概况

通省隧道为分离式双洞隧道，两洞轴线相距 48.6 m。隧址区域地形复杂，山岭险峻，峰峦叠嶂，最大埋深约 500 m。左线设计长度 6 900 m，右线设计长度 6 873 m。设计采用竖井方式进行运营通风，该隧道共设 2 处竖井，竖井地质为武当群片岩，地下水为孔隙水和裂隙水，水量受季节性影响。1 号竖井中心位置位于左线 ZK111+440，竖井深度约 218 m，直径为 8.5 m。2 号竖井中心位置位于 YK114+820，竖井深度约为 308 m，直径为 9.2 m。以通省隧道 2 号竖井为例对变质片岩区域隧道竖井施工工艺进行介绍。如图 4-2 和图 4-3 所示。

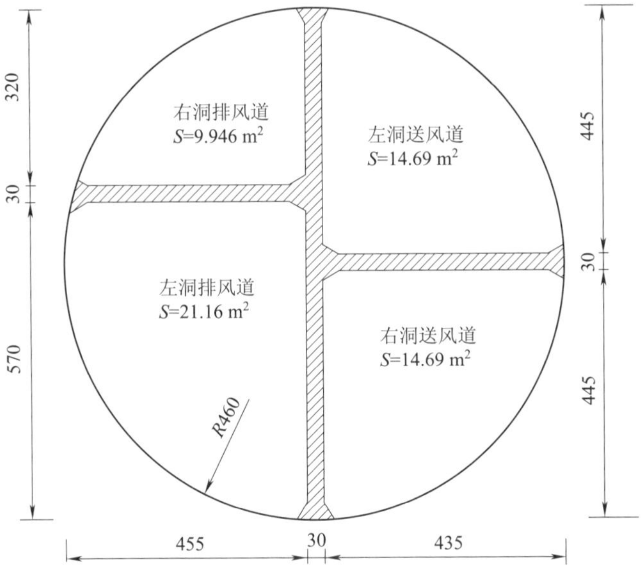

图 4-2 2 号竖井净空横断图（单位：cm）

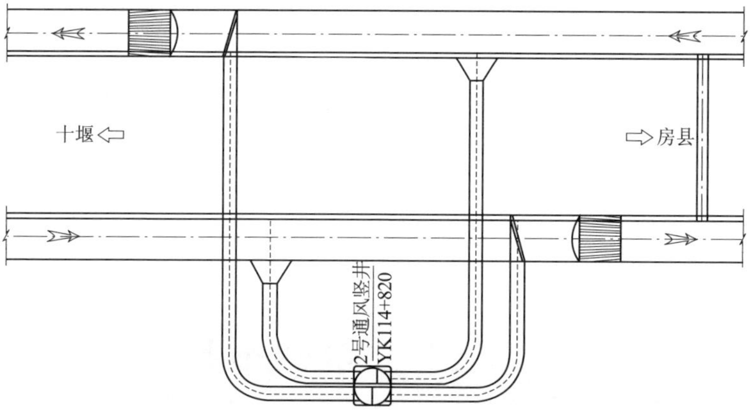

图 4-3 2 号竖井平面位置示意图

二、施工方案的比选

传统通风竖井的施工方法主要采用正井法全断面开挖衬砌，但随着竖井开挖深度的不断增大，竖井施工期的安全风险越来越大，且采用向上提升出渣的方式，能耗越来越高。同时，由于竖井施工开挖与衬砌作业是交叉施工，因此施工效率较低，且施工干扰大，这种传统交替施工方法目前已经沿用了近半个世纪。近年来，竖井开挖开始引进水利和矿山的反井法的施工方法，效果较好。下面对通省隧道2 号竖井正井法与反井法的施工方案进行对比分析：

方案一：正井法。采用自上而下全断面开挖施工，普通机械化配套方案，采用光面爆破技术，人工钻孔爆破开挖，初期支护紧跟开挖。衬砌及中隔板在竖井开挖到设计标高后，采用自下而上的施工方法进行施作，通省隧道 2 号竖井深度达308 m，现场围岩以变质片岩为主，施工管理难度大，安全风险高，施工排水、通风难度大。

方案二：反井钻机法。反井钻机法使用于围岩稳定的竖井，反井钻机法是以正向钻出导孔至设计底标高后，反向扩孔至 1.4～2 m，再由上自下进行扩挖至设计断面的施工方法。

竖井普通工艺与反井钻机法优缺点比较：

1. 安全方面

竖井普通工艺与反井钻机法安全比选见表 4-1。

表 4-1 竖井普通工艺与反井钻机法安全比选表

项目	正井法	反井法
优点	有成熟的施工经验	1. 改变了传统施工方法中的出渣、排水、通风方式，大大改善了井底的施工作业环境，降低了安全风险；

续上表

项目	正井法	反井法
优点	有成熟的施工经验	2. 由于 2 次导孔对地质情况的揭示，在开挖过程中可及时调整施工方案，提前采取防范措施，降低安全风险
缺点	随着深度加深，排水、排烟困难，井底的作业环境差	公路隧道应用较少，掌握的经验相对较少

2. 施工进度

竖井普通工艺与反井钻机法施工进度比选见表 4-2。

表 4-2　竖井普通工艺与反井钻机法施工进度比选表

项目	正井法	反井法
优点	可以与正洞同时施工，不制约工期	1. 施工工期相对短，特别是对于超过 200 m 以上的竖井，施工周期明显短于传统施工法； 2. 1.4 m 导孔完成后可形成出渣、通风、排水的通道，缩短每循环的作业时间； 3. 很大程度改变了掌子面作业环境，提高各个工序的作业效率
缺点	施工期长	需要主洞施工到竖井位置，提供作业空间方可施工

通省隧道 2 号竖井(308 m)工期推算

传统施工方法：施工准备 1.5 个月→井筒开挖支护 8.8 个月→衬砌 3.5 个月→收尾 0.5 个月，共计 14.3 个月。

反井钻机法：施工准备(含钻机就位)1 个月→25 cm 小孔 0.8 个月→1.4 m 导孔 0.6 个月→井筒开挖支护 3.5 个月→衬砌 3.5 个月，共计 9.4 个月。

3. 质量方面

竖井普通工艺与反井钻机法质量比选见表 4-3。

表 4-3　竖井普通工艺与反井钻机法质量比选表

项目	正井法	反井法
优点	有成熟的施工经验	由于有了中间的导孔提供临空面，可以大大提高开挖轮廓的质量和循环进尺，对周围的围岩扰动相对较小
缺点	开挖进尺短，超欠挖难以控制，对周围的围岩扰动大	公路隧道应用少，借鉴的经验少，施工管理经验少

4. 成本方面

竖井普通工艺与反井钻机法成本比选见表 4-4。

表 4-4 竖井普通工艺与反井钻机法成本比选表

	正井法	反井法
优点	1. 井口一次布置到位，不存在工艺的转化； 2. 工艺成熟	1. 对井架、绞车等设备的要求较低，减少了排水、通风等设备，井口的电力需求降低，扩挖成井投入较少； 2. 由于出渣工艺的改变，开挖成本降低，同时减少了排水、通风费用； 3. 不用单独设置竖井弃渣场
缺点	对设备机械配置要求较高，投入大。竖井达到一定深度后，作业效率降低，成本增加	前期投入反井钻机，增加钻孔费用，增加了钻孔到扩孔的转换和井口的二次布置

5. 方案选择

安全方面反井法改变了传统施工方法中的出渣、排水、通风方式，大大改善了井底的施工作业环境，在开挖过程中可以提前采取防范措施，降低了安全风险。

工期方面反井法施工工期相对短，掘进 1.4 m 导孔完成后可形成通风能力，可较大程度改变掌子面作业环境，加快主洞施工进度。

质量方面可以大大提高开挖轮廓的质量和循环进尺，有效地控制了超欠挖。

成本方面反井法对井架、绞车等设备的要求较低，减少了排水、通风等设备，井口的电力需求降低，出渣工艺的改变，扩挖成井成本较低。

综上所述建议：本工程竖井开挖选择反井钻机法进行施工。

三、反井钻机成孔工艺

1. 工艺流程与主要操作要点

(1)反井钻机设备组成

如图 4-4 所示，反井钻机主要由钻机车、操作车、泵车、钻具组成。

1)钻机车

钻机车是钻机的主机，钻架与钻机平车通过销轴铰接在一起。钻机竖立时，主液压缸反向推进，便将钻架竖立起来，用下支撑调平钻架并锁紧，再将上支撑顶牢，拆下起架拉杆，安装好转盘吊、机械手、前后拉杆，便可进行钻进。

2)操作车

操作车由操作台、座椅和平车组成，操作台为一框架结构，里面安装了多种控制阀、压力表，除转盘吊在钻机车上操作外，其他所有机构的动作均在此操作台上控制。

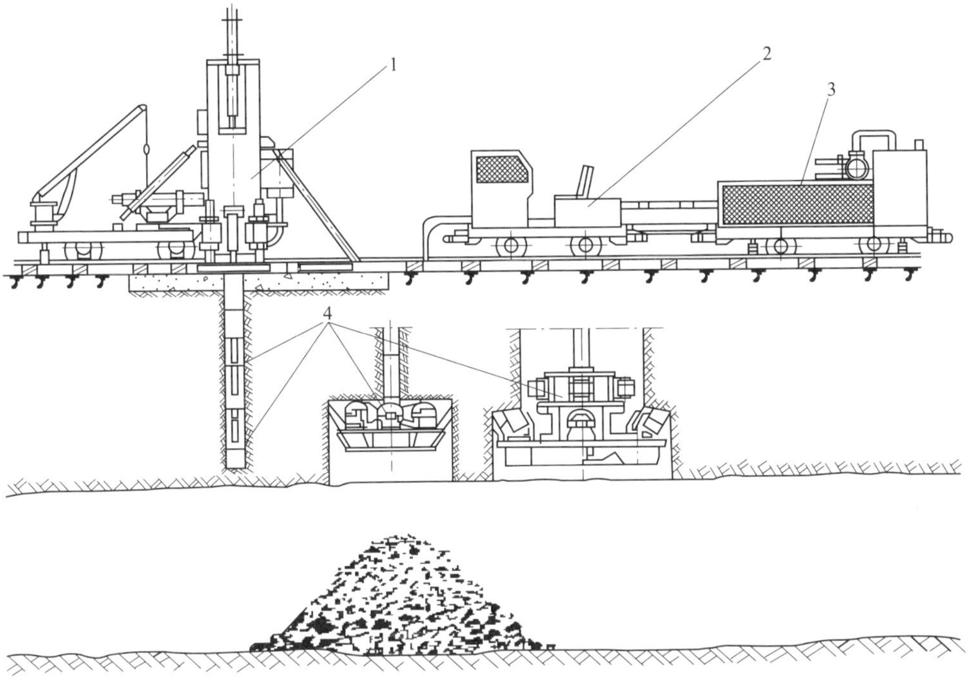

图 4-4　反井钻机设备组成

1—钻机车；2—操作车；3—泵车；4—钻具

3)泵车

泵车由油箱、主液压泵、副液压泵、驱动电机、冷却器、吸回油过滤器、平车等组成。油泵系统将电能转换为液压能，不断地提供给操作台及各执行机构，完成钻进工作。

4)钻具

此处只用 ϕ1.4 m 扩孔钻头、钻杆(开孔钻杆、稳定钻杆和普通钻杆)等。

(2)反井法施工工艺流程

反井钻机导井法施工程序如图 4-5 所示。

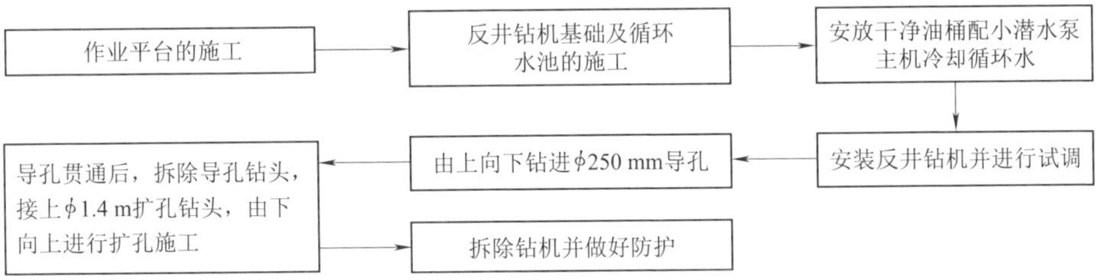

图 4-5　反井法施工工艺流程

1)施工准备

①施工用水。主要用于钻机油泵冷却、导孔排渣、扩孔冷却钻头及冲渣,用水流量约 15～17 m^3/h,导孔施工时的耗水量根据基岩的溶洞、裂隙等地质情况(导孔施工时不能断水,否则会卡钻),扩孔时的耗水量为 7.5～8 m^3/h。为了保证导孔施工用水,需要设置容量约 30 m^3 的蓄水池,再从水池接各用水点。

②施工用电。在距离竖井 150 m 的位置配建 800 kVA 变压器,满足反井钻机工作电压 380 V,容量 220 kW,循环水泵 90 kW。用电设备安装采取相应的启动方式进行启动,安装漏电保护器。

③钻机基础清理及混凝土浇筑。以钻孔中心为中心,开挖或直接在基础上浇筑厚为 1 m、强度为 C25 混凝土。在混凝土浇筑时预留机架固定螺栓、前拉杆螺栓槽,混凝土基础在离钻头中心 70 cm 内严禁放置金属物体,以防损坏钻头。

④沉渣池、泥浆池砌筑,在钻机基础周围适当位置,开挖或砌筑长约 3 m,宽 2 m,深 1 m 的水池用于导孔钻进排渣及循环供浆(水),沉渣池(2 m^3)和泥浆池(4 m^3)中间用网栅(5 mm×5 mm)隔开,地质条件较差地段采用泥浆泵供水泥浆护壁排渣,地质条件较好地段采用泥浆泵供水排渣,水池顶面应低于钻机基础浇筑混凝土面,沉渣池、泥浆池紧连钻机基础混凝土布置,以便导孔施工时排出的石渣进入沉渣池沉淀。

2)场地平整硬化

由测量工程师测定竖井中心位置,用水泥钉做好标记,并放好十字线。在井口位置按规定浇筑混凝土基础,混凝土顶面必须保证在同一水平面,混凝土强度等级要达到 C25。

3)钻机就位

反井钻机采用 BMC400 型钻机,钻机基础采用 C25 混凝土浇筑,厚度 100 cm,尺寸位置以钻井中心位置确定。基础混凝土浇筑 7 d 后将轻型轨道铺设在混凝土平台上,轨距为 64 cm,轨道下垫枕木(20 cm×20 cm,长 120 cm)或 I20 工字钢,每隔 60 cm 垫一根,然后将钻机吊至轨道上,调好钻机位置,锁紧卡轨器,竖起钻架,安装后拉杆,调平钻机。

在施工中确保钻机地脚螺栓孔位的精确度。保证钻机竖起后主轴旋转中心与钻孔中心相重合,并垂直于作业面。

4)导孔施工

①导孔开孔

导孔施工是导井施工的第一步,也是最重要的一步,导孔成孔的偏斜率直接影响导井施工的成功与否。一般导孔贯通的偏斜率应控制在 0.5%以下。反井钻机施工的关键在于导孔钻孔的质量。最终导孔能否钻通,以及钻通后的偏离误差大小在开钻后无法进行中间检测，只能依靠经验判断，并针对不同的围岩类别，实施不同的主、副泵工作压力、转速和适时装配稳定钻杆来进行控制，以保证钻进效果。

②导孔钻孔

反井钻机的钻杆分为普通钻杆(1 m)和稳定钻杆(0.5 m)，差别在于后者比前者外周多了均匀分布的4条3 cm厚的钢肋板，其作用是导向与稳定，防止钻杆随深度的增加、旋转产生过大的摆幅引起弯曲，同时防止钻杆与孔壁的直接接触，减少磨损。采用稳定钻杆的加设方法如下：钻进2 m时必须加设1根，钻进8～10 m时再加设1根，然后每钻进20 m加设1根。

导孔钻进时，钻机系统设置适当压力，动力头向下，正向旋转即可。当钻井深度一定时，考虑钻具自重作用，压力逐步减小；必要时，调整平衡阀来控制钻压，使刀具对岩石的压力合理。

导孔开钻的前20 m相对于以后的钻进起导向作用，如果前20 m的偏斜率控制得好势必对后期的导孔施工非常有利，所以前期必须慢速钻进，且要根据情况多放稳定钻杆。

导孔开工时要分析地质图纸，清楚岩层的具体分布情况，对于岩层交界地区、岩层倾角大的地区钻进时慢速运转；如突然发现钻具旋转困难，将钻具提升一定高度，再慢慢向下旋转扫孔，一次扫孔不行，多进行几次，扫孔仍不能解决问题，提钻进行检查。导孔钻进时全程做好钻机施工数据记录，包括钻压、钻速，及时提取被冲洗出的岩渣，对比地质图进行分析，根据不同的地质情况设置不同的钻进参数，做到施工因地制宜。

施工排水：井底联络风道施工完毕，导孔钻进完成以前，在距离竖井中心10 m左右设置长3 m、宽3 m、深2 m的集水井，将导孔中的水引至集水井，通过主洞排水系统将水排至洞外。

5)导井扩孔

250 mm的导孔施工完毕后，如果偏斜率在允许范围内，下一步就开始直径1.4 m的导井施工。

①ϕ1.4 m扩孔钻头连接

导孔钻透地层后，在下平洞用卸扣器将导孔钻头和异型钻杆换下，修平联络风道洞顶拱扩孔钻进范围，用吊车或装载机将钻头运至导孔下方，将上下提吊块分别同钻头、导孔钻杆固定，上下提吊块用钢丝绳连接，提升导孔钻杆，使钻头离开地面约20 cm，然后固定钻头，下放导孔钻杆，拆去上下提升块，连接扩孔钻头。

②扩孔时只需钻杆、钻头的冷却水，不需太大的水流量和扬程，所以将先前导孔施工时使用的泥浆泵改为流量大于7 m^3/h的水泵。

③在扩孔钻头未全进入钻孔时，为防止钻头剧烈晃动而损坏刀具，应使用低钻

压、低转速。待钻头全部钻进时，方可加压钻进。

④拆卸钻杆，第二根钻杆上方卡位升至卡座上方约 20 cm 时，将下卡瓦卡住第二根钻杆的上卡位，下降动力水龙头，使下卡进入卡座内，反转动力水龙头一圈，升起翻转架并将机械手抱住钻杆，动力水龙头反转并提升约 10 cm，取出上卡瓦，再将动力水龙头升至最高位置，下降翻转架并松开机械手，同时下降动力水龙头连接钻杆，取出下卡瓦，继续扩孔钻进。

⑤扩孔时采用低速钻进，严禁反转，以免发生重大事故。在扩孔钻头全部进入钻孔时，为防止钻头剧烈晃动而损坏钻头钻具，使用低钻压。扩孔钻压大小根据地层情况而定，一般在 10～13 MPa 之间。

6)钻机的拆除

导井扩孔结束后，先将钻头固定在钢轨上，拆掉钻机的前后拉杆和各种油管，拆掉钻架主机车和一些辅助设备。将扩孔钻头吊牢再拆除轨道，然后将操作车吊下，拆下泵车和油箱冷却器运至地面。封好钻孔，然后开始卸机。卸机时全面做好安全工作，防止大型设备、配件、人员等掉到孔内。钻机移开钻孔后，立即做好钻孔的防护工作，设置安全警示标志。

2. 施工过程中存在的主要问题

(1)导孔在围岩破碎带的施工

通省隧道正洞施工过程中地质条件差，在竖井施工围岩破碎地段，导孔钻进过程中若出现塌孔现象，影响正常钻进。根据以往施工经验，采取灌注水泥浆液法对井筒进行护壁，待达到一定强度后，进行二次导孔钻进。

(2)反井钻进过程的偏斜控制

1) 钻杆轴向载荷造成的偏斜

在垂直的导向孔钻进中，钻孔开孔时钻杆不会弯曲，因此不会出现因钻压引起的钻头偏转，但偏斜的可能性依然存在，随着钻压的增加，钻杆就会逐渐弯曲，由弯曲钻杆产生的非垂直载荷实际上导致了钻进方向角度的变化。此时，钻具的下部，即从弯曲点到钻头，已偏离了钻孔的预定路线。

作用于斜孔的钻具载荷按受力性质可分成垂直分力和水平分力。垂直分力使钻头沿垂直方向或沿倾斜方向向下钻进；而水平分力使钻头沿水平方向或沿倾斜方向向上钻进。由于钻杆的直径比导孔直径小，在斜孔中，钻杆的重量将使钻杆朝着导孔低侧方面垂落。在给钻杆施加轴向载荷时，作用于钻杆上的推进力会使钻杆产生一定程度的弯曲，弯曲的钻杆顺着垂落的方向移动，而稳定器起支点作用，其结果使钻头沿倾斜上部钻进。

2)岩层对钻头的反作用造成的偏斜

在无层理、节理或断层的坚硬而匀质岩层中钻凿导孔时，因岩层反作用造成的导孔偏斜较少发生，即使发生，其偏移量也是极小的。但岩石硬度的变化则会引起导孔偏斜。钻头钻进的方向在很大程度上取决于钻头与硬度变化的岩石表面相遇时的角度，如果角度小，钻头一般朝着与变化的岩石平面平行的方向钻进，如果角度大，钻孔的偏斜将趋向与变化的岩石平面成垂直的方向发展。

3. 石油钻机在竖井导孔施工中的应用

在通省隧道2号竖井利用反井钻机实际施工过程中，出现了国产反井钻机精度不够，进口钻机投资过大的瓶颈。最后，利用水源钻机和国产反井钻机组合的方法进行反井施工，即用TSJ2000钻机配合陀螺仪测斜和定位螺杆纠偏进行导孔的作业，并在导孔顺利贯通后用反井钻机进行扩孔施工，最终顺利实现竖井导井的施工任务。

导孔破岩量虽然只占总破岩量的2.5%或更小，但导孔钻进关系到钻孔的质量，是反井施工的关键，导孔的垂直度也决定了钻孔的偏斜率。目前国产反井钻机在钻超长孔(300 m以上)无法满足施工的精度要求。因此，我们引进TSJ2000钻机配合陀螺仪测斜和定位螺杆纠偏进行导孔的作业。

(1)设备组成

此套导孔作业设备由四部分组成：泥浆循环部分、TSJ2000钻机部分、陀螺测斜仪部分、钻杆和工作支架。

1) 泥浆循环部分

①泥浆循环部分包括泥浆循环池和沉渣池、泥浆泵、自耦减压起动器。

a. 泥浆循环池：调制储存泥浆，给泥浆泵输送泥浆并接受沉淀池的泥浆，完成泥浆循环。

b. 沉渣池：接受在井中正循环上来的泥浆，沉淀泥浆中携带的钻渣和泥沙，并将沉淀完全的泥浆送至泥浆池。如图4-6所示。

图4-6　沉淀池和泥浆池

c. 泥浆泵：向钻杆中正循环注入泥浆，并提供泥浆压力。如图 4-7 所示。

图 4-7　泥浆泵

d. 自耦减压启动器：减小起动电流，保护泥浆泵的大容量异步电动机。如图 4-8所示。

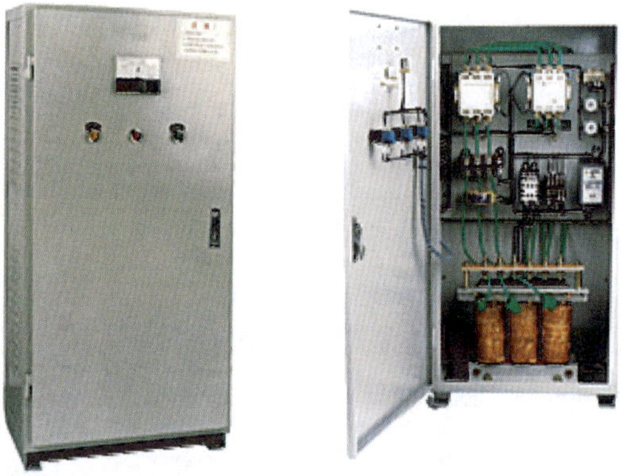

图 4-8　自耦减压启动器

②泥浆循环的作用

导孔钻进的过程中，进行正循环泥浆。其作用有如下几个：

a. 通过钻孔洗井液的往复循环，将孔底岩屑携带到孔外，保持孔底清洁。

b. 冷却钻头、润滑钻具，或水力冲击松软地层，提高钻头进尺。

c. 形成泥皮，保护孔壁，确保安全钻进。

d. 借助孔内泥浆柱的压力，可防止孔内坍塌、掉块、涌漏水。

e. 在用定位螺杆纠偏时，给定位螺杆钻头提供动力，推动钻头运转钻进等。

2)TSJ2000 钻机

TSJ2000 钻机是正常钻进和纠偏时的核心设备。此钻机分四挡，最高钻速可达 140 r/min，在煤矿竖井开挖前的冻结孔的钻孔作业中应用较多。如图 4-9 所示。

图 4-9　TSJ2000 钻机

3)陀螺测斜仪部分

陀螺测斜仪主要是用来正常钻进时的测斜和进行定位螺杆纠偏时给定位螺杆定向。如图 4-10 所示。

图 4-10　陀螺测斜仪

4)钻杆和井架

根据钻井的深度和钻杆的规格可选用不同高度的工作支架。此支架有两大功能：一是给未钻进岩石的钻杆以比较高的垂直度；二是可作为工人工作的辅助平台，协助施工。如图 4-11 所示。

图 4-11　支架

(2)施工过程

导孔钻进划分为正常钻进、垂度和偏斜测量、纠正钻进三个过程。被破碎的岩屑在导孔钻进时被正循环的泥浆洗井液冲洗,岩屑沿着钻杆与孔壁间的环形空间提升到钻孔外。

图 4-12 为导孔作业施工流程图。

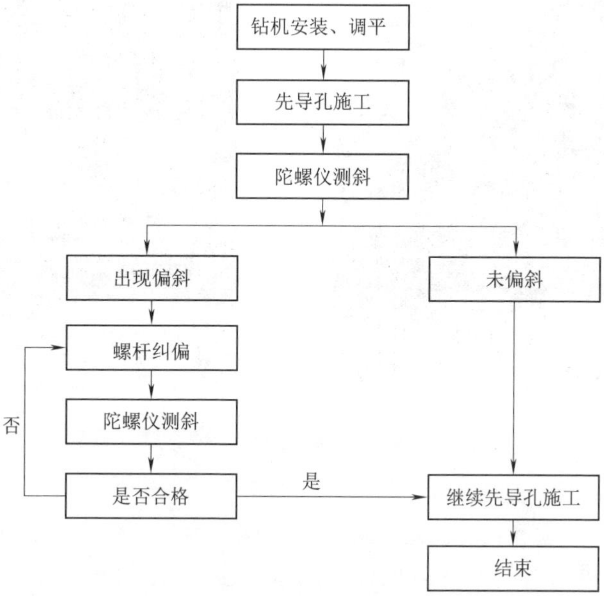

图 4-12　导孔作业流程图

1)正常钻进

设备钻杆连接顺序:自下而上为钻头、钻铤、普通钻杆、方钻杆、泥浆输送管。

钻进的原理:有电动机带动工作转盘转动,通过卡瓦卡住工作转盘和方钻杆将扭矩传递给钻具系统,带动钻具旋转,并向上、下升降,岩石产生挤压和剪切作用,使其破碎。

钻井动力来源:钻杆转动的动力是由钻机产生,通过转盘、卡瓦将扭矩传递给方钻杆,方钻杆将扭矩向下传,传递给普通钻杆,普通钻杆传递给钻铤,钻铤带动钻头转动。正常钻进时,泥浆不给钻头提供动力。

钻压的来源和控制:钻压是由钻杆产生的重力减去井中阻力和钻机给钻杆的上提力得到的。一般情况下,对于松软地层和过渡地层应采用低钻压,对于硬岩和稳定地层以及缓倾斜岩层可采用较高钻压。

2)垂度和偏斜测量

在每次正常钻进一定距离或者利用定位螺杆纠偏完成时,都利用陀螺测斜仪进行垂度和偏角的测量,分两步进行:

①在井口用经纬仪进行垂度校正,给陀螺测斜仪定基准方向(测前对北)。

②将陀螺测斜仪缓慢下放到井底,对井底相对于基准位置的方向进行测量,以计算井底与预定位置的偏差值。

如果经陀螺仪测量,偏差在精度要求范围之内,且无扩大的趋势,则继续进行正常的钻进作业;如果偏差超出精度要求范围,则需进行校正钻进。

3)纠偏钻进概述

设备钻杆连接顺序:自下而上为钻头、定位螺杆、钻铤、普通钻杆、方钻杆、泥浆输送管。

纠偏钻井的原理:由电动机液压马达驱动动力水龙头,并利用液压动力将扭矩传递给钻具系统,带动钻杆及钻头旋转,导孔钻头或扩孔钻头上的滚刀在钻压的作用下,沿井底岩石工作面作纯滚动和微量滑移。

钻井动力来源:钻杆转动的动力是由泥浆泵给泥浆加压,带有一定压力的泥浆通过泥浆输送管和钻杆,进入定位螺杆,推动定位螺杆中的螺心转动,从而带动钻头转动,进行钻进作业。

钻压的来源和控制:与正常钻进相同。

定位螺杆纠偏的原理:定位螺杆由螺心和外筒两部分组成,螺心可以在外筒不转的情况下,由水泥浆冲击而转动,从而带动螺心上的钻头钻进。定位螺杆的外筒有1.5°的弧度,而定位螺杆外筒不转,使定位螺杆外筒的弧背紧贴钻孔的岩壁。因此,可以在井壁的反作用力下,引导钻进方向向弧背相反的方向(设计中线方向)钻进,从而达到校正方向和纠偏的目的。

在定位螺杆下放之后，定位螺杆纠偏钻进之前，须先将陀螺测斜仪从上部钻杆下放到定位螺杆中去，对定位螺杆进行定向，使定位螺杆的弧朝向设计钻孔中线，弧背朝向偏斜方向。

4)纠偏钻进具体步骤

纠偏钻进示意图如图 4-13 所示。

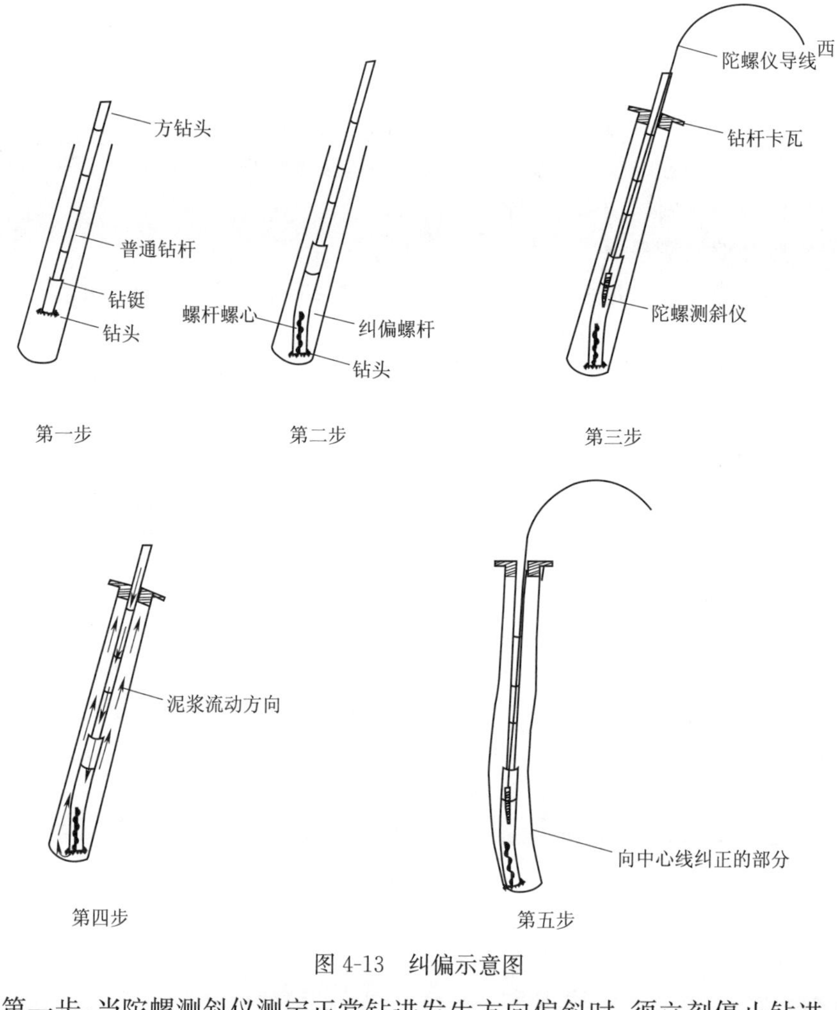

图 4-13 纠偏示意图

第一步：当陀螺测斜仪测定正常钻进发生方向偏斜时，须立刻停止钻进，将钻杆连同钻头在井中拔出。

第二步：在钻头后钻铤前连接纠偏定位螺杆，然后将钻杆再次放入井中。

第三步：到钻头下放到底后，在钻杆孔中下放陀螺仪，给定位螺杆定向，使定位螺杆的弧朝向钻孔中线，方向定准后，用卡瓦在上方死卡住方钻杆，从而固定整根钻杆,不使其转动。然后将陀螺仪取出。

第四步:开动泥浆泵,从钻杆中正循环注入泥浆,使泥浆带动纠偏定位螺杆的螺心转动从而带动钻头钻进进行纠偏。

第五步:纠偏钻进预定的距离后,将陀螺仪下放,测定纠偏的效果,视情况不同选择继续纠偏钻进或者正常钻进。

(3)钻机顺利替换的保证措施

1)TSJ2000 钻机钻头和反井钻机下钻的钻头直径必须相同。

2)TSJ2000 钻机的钻杆可略小于反井钻机钻杆,但不能超过 50%。以防止反井钻机钻杆刚度增大而无法顺利的下放至井中。

3)对钻机基础进行改造,使 TSJ2000 钻机和反井钻机可以共用。

4)TSJ 钻机在下钻至距离下横通道 2~3 m 时,停止钻进(为了使导孔中的泥浆不至流入下横通道)。

5)在提出 TSJ2000 钻机时,保证导孔内充满泥浆。以借助孔内泥浆柱的压力,防止在更换钻机时孔内坍塌、掉块、涌漏水。

6)在 TSJ2000 钻机钻杆拔出后,及时下放约 20 m,直径略小于导孔的钻杆,上端固定在导孔上口,目的是防止在更换钻机时孔上口因地面扰动而坍塌。

(4)导孔钻进的其他精度保证措施

1)导孔钻头的选型

软岩钻头采用较小夹角的长楔齿,或碳化钨一字形镶齿。硬岩钻头则采用较大夹角的短楔齿,或碳化钨半球形镶齿。在低钻压下能够获得最大的钻进速度。

2)钻压

提高钻孔精度,应采用低于最佳钻进速度的低钻压钻进。

选择导孔钻头的钻压,通常可参考钻凿相同或相似地层的钻进参数来确定。当没有这种经验时,可参考钻头制造厂家提供的钻头产品样本介绍。由于低钻压能有效的减小钻孔偏斜,因此,建议采用厂家规定的最低钻压值作为开孔钻压。

3)转速

在钻进导向孔时,保持恒定的钻进速度是控制偏斜最常用的方法。

4)钻屑清理

沉积在孔底 0.5~5 mm 厚的钻屑可将钻进速度降低 40%左右。高效钻进的一个基本要求是需要对孔底钻屑进行有效的清理。

5)稳定器

稳定器是避免钻孔偏斜最有效的工具。稳定器一般被设计为六菱或八菱形,通常将两个或更多的稳定器联在一起使用,以便在钻孔底部形成一段刚性的,与孔壁多处接触的钻具组,以防止偏斜。在竖井钻进时,普通钻杆直径 175 mm,稳定钻杆直径 200 mm。

6)岩层特性

掌握岩层特性,有助于确定最合适的钻头。在制订导孔钻进工艺时,应该考虑所钻岩层的特性,收集并掌握所钻地区的详细地勘材料以及附近施工获得的地质资料,有助于钻井工艺措施的正确制定,避免发生意外。

四、竖井开挖配套技术

1. 节能爆破设计

通风竖井扩挖钻爆采用风动凿岩机竖向钻孔、密打眼、放小炮、多循环,引用光面爆破、间隔爆破技术,提高爆破效果、提高炸药利用率、减少井壁超欠挖、降低井下爆破烟尘。

光面爆破效果是:为了有效控制爆破轮廓,适当加密炮眼数量,使渣块粒径小且均匀,易于滑落,部分周边眼不装药,减少对轮廓的过度破坏。

间隔爆破效果是:由里圈向外圈递次间隔起爆,在同一圈内安排逐点间隔起爆,在每圈的同一直径上安排相对两点同时相向起爆。逐圈起爆开辟二维临空面,圈内逐点起爆开辟第三临空面,相向起爆使爆渣相互撞击破碎,改小粒径。起爆顺序如图 4-14 所示。

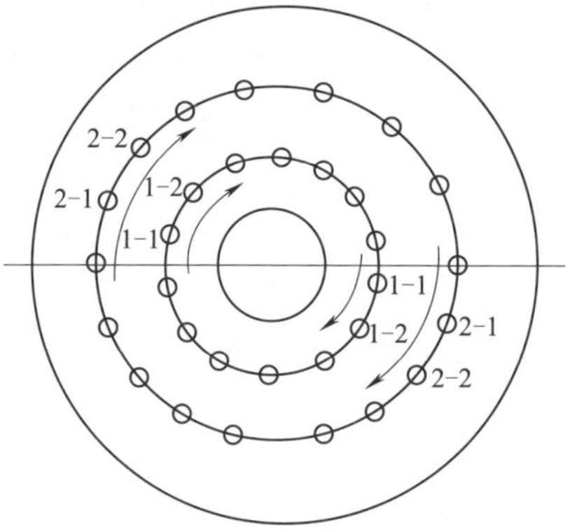

图 4-14 逐圈逐孔起爆顺序示意图

2. 溜渣孔竖向排渣技术

爆破、通风后,采用小型挖掘机配合人工进行爆渣出渣及清理作业。小型挖掘机横向布置在井壁与排渣孔之间,用工作臂将排渣孔对面的爆渣直接扒入排渣孔内,环向移动挖掘机,依次完成扒渣作业。小型机械出渣示意如图 4-15 及施工作业实况如图 4-16 所示。

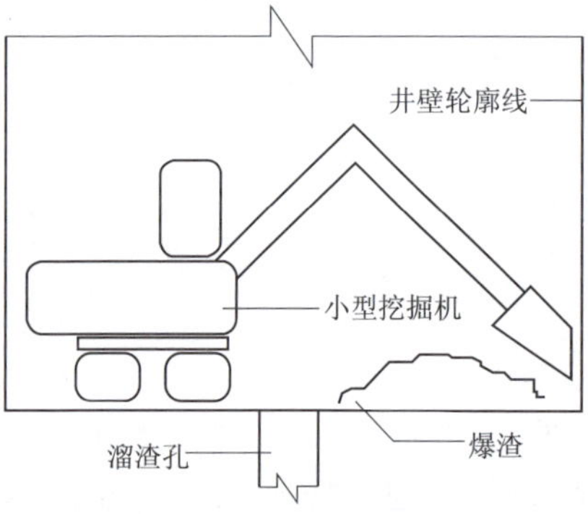

图 4-15 小型挖掘机出渣示意图

图 4-16 小型挖掘机井下出渣作业

机械出渣完成后，人工进行辅助清理井壁松动围岩及井底残留爆渣。爆渣经溜渣孔到达正洞联络风道内，由装载机、汽车装运至弃渣场。

3. 溜渣孔安全防护技术

为保证清渣人员的安全，防止发生坠落事故，课题组开发出一种“排渣孔安全防护罩”。该“安全防护罩”主要由防护栏栏杆、人工出渣门、导向护壁笼等组成，如图 4-17 所示。

该“出渣防护罩”的结构原理是：利用水平和竖向钢筋网组成六边形防护罩，防止施工人员坠落；利用圆形导向护壁笼及圆形加强箍，实现渣块初始下落的导向和对排渣孔壁的保护；利用防护罩的六边形立面，布置人工出渣门；利用弹性回位装置，解决出渣门为常闭状态，出渣时又易于开启；利用导向护壁笼的长度，保证防护罩工作状态的稳定；防护罩可悬挂在安全隔离网骨架上，由骨架上的卷扬机提升和下落。

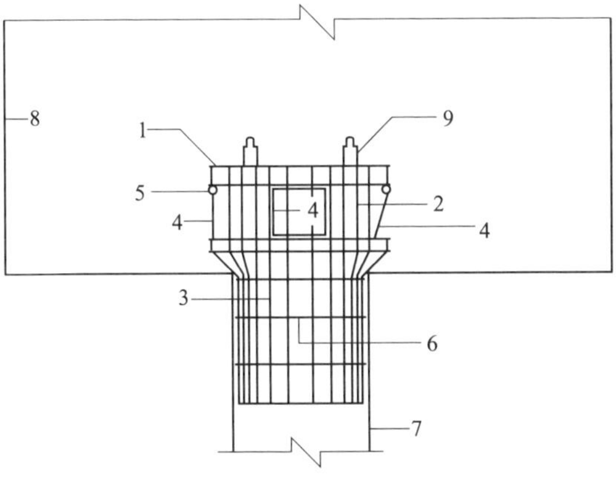

图 4-17　出渣防护罩示意图

1—六边形水平护栏；2—六边形竖直防护杆；3—圆形导向护壁笼；4—矩形自闭人工出渣门
5—出渣门转铰；6—圆形加强箍；7—预钻排渣孔岩壁；8—竖井掘进岩壁；9—防护罩吊耳

该“出渣防护罩”在出渣后期的人工配合阶段，可有效保护施工人员的安全，同时，为减轻工人劳动强度，专门侧向设置了常闭式回弹排渣门，工人用铁锹将爆渣送入排渣门后，排渣门自动关闭。该“防护罩”在钻眼、装药阶段对施工人员提供防坠落安全保护。

4. 井壁防、排水技术

在石灰岩层中开挖掘进过程中，由于石灰岩层常有溶洞存在，当雨季具备补水条件时，采用小导管压浆封堵技术进行封闭；当水囊与裂隙贯通，补给量较大，溶洞内充水并具有一定压力时，压浆加固十分困难，浆液压入后被水稀释、压浆孔封堵不严，浆液随水喷出、现场污染严重等，为解决此问题，用自主研发的“充水破碎围岩高压空气驱水注浆加固方法”进行封堵。

当遇到威胁井壁稳定的充水围岩破碎带时，首先喷锚封闭井壁形成止浆墙，向破碎带内水平钻孔、安装出水口快速封堵引流装置，关闭截止阀，实现对出水量的控制。在其后安装三通，再在三通上分别安装高压注浆管和高压空气管及控制阀，如图 4-18 所示。

封堵步骤：先向破碎带水囊中压送高压空气（风镐用高压空气），迫使水囊中积水分别向补水和排水方向快速分散，在维持高压空气压力的同时，向破碎带内压入速凝水泥浆进行空隙封堵，必要时压入水泥—水玻璃混合浆液实现快速封堵和围岩加固。

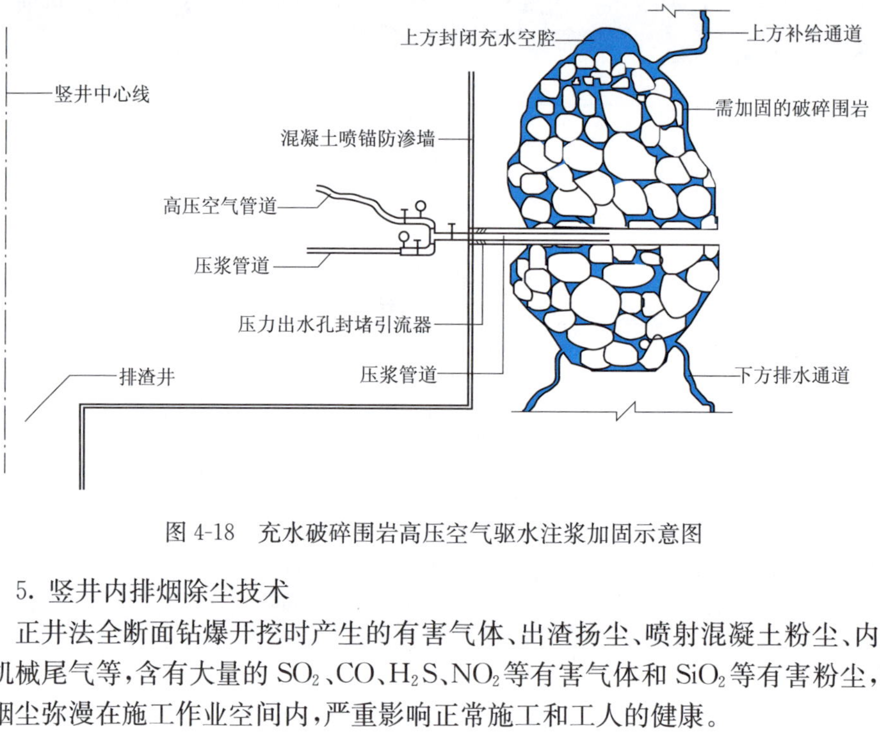

图 4-18　充水破碎围岩高压空气驱水注浆加固示意图

5. 竖井内排烟除尘技术

正井法全断面钻爆开挖时产生的有害气体、出渣扬尘、喷射混凝土粉尘、内燃机机械尾气等，含有大量的 SO_2、CO、H_2S、NO_2 等有害气体和 SiO_2 等有害粉尘，有害烟尘弥漫在施工作业空间内，严重影响正常施工和工人的健康。

爆破后采用设置在井口的通风机向井底实施压入式通风，对有害烟尘进行稀释并提高井下空气压力，逐步将有害烟尘排出井外。但随着掘进深度的增加，污浊空气充满井下空间，施工环境极端恶劣、排烟除尘相当困难。

鉴于竖井施工通风存在的实际问题，开发出一种“充气式吸烟除尘隔离罩”，在污染区域上方阻断污浊空气的扩散路径，采用吸出式通风方式快速改善井底空气质量。

"充气式吸烟除尘隔离罩"由悬吊在竖井爆破烟尘污染区上方的小型排烟风机(局扇)、与连接在排烟风机之上的软风管、安装在排烟风机下方的隔离罩及连接在隔离罩外围的气囊、充气用的小型鼓风机等部分组成。

其工作原理是:利用井口提升装置将"吸烟隔离罩"悬吊在爆破烟尘上方;利用小型鼓风机向塑胶气囊内充气,迫使塑胶气囊膨胀后与井壁围岩(初期支护喷混凝土)紧密接触,将污染区与非污染区实施隔离,阻断烟尘向非污染区扩散;利用排风风机提供辅助动力,提高排烟效率;利用通往地面的排烟软管,形成排烟通道,将污染区内有害烟尘排出井外;利用空气压力差,经补气管道、单向阀自动向污染区补充干净空气;利用小范围空气净化手段,节省全井稀释性通风能耗。排烟隔离罩工作原理,如图 4-19 所示。

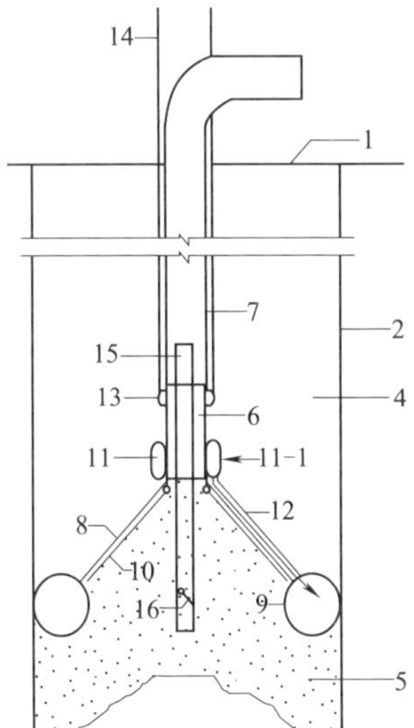

图 4-19 排烟除尘隔离罩构造示意图

1—竖井井口地面;2—竖井井壁;3—井底爆渣;4—空气非污染区;5—空气污染区;6—排风风机;7—排风软风管;8—隔离布;9—充气裙边;10—隔离布伞形钢骨架;11—鼓风机;11-1—鼓风机进气口;12—充气膨胀裙边送风管;13—排风风机吊耳;14—悬吊索;15—补气管;16—单向阀门

该装置能将污染区和非污染区彻底隔离,防止井内污染区扩大,保护其他工作面环境;直接排除有害烟尘,缩短通风时间,减小能耗;亦可在出渣、喷射混凝土作业时实现同步排烟除尘。当无污染或移动位置时,只需停止小鼓风机工作即可。具有定位机动灵活、接续风管方便、操作简单易于掌握的特点。

五、隧道竖井开挖、衬砌同步往复式施工方案

1. 安全隔离技术

掘进与衬砌同时施工，两作业面相距较近，下部实施爆破时会对上部衬砌作业的工人造成威胁，为了保障施工人员安全，需在两作业面之间设置安全隔离。经反复研究，开发了一种“悬吊式安全隔离网”，如图 4-20 所示。

“悬吊式安全隔离网”工作原理是：利用纵横工字钢梁制作吊盘骨架，满足隔离网刚度需要；利用钢丝网的弹性吸收爆破飞石的能量；利用上下双层钢丝网提高阻挡飞石的安全性；利用通行口解决人员、物料等上下的问题；利用卷扬机、滑轮组、控制器操控隔离网升降。

双层钢丝网直径 5.6 mm、网眼为 12 mm×12 mm、双层钢丝网间距 100 mm 相互错位 1/2 布置。

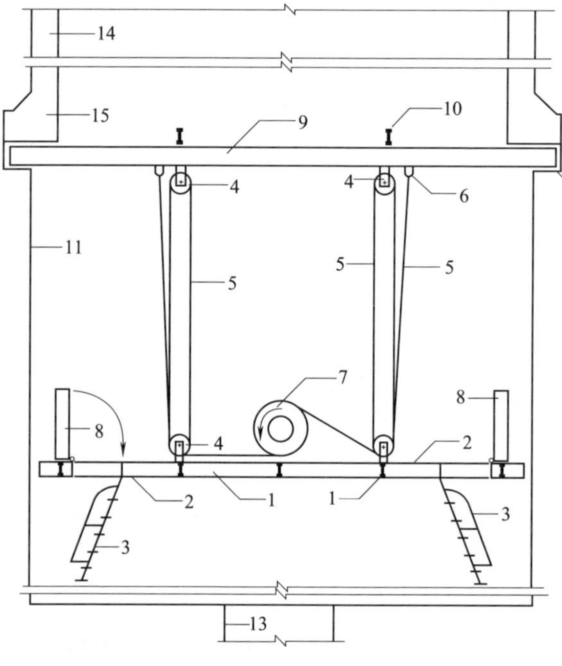

图 4-20　悬吊式安全隔离网结构及工作原理示意图

1—隔离网骨架；2—钢丝网；3—爬梯；4—滑轮组；5—钢丝绳；6—钢丝绳固定环；7—卷扬机；8—通行口防护门；9—井字支撑横梁；10—井字支撑纵梁；11—竖井掘进岩壁；12—井壁支撑槽；13—排渣通道；14—井壁衬砌；15—壁座衬砌

“悬吊式安全隔离网”的开发，能有效阻断井底爆破飞石对上层衬砌作业面人

员的威胁，保护施工人员的安全。同时爆破人员起爆前的躲炮距离大幅缩短，不用升井后在地面起爆，节省时间。由于安全隔离网自带升降功能，并且在井下直观操作，有利于观察爆破效果，反馈爆破设计信息，及时优化爆破设计。利用通行口可运送人员和物料。自带升降功能可快速撤离爆破危险区域。经通省隧道通风竖井工程施工应用和改进，达到了预想效果。

2. 开挖与二次衬砌平行作业阶段排烟除尘技术

溜渣孔与隧道正洞贯通后，正洞内的有害烟尘在"烟囱效应"的作用下，经竖井逐渐排出井外。利用"烟囱"效应实现竖井通风及隧道正洞辅助通风的同时，有害烟气必然途经二次衬砌作业面，对二次衬砌作业面形成了不同程度的二次污染，排渣孔与开挖作业面由于断面突然放大，烟尘流速突然降低，并在此形成回旋滞留，加大了污染程度。

为了提高通风质量，防止通风过程中有害烟气对衬砌工作区域的二次污染，保证衬砌作业不间断，采用"充气式吸烟除尘隔离罩"对二次衬砌作业区域实施保护。

将"充气式吸烟除尘隔离罩"布置在"悬吊式安全隔离网"之上，防止爆破飞石损伤。可将污浊空气送排至已完成二次衬砌段，利用"烟囱效应"将有害烟尘排出井外（一侧作为排烟尘通道，利用另一侧作为物流通道），如图 4-21 所示。

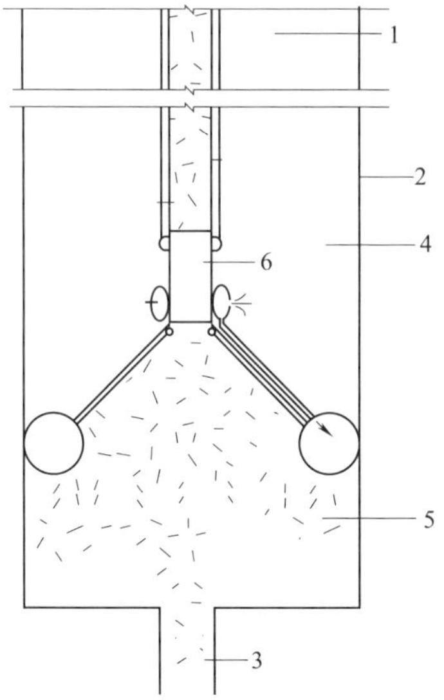

图 4-21　二次衬砌与钻爆平行作业排烟除尘示意图

1—竖井成型段；2—竖井井壁；3—溜渣孔；4—二次衬砌作业区；5—空气污染区；6—排烟除尘隔离罩

3. 二次衬砌模板支撑体系

(1)井壁壁座的合理利用

壁座,实际上可理解为在竖井闭合的井筒外侧增设的沉降阻力键(倒置的环形牛腿),起到辅助增加井筒与围岩之间支撑面积,为井筒提供支撑反力、从而促进井筒的稳定,减小工后沉降。

竖井的壁座,考虑方便施工(配筋长度、模板高度模数等),在不同地质层位实行统一设计。

壁座竖向间距设计采用 8 m,向井壁外扩展 1.5 m、壁座高度 1.5 m、与井筒钢筋混凝土连体浇筑形式。如图 4-22 所示。

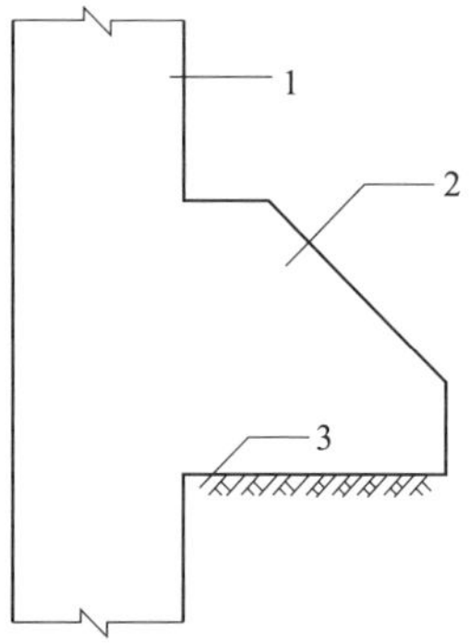

图 4-22　壁座的结构形式
1—井壁二次衬砌;
2—壁座;3—围岩支座

在开挖施工阶段将壁座一并开挖成型,同步进行初期支护,遇到壁座面围岩破碎时,提前采取小导管注浆固结措施,提高壁座水平支撑面的完整性。

竖井设计深度 308 m,锁口 7.5 m,壁座间距 8 m,按每三组壁座高度(24 m)作为一个分段衬砌单元,分段接口设在壁座下缘。

当钻爆扩挖深度达到 26 m 时,开始安排分段衬砌施工。

在分段接缝壁座水平位置之下挖出支撑梁凹槽,设置纵横伸缩梁砂箱支座,作为衬砌混凝土结构和模板体系的受力支撑平台,提供二次衬砌钢筋混凝土结构的足够支撑反力。在支撑点上安装伸缩式钢梁,形成井字形支撑体系,在其上安装模板浇筑壁座、井壁和中隔板混凝土二次衬砌。

防止发生支撑体系下沉导致二次衬砌混凝土结构承受过大拉应力出现开裂。

经计算采用壁座作为 8 m 高井筒二次衬砌、中隔板及模板和工字钢梁重量的支撑点,其压应力为 1.65 MPa,远远小于地质报告给出的围岩抗压强度(石灰岩 37.1～56.3 MPa,泥灰岩 3.2～10.2 MPa)。泥灰岩层最小安全系数 1.93。采用支撑凹槽作为二次结构和支撑系统的支点安全可行。

(2)井字形二次衬砌支撑体系

采取井筒衬砌分段施工,就必须为分段施工的井筒混凝土浇筑提供支撑体系。课题组通过研究、计算,开发出利用壁座作为支撑的“井字形工字钢梁支撑体系”。井字形支撑体系由支撑凹槽、纵横伸缩式工字钢梁及连接卡件等构成,如图 4-23 和图 4-24 所示。

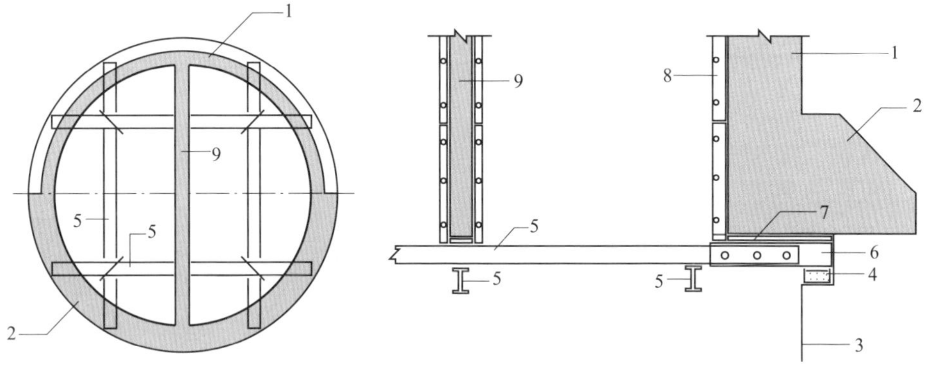

图 4-23　二次衬砌支撑体系构成及上层伸缩式钢梁示意图

1—二次衬砌浇筑部分；2—与二次衬砌同时浇筑的壁座部分；3—井壁开挖初期支护边缘；
4—砂箱支座；5—支撑钢梁；6—支撑钢梁伸缩头；7—水平模板；
8—竖向模板；9—中隔板浇筑部分

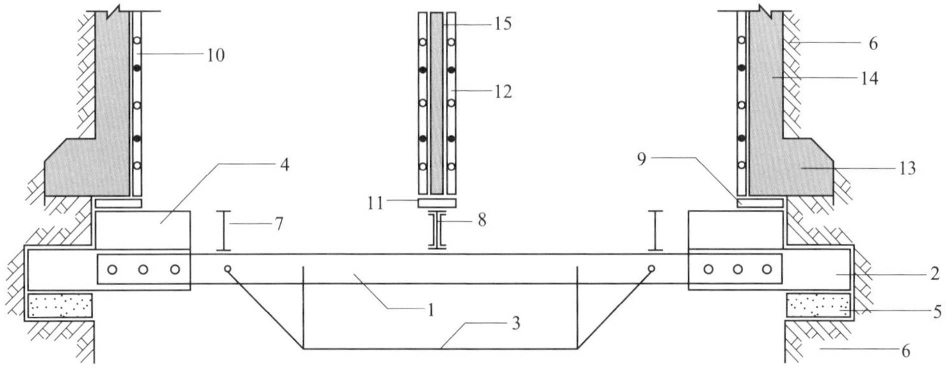

图 4-24　下层伸缩式钢梁结构示意图

1—下层伸缩工字钢梁；2—工字钢梁伸缩头；3—下层钢梁的补强(钢管)桁架；4—找平垫；
5—砂箱支座；6—竖井岩壁；7—上层伸缩式工字钢梁；8—中隔板下叠合钢梁；
9—周边水平模板；10—井壁二次衬砌模板；11—横隔板水平模板；12—横隔板竖向模板；
13—壁座现浇混凝土；14—二次衬砌混凝土；15—横隔板混凝土

1)井字形支撑体系计算

井字梁采用工字钢梁，中隔板托梁采用工字钢梁腋下分别叠放一根槽钢，平面布置如图 4-25 所示。

midas 模型(单位 N/mm)

载荷计算：

中间横梁采用 I40c 工字钢，端部伸缩横梁采用箱型截面尺寸：420 mm×166 mm×10 mm，底部加强圆管：P180×5。

模板总重考虑筋板和顶杆重量：31.4 m×1.5 m×135 kg/m^2×3＝19 075.5 kg

混凝土重量：34.54 m×0.8 m×3 m×2.6 t/ m^3＝215.5 t

中间混凝土与模板重量：10 m×0.3 m×3 m×2.6 t/m^3＋2.8 t＝26.2 t

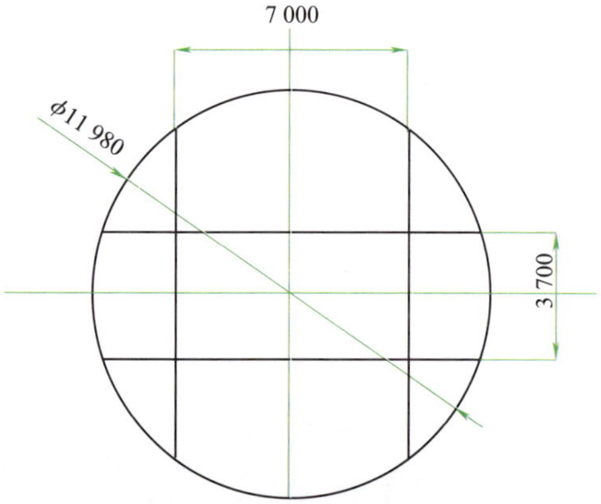

图 4-25　支撑梁平面布置(单位：mm)

计算模型如图 4-26 所示。

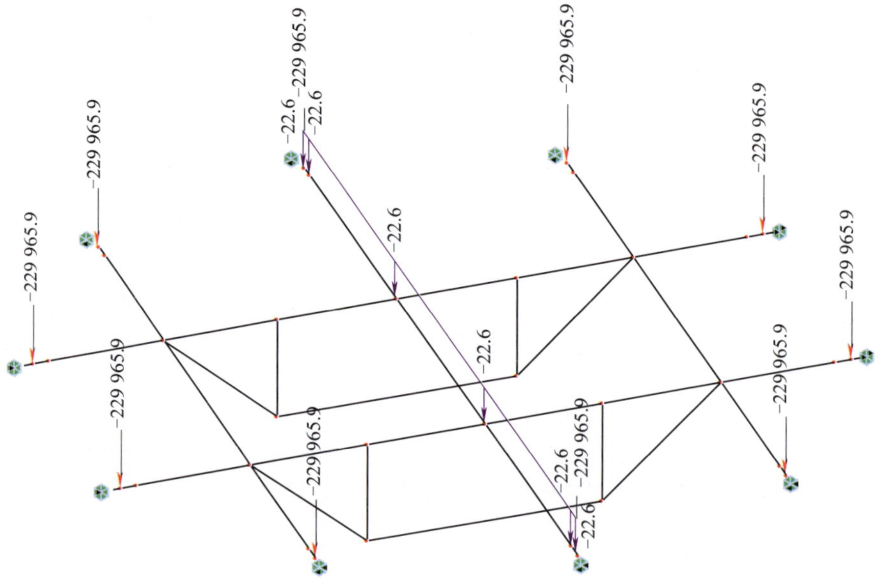

图 4-26　计算模型(单位：kN)

2)结构分析

应力分布云图如图 4-27 所示；位移云图如图 4-28 所示；反力如图 4-29 所示。

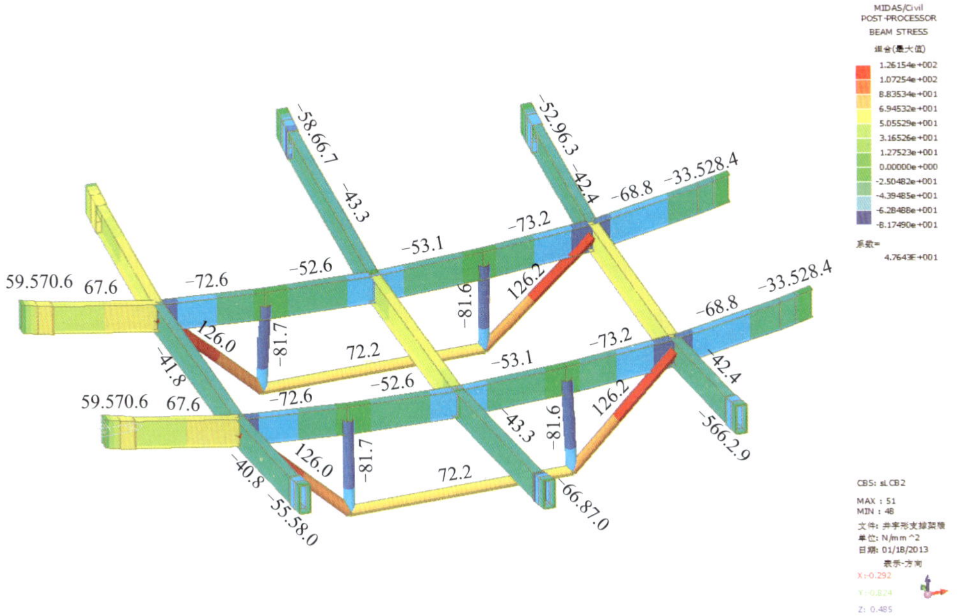

图 4-27　应力云图(单位：MPa)

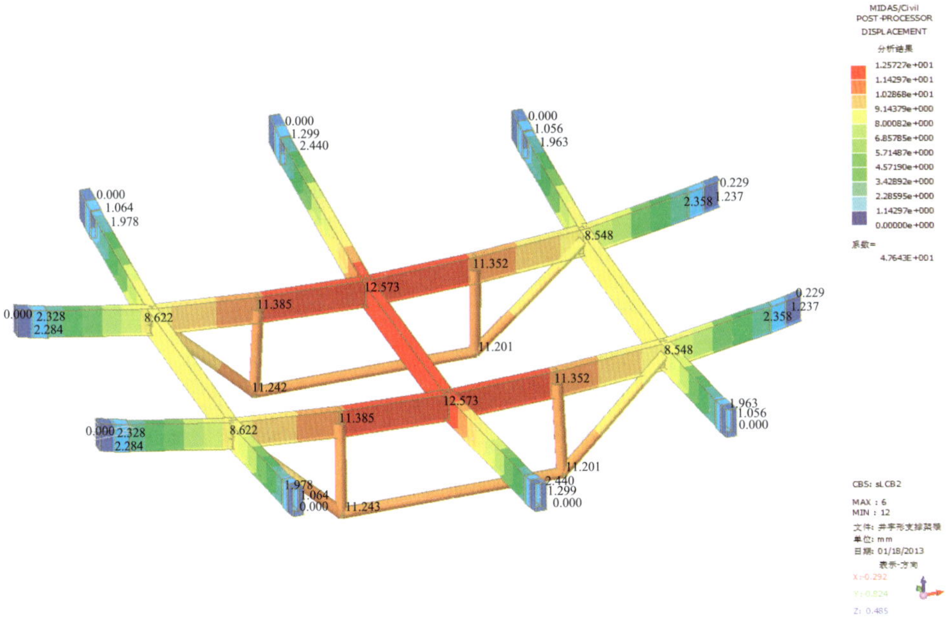

图 4-28　位移云图(单位:mm)

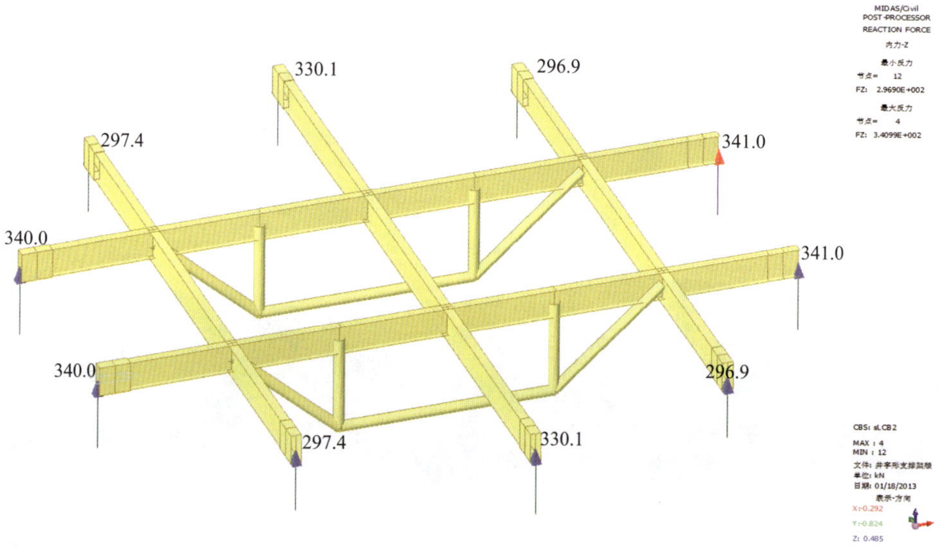

图 4-29　反力(单位:kN)

井字形二次衬砌支撑体系的基本原理是:利用井壁壁座之下的特定位置的支撑凹槽上设置“砂箱支座”,作为支撑体系的支撑受力点,方便伸缩式支撑钢梁支撑系统的建立和拆除;利用井字形布置的钢梁,支撑模板重量及混凝土凝固前的重量;利用二次衬砌混凝土达到一定强度后的承重能力,支撑后续模板和混凝土的重量;利用专门设计的翻模,反复向上倒用,逐节完成壁座间二次衬砌的施工。

在钻爆扩井施工过程中,当开挖达到一定深度,满足二次衬砌展开施工条件时,利用井口小型提升设备将工字钢梁运送至开始衬砌段落的壁座高度,人工辅助将工字钢梁置于壁座下事先开好的支撑凹槽内,工字钢梁端部垫砂箱支座,人工辅助将上层工字钢梁与下层工字钢梁相互呈 90°布设在支撑凹槽上的砂箱支座上;上、下层工字钢梁呈井字形布置,上下(纵横)两组工字钢梁交点采用专用连接卡件固定牢固。

在其上布置水平底模,安设及绑扎钢筋、立第一节竖向模板、浇筑混凝土。待第一节浇筑混凝土达到一定强度后,随即进行第二节、第三节二次衬砌结构施工。当第三节混凝土浇筑结束后,第一节浇筑的二次衬砌混凝土已达到较高强度,具有一定的承载能力,可分担部分上部混凝土浇筑重量,拆除第一节模板,吊装到第四层进行安装。依次循环直至完成整个分段内的二次衬砌浇筑施工。

当分段段落内二次衬砌施工结束后,开挖作业已向下开挖出新的二次衬砌空间,利用提升设备在人工辅助下,将井字形工字钢梁逐根拆除,并下移至新的分段衬砌起点位置重新安装,展开下一分段的二次衬砌施工。

“井字形工字钢伸缩梁支撑体系”的研发成功，解决了开挖与二次衬砌逆向分步作业和工效之间的矛盾，使传统的开挖与二次衬砌逆向分步单行作业改为同向分段平行作业成为现实。

4. 模板形式及施工方法

以往竖井二次衬砌多采用滑模、翻模及其他形式的模板。课题组参阅大量文献资料后认为，采用滑模施工，具有施工连续、混凝土外观平顺美观优点，但也存在设备通用性差、加工制作费用高、设备复杂（机、电、液）维修保养困难等缺点。采用翻模施工，具有短小精干、拼装灵活、便于操作等优点，但也不同程度地存在诸如使用预埋钢筋固定、不易拆模、模板漏浆（预埋固定钢筋的预留孔）、混凝土表面遗留大量预埋钢筋需后期处理等缺点。

采用翻模更易于施工组织，但需针对翻模存在的问题研究改进措施。在现有翻模技术的基础上，开发出了一种具有外张自稳功能的翻模，这种翻模改变了以往的预埋钢筋固定模式，克服了从模板预留孔处漏浆的缺陷，简化了立模和拆模的工序、提高了混凝土外观质量。

带有外张自稳功能的翻模，由分块式弧形模板、模板横竖向加强肋、预留连接孔、连接卡、弧形支撑杆、环向张力施加螺栓、模板企口重叠边等组成。其构造及基本原理如图 4-30 所示。

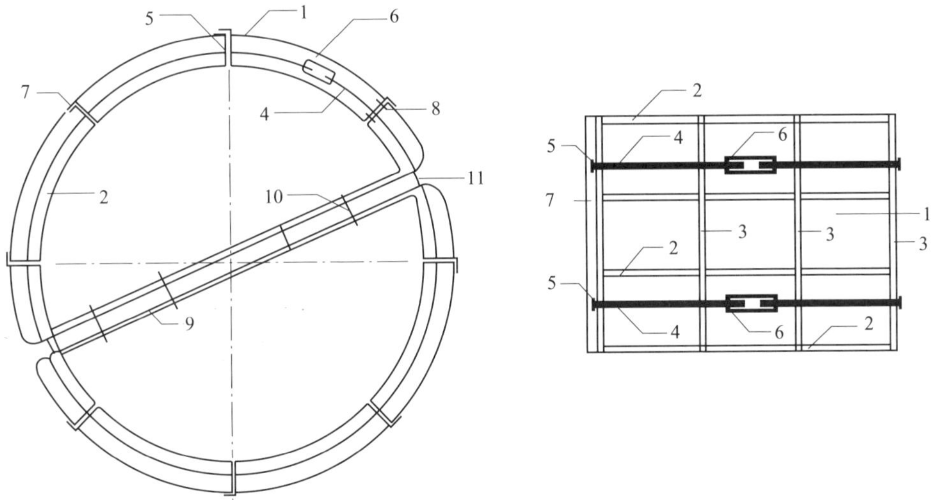

图 4-30　环形外张自稳内模构造及原理示意图

1—环形内模；2—环形水平肋；3—竖向肋；4—弧形支撑杆；5—弧形支撑杆端部；
6—环向张力施加螺栓；7—模板企口边；8—模板连接卡；9—中隔板模板；
10—中隔板模板拉筋；11—中隔板内设置的传力顶杆

外张自稳翻模的基本原理是:利用弧形支撑杆件实现模板的环向支撑;利用正反丝扣的螺栓实现环向压力的施加;利用环向压力转化为模板对混凝土的正压力,其正压力由具有抗压强度的混凝土抵消,提高模板与混凝土之间的摩擦力,克服模板的自重;弧形撑杆与模板孔之间矩形关系,防止施加张力时弧形撑杆发生旋转;利用模板搭接部位重叠企口实现模板的伸缩和防止混凝土浇筑阶段漏浆;利用模板四周边部上预留孔通过模板连接卡件实现模板之间的连接;安装模板时利用下部支撑体系,拆除模板时利用上部支撑体系。

采用3层同类型模板逐层向上翻倒施工,模板安装时,只要求满足安装位置准确,暂不施加轴向压力;待混凝土具有一定强度后,对该层模板施加环向应力,使其实现自稳,并可在其上安装模板;模板之间采用常用模板连接卡固定。

拆除该层模板前,须对其上层模板施加环向轴向应力,实现上层模板的自稳后,方可松放本层模板环向应力,逐块松开模板卡件,将模板逐块上移、安装在已实现自稳的模板的上方;当拆除最上层模板时,需借助预埋件临时悬吊支撑,或释放环向应力后采用起重设备辅助。为防止漏浆专门设置模板企口边。

中隔板采用平板模板与环向模板设倒角连接,隔板模板内侧设置顶杆,保证环向模板施加环向压力。

该翻模实施简便、支撑体系不占用竖井中部空间,便于竖向物流,有缩短工期、降低成本等效益。

5. 分段衬砌接缝处理

实现开挖与二次衬砌同向分段平行作业,可提高工效,压缩工期。但将原有的连续衬砌施工改为分段实施时,将会不可避免地遇到衬砌结构分段施工形成的水平接缝问题。

自下而上分段浇筑的二次衬砌结构,当施工到与前期衬砌结构底部位置时,有几个问题需认真对待:接缝位置的合理选择;接缝的防水处理问题;龄期不同的两组混凝土,收缩变形的问题;二期混凝土浇筑施工方法;施工辅助工装。

(1)分段衬砌接缝位置合理选择

二次衬砌分段施工的接缝位置必须满足井筒在施工阶段不出现拉应力;其次考虑施工方便;第三考虑支撑体系与模板体系的有机配合;经反复分析、验算,分段衬砌的接口设置在壁座底部较为适宜。壁座已在前期浇筑完毕,如图4-31所示。

二次衬砌混凝土浇筑接缝设在壁座底部,有利于壁座的完整,上部二次衬砌的重量传递至壁座,由壁座下的围岩支撑,使壁座之上的二次衬砌混凝土处于受压状态,防止受拉开裂。

(2)接缝的防水处理

如遇壁座处围岩破碎、地下水出露情况,应在初期支护之前,采用小导管压浆封堵固结处理。

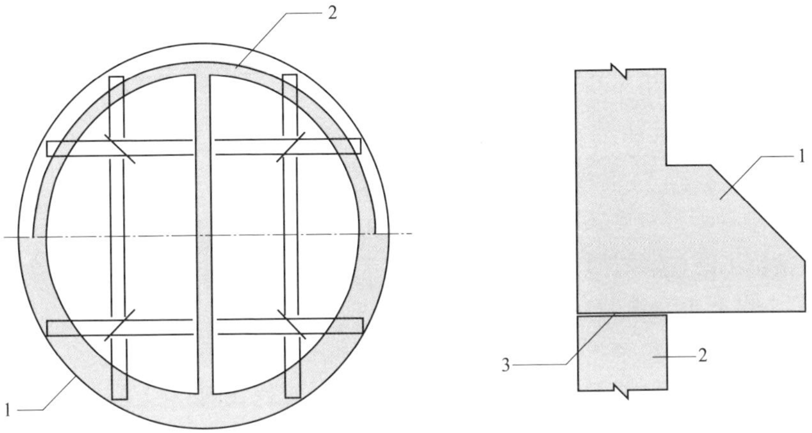

图 4-31　二次衬砌分段浇筑接缝位置及顺序示意图

1—前期浇筑二次衬砌；2—后期浇筑二次衬砌；3—两期二次衬砌浇筑接缝位置

井壁二次衬砌与初期支护之间设计有防水板，防水板搭接应保证上外下内重叠布置，应严格按照设计要求采用爬焊机双缝焊接牢固；在钢筋绑扎工序，一旦发现防水板出现损伤，应立即修补；挂设防水板时，应根据初期支护喷射混凝土表面平整度、壁座外轮廓等条件预留足够长度的防水板，不得在浇筑混凝土时因防水板预留长度不足而造成防水板撕裂导致防水失败。

(3)龄期不同的两组混凝土收缩变形对策

分段进行二次衬砌施工，在接缝处两次浇筑的混凝土龄期差别较大，前期混凝土已完成收缩，后期浇筑的混凝土收缩尚未开始，待后期混凝土收缩完成后，在两期混凝土结合部会不同程度地出现收缩缝，一旦防水板防水失败后的漏水薄弱环节，应引起高度重视。

为此，课题组对结合部易出现收缩缝的问题进行了试验研究。通过反复试验，采用后期混凝土浇筑至结合部附近时，改用微膨胀混凝土浇筑，在混凝土中添加3％～5％膨胀剂，适当调整混凝土的工作性能，并加强接缝处混凝土的后期养护，混凝土配比需根据当地骨料及水泥种类经试验确定。依托工程采用此法收到了较为理想的效果。

(4)结合部混凝土浇筑施工方法

两段二次衬砌结合部，是二次衬砌施工的重点和难点。

施工前，必须先行拆除井字形支撑体系，拆除壁座水平模板，实现前段二次衬砌的重量由支撑体系向壁座转换，对前期混凝土结合部位进行凿毛、湿润，必要时植筋、安装封口模板和混凝土浇筑漏斗，在封口模板外侧安装附着式振捣器。

在封口区段采用微膨胀混凝土浇筑，浇筑后加强混凝土保湿养护。

(5)封口模板

壁座竖向间距设计为 8 m,课题组有意将二次衬砌分段长度定为 24 m,设计模板 5 套,1.5 m 高度模板 3 套、0.75 m 高度模板 2 套(为封口浇筑专门设计,用模板连接卡连接后,可替代 1.5 m 高度模板使用)。采用 1.5 m 高度模板,完成 24 m 分段长度二次衬砌,工序施工 17 个循环,第一循环 0.75 m、第二至第十六循环 1.5 m、第十七循环 0.75 m,总高度 24 m。

正常施工时,按每循环 1.5 m 组织施工,有 2 组处于施加环向应力后处于自稳状态,其上可有 1 套组装立模,其下可有 1 套松弛环向应力后等待拆模。每天可完成二次衬砌浇筑 3 m/d;当施工至两段二次衬砌接缝部位时,将 1 套 0.75 m 高度模板对应封口浇筑位置,另一套 0.75 m 高度模板安装在封口位置之上,并施加外张力顶撑在上一段二次衬砌表面,封口模板上下缘,均用模板连接卡件与上下层模板固定牢固,防止胀模,保证接缝外观平顺。

封口模板的安装方法:封口模板上下模板均施加了环向应力,具有自稳能力,上下模板均采用模板连接卡件与封口模板连接牢固,利用上下模板的向外压力,平衡封口混凝土的向内推力,并保证接口平顺。在封口模板上安装的附着式振捣器可提高封口混凝土表面的密实度,利用灌注漏斗灌注自密实(自流平)混凝土,以保证壁座混凝土内部饱满、密实。当将封口模板用于常规二次衬砌时,拆除附着式振捣器,封闭模板上的进料口,并用连接卡连接成 1.5 m 高的标准模板使用。如图 4-32所示。

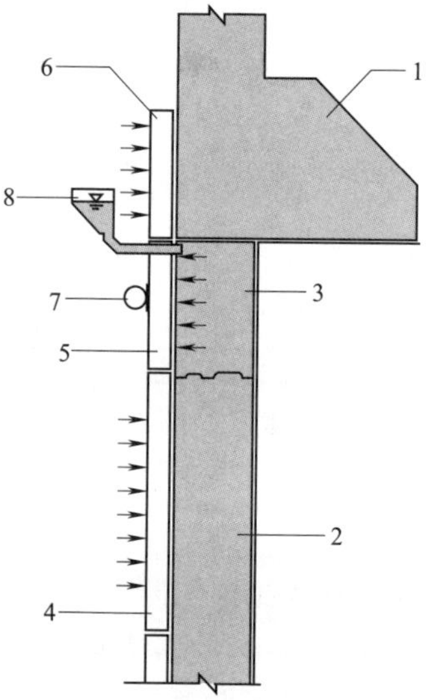

图 4-32　封口模板安装示意图

1—既有二次衬砌及壁座;2—新浇筑二次衬砌;3—封口混凝土;4—常规翻模;5—封口翻模;6—加固翻模;7—附着式振捣器;8—灌注漏斗

第三节　大坡度变截面联络风道施工

一、联络风道概况

通省隧道 2 号竖井采用大断面形式，设计净空直径 9.2 m。竖井内设置四个独立的通风风道，井底设置四个联络风道，分别对左右洞室进行运营送排风通风。即竖井横断面分为右洞排风道、右洞送风道、左洞送风道、左洞排风道四个洞室，相对应的设置右洞排风联络风道、右洞送风联络风道、左洞送风联络风道、左洞排风联络风道。联络风道平面示意如图 4-33 所示。

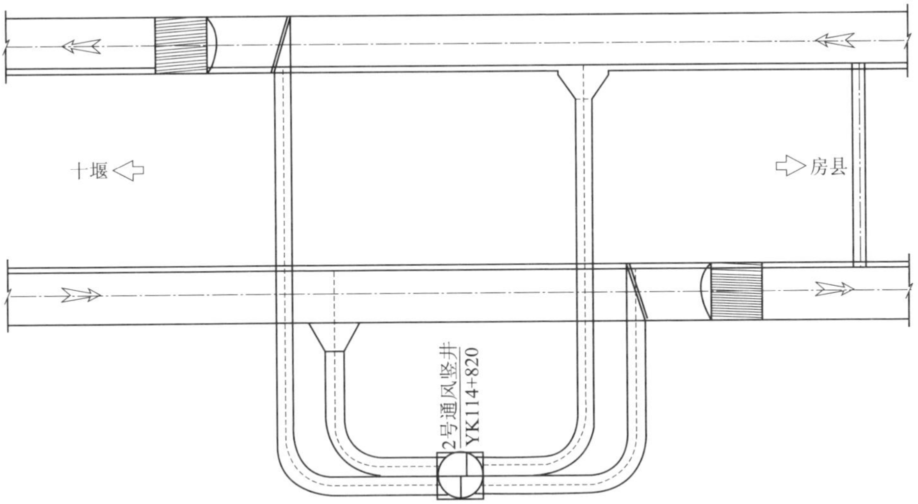

图 4-33　联络风道平面示意图

2 号竖井右洞联络风道送排风系统均采用 2.9%的自排风口向送风口的单向纵坡，如图 4-34 和图 4-35 所示；2 号竖井左洞排风系统缓坡地段均采用 2.5%的纵坡，陡坡段采用 56.808%的纵坡，如图 4-36 所示；2 号竖井左洞送风系统缓坡地段均采用 2.5%的纵坡，陡坡地段采用 40.200%的纵坡，如图 4-37 所示。

连接部及联络风道的施工难点主要体现在以下几个方面：

1. 隧道主洞与联络风道连接部施工难度大

基于后期运营通风和结构搭接问题的考虑，设计上联络风道与隧道主洞连接部位置采用渐变(突变)扩大断面设计。其中，隧道主洞采用的衬砌台车无法满足连接部扩大断面施工要求，需要对既有台车进行改造。

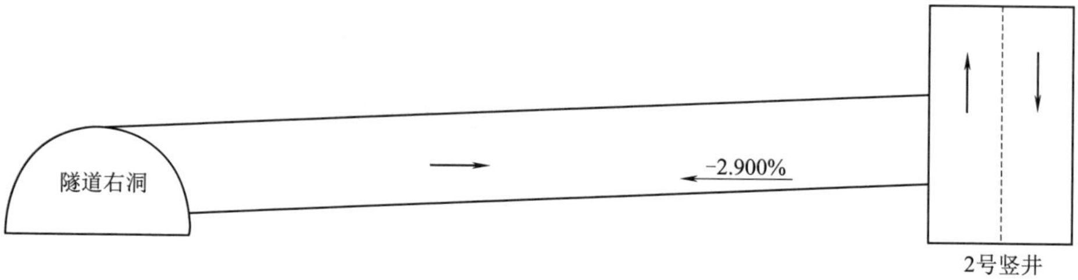

图 4-34　2 号竖井右洞井底排风道剖面

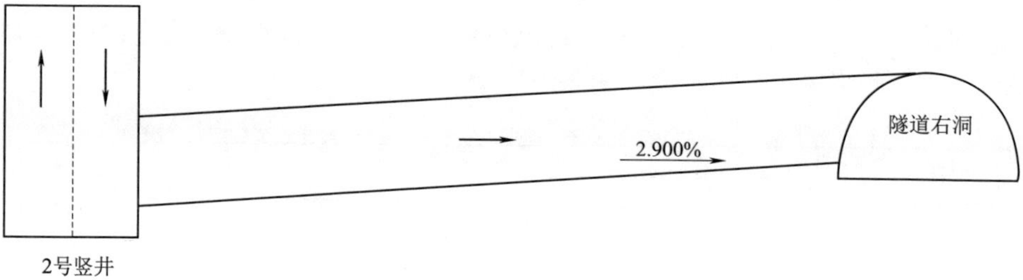

图 4-35　2 号竖井右洞井底送风道剖面

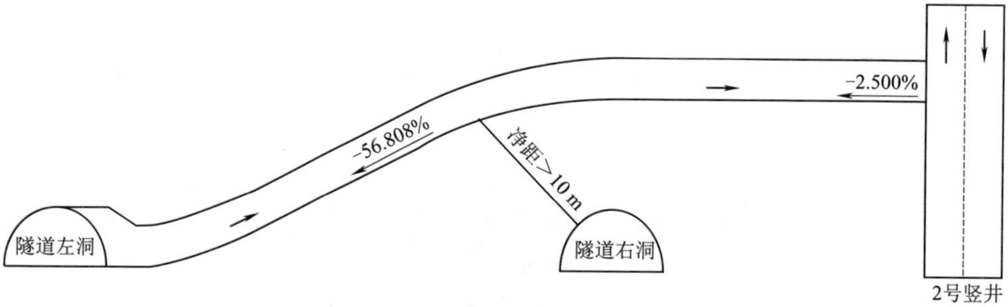

图 4-36　2 号竖井左洞井底排风道剖面图

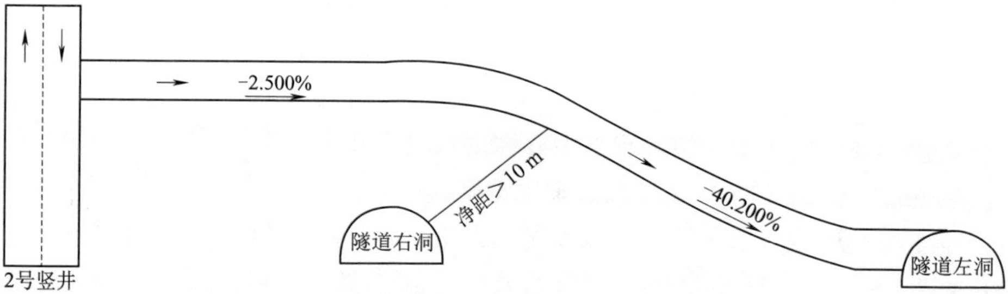

图 4-37　2 号竖井左洞井底送风道剖面图

2. 联络风道施工机械化程度低

联络风道设计最大坡度达 58%，开挖、衬砌难度大，尤其是衬砌作业，无法采用台车施工，极大的降低了机械化程度和施工效率，而降低施工效率对于变质片岩地段，在不能快速实现隧道结构闭环的前提和大坡度的工况环境下，存在极大的安全隐患和地质灾害风险。

3. 工期安排需要配合主洞联合通风方案

竖井联络风道是隧道竖井施工期投入隧道主洞联合通风的必要条件。因此联络风道需要在竖井导孔施工完成之前完工。同时，要避免与主洞施工作业上的烦扰。

4. 联络风道施工通风难度大

由于联络风道断面较小，纵向坡度大，且开挖方法是从低向高进行，不利于空气循环。采用机械通风常规工艺无法确保现场施工环境，现场通风难度大，因此需要独立配置风机。

二、施工方案

1. 连接部扩大断面施工方案

(1)扩大断面的挑顶扩挖

通省隧道 2 号通风竖井井底送风口扩大断面，拱顶标高比正常断面拱顶标高高出 80 cm，底部宽度一样，如图 4-38 所示(圆心 1 为正常断面圆心；圆心 2、3、4 为扩挖面圆心)。

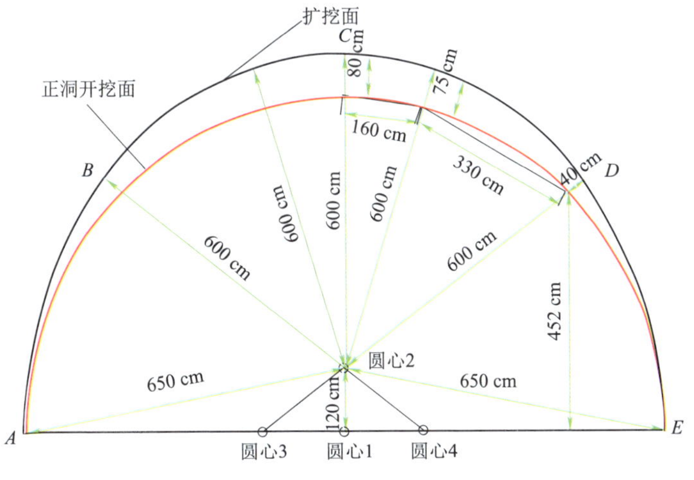

图 4-38　上台阶开挖示意图

由图 4-38 可看出扩挖面上台阶部分为不规则圆，由 3 个圆的弧长组成的一条不规则圆弧。由于扩挖面尺寸与正常断面尺寸相差不大，为了能更好的控制超欠挖，开挖时就要求控制精准，刚开始挑顶扩挖时，先按正洞断面进行炮眼布置，爆破后再按技术交底尺寸(图 4-38 中的 80 cm、75 cm、40 cm 等)对其进行补炮处理，要求对各部位尺寸控制准确，多打眼，少装药，争取一次性补炮到位。需要注意的是，由于补炮会对已施工好的初期支护产生较大影响，所以正洞断面进入扩挖断面临界部位的钢拱架必须加固牢固，在拱脚、拱腰以及拱顶部位多施工锁脚导管将其彻底锁住，以免爆破时将其炸裂。

初次挑顶扩挖后，后续开挖必须控制准确，先由测量班测出 3 个圆心以及 A、B、C、D、E 几个特殊点的位置，再按技术交底中的半径尺寸拉线，将开挖轮廓线画出来，然后布置炮眼进行施工。炮眼施工时需根据围岩特点，合理选定周边眼的间距和最小抵抗线，尽最大努力提高钻眼质量，尽量控制好超欠挖。

(2)扩大断面的初期支护

开挖完后就进行钢拱架、锚杆、超前、钢筋网以及喷射混凝土的施作，施工工艺与正常断面一致，差异在于钢拱架尺寸、间距等初期支护参数不一样。施工前先按照图纸画出尺寸交给钢拱架加工厂进行加工，初期支护施工时先由测量班进行测量放样，再由工程部技术管理人员进行技术交底以及现场指导，严格按照设计图纸及规范进行施工，特别是喷射混凝土工序必须保证喷射混凝土平整密实。

值得注意的是此段预留洞室比较多，一处送风洞口，左右两侧拱腰各有 5 处横梁洞口，如图 4-39 所示：

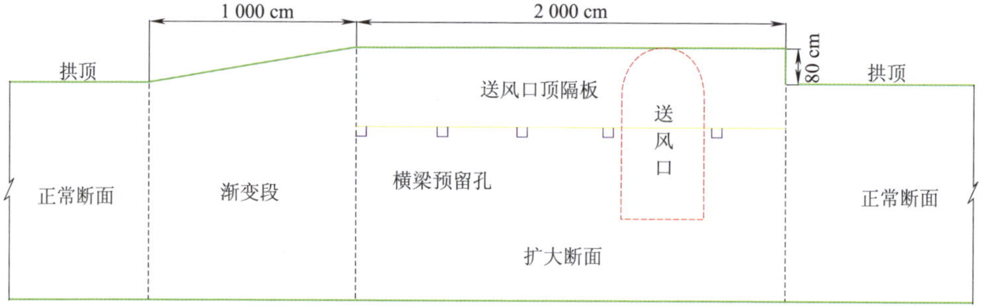

图 4-39　井底送风口扩挖断面及渐变段纵断面示意图

在立拱架施工环节就得先将这些预留洞均预留出来，标高及尺寸提前计算好，再由测量班将洞室位置及标高进行测量放样，洞室尺寸要稍微放大些，方便后期横梁的安装以及以免喷射手在喷射混凝土时，不小心将其周边喷死而缩小预留洞的尺寸范围。另外，横梁预留孔一侧的深度需比另一侧的深些，在安装横梁时可以让横梁左右来回移动而更好更快的安装好横梁(通省隧道横梁采用 I36 轻型工字钢，顶隔板采用 1 cm 厚玻璃钢)。

(3)扩大断面的二次衬砌

1)方案比选

由于扩大断面里程短(20 m)的原因，专门制造一个二次衬砌台车进行二次衬砌混凝土施工成本较高，采用钢拱架支撑木模板或钢模板这种老式组合方法也不经济，工序繁琐、费时并且外观不平整。在此特介绍两种较简单实用的方案，此两种方案均是采用正洞二次衬砌台车，对其进行增高：方案一是在仰拱填充路面上左右两侧二次衬砌台车钢轨位置，施工两道 80 cm 高的 C25 混凝土，为防止增高混凝土开裂，其宽度由台车自重、承重及混凝土抗压强度确定，为方便二次衬砌台车能够上去，增高混凝土一端必须施工一道坡度缓的引道；方案二是在二次衬砌台车四个支座部位增加 80 cm 高的支座，从而直接加高二次衬砌台车本身。经反复研究决定采用方案二，对二次衬砌台车进行改装加高，支座加高及拆除均简单方便且成本较低，经实践，可以运用。

2)支座加工

由于 80 cm 高的支座一次性安装到位难度较大，可以将其分为三个支座，两个 30 cm 高，一个 20 cm 高，支座加工尺寸由二次衬砌台车原来的支座尺寸确定，如图 4-40 所示。

支座采用 1 cm 厚钢板进行加工，支座上下两块钢板之间同样采用钢板进行支撑加固，连接处必须采用双面焊接，两支座之间采用螺栓连接。

3)支座安装

先将二次衬砌台车一处原支座的螺栓卸下，再在钢轨两侧采用两个高吨位千斤顶将二次衬砌台车顶起。千斤顶位置离此支座 50 cm 左右，且千斤顶只需将二次衬砌台车原支座两块钢板顶离 35 cm 左右。然后将加工好的一个 30 cm 高的支座安装进去，并用螺栓将其与原支座钢板连接起来。之后换下一处支座，将四处支座都增加了一个 30 cm 高的支座后，再采取同样的方法增加第二块支座，如此循环至第三块支座，这样做利于支座安装，更能确保施工安全。

4)净空差

从图 4-41 中可看出二次衬砌台车整体提高了 80 cm 后，其净空轮廓将超出扩大断面轮廓。这样保证了净空符合要求，同时为确保二次衬砌厚度达到要求，在初期支护立拱架环节必须将拱架往外扩，具体外扩尺寸由图 4-41 中的净空差决定，或者直接按照增高 80 cm 后的二次衬砌台车轮廓对应的初期支护轮廓进行拱架加工，此注意点必须在拱架加工前确定。

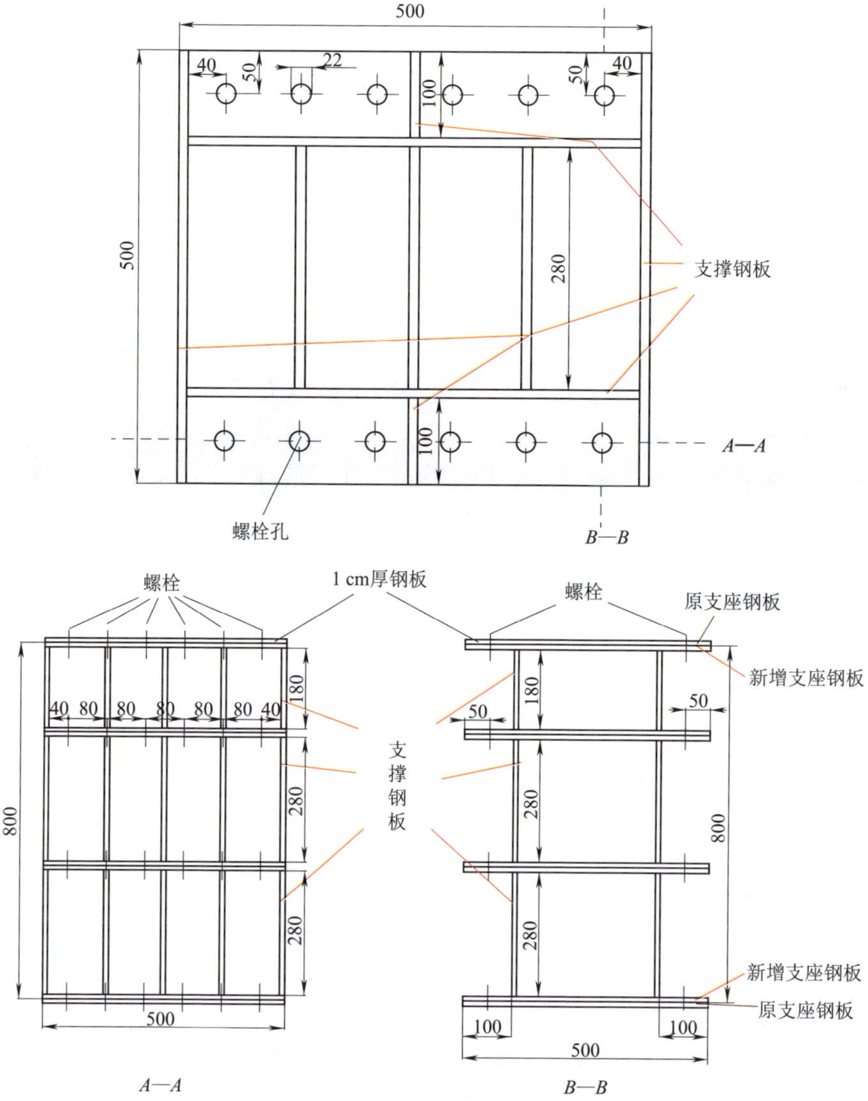

图 4-40　支座加工平面图及剖面图(单位:mm)

5)小边墙施工

由于二次衬砌台车整体提高了 80 cm,故小边墙亦需要在原标高上提高 80 cm。在此需注意一点,如图 4-41 所示,A 点为正常断面时的小边墙顶面标高点,A' 点为提高了 80 cm 后的小边墙顶面标高点,由于曲线和直线之间的差异,将导致边墙部位出现较明显的"内"错台,为消除"内"错台,在小边墙模板施工时必须

将模板从 $A(A')$点往外移至 $B(B')$点，这样亦能保证外观美观。

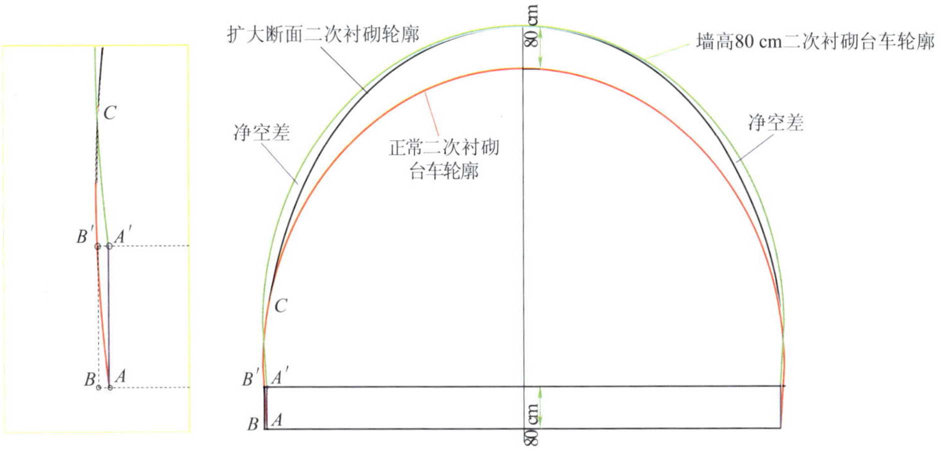

图 4-41　净空轮廓对比图

6)二次衬砌施工

二次衬砌施工方法跟正常断面二次衬砌施工方法一样，由于此段需安装 5 根 I36 轻型工字钢横梁。为防止横梁挠度变大，可以在横梁中间加三处吊带，每处吊带采用 2 根 ϕ22 钢筋，顶端与二次衬砌钢筋相连，底端与横梁相连。为做到能够与二次衬砌钢筋相连，在施工二次衬砌钢筋这一环节时需在同一断面先预留三块 30 cm×30 cm 的钢板，钢板和二次衬砌钢筋之间亦采用钢筋相连，二次衬砌施工完、安装好横梁后再将吊带两端焊接在钢板和横梁上，如图 4-42 所示。

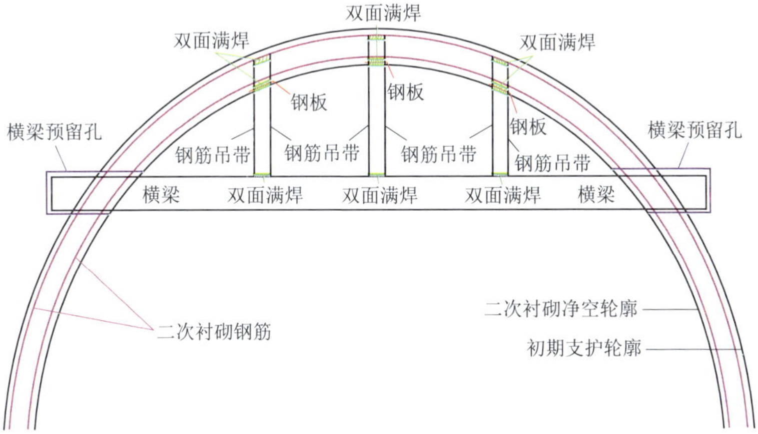

图 4-42　横梁吊带安装方法

7)横梁预留孔盒子安装

横梁预留孔盒子采用1 cm厚胶合板加工。预留孔盒子安装不像平常预埋件预留盒子一样垂直于二次衬砌台车模板安放,必须保证水平放置,并加固牢固。这就要求横梁预留孔盒子在加工时必须保证开口处为一弧度而不是一直线,如图4-43所示。

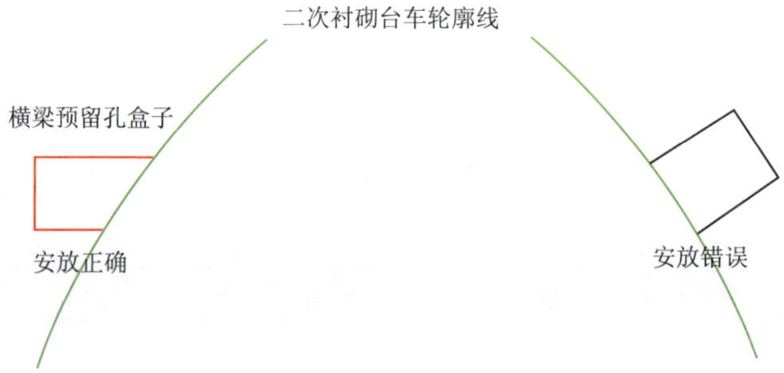

图4-43　横梁预留孔盒子安装方法

(4)横梁安装及加固

对于横梁的安装及加固,图纸中要求每两根横梁之间采用4根轻型10槽钢相连,为加强槽钢的稳定性和承重能力,可以在槽钢和横梁连接处另加一块三角钢板双面满焊进行加固和支撑,如图4-44所示。

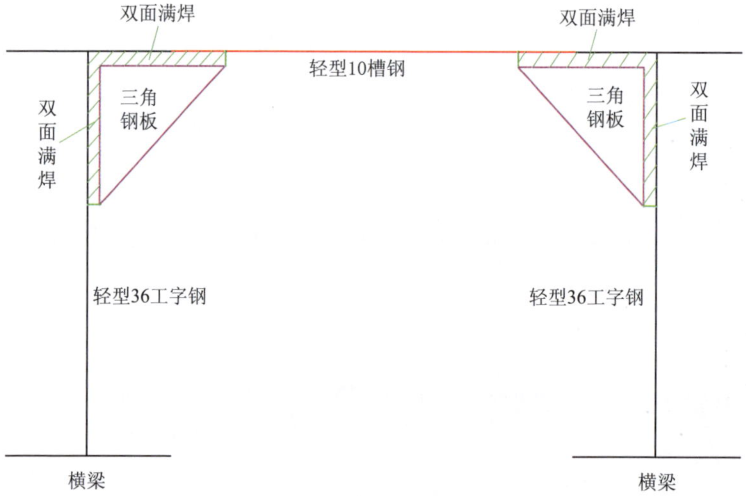

图4-44　三角钢板加固槽钢

2. 联络风道施工方案

(1)联络风道直线段施工

左洞联络风道施工采用钻爆法在洞内施工，左洞 ZK114＋798.399 送风口巷道长度 66.1 m 段的坡度为 2.5％，长度 43.5 m 段的坡度为 40.2％；ZK114＋858.399 排风口巷道长度 64.6 m 段的坡度为 2.5％，33 m(水平长)的坡度为 56.8％。如图 4-45 所示。

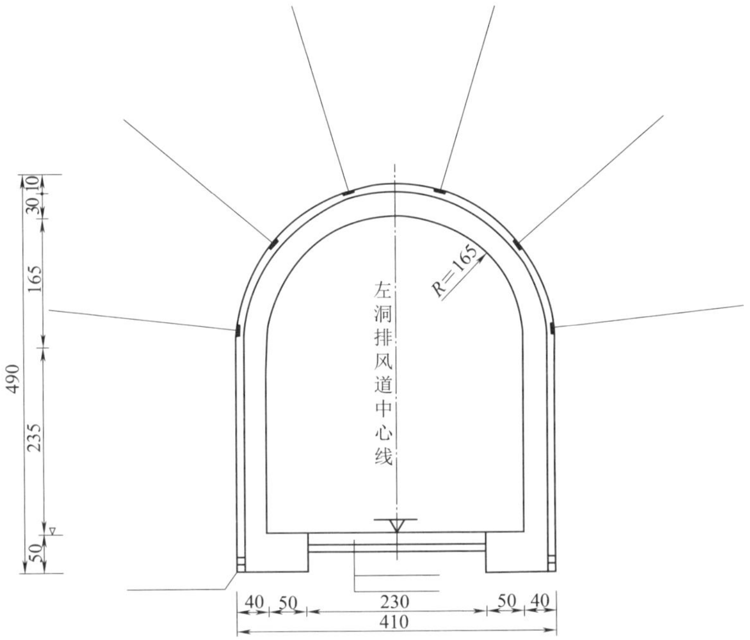

图 4-45　左洞排风道设计尺寸图(单位:mm)

左洞送、排风道因通道内断面尺寸小、坡度大，人员、机械、材料进入作业面困难，根据情况分如下步骤：

1)洞口缓坡段，台架、火工品、钻机、钢筋网片、锚杆、风水管、混凝土等均需人工搬运至工作面。

2)大坡度爬坡段与上部缓坡段，除挖掘机外其余机、料均利用 5 t 卷扬机吊送料车爬坡至工作面。喷射混凝土在工作面人工进行二次搅拌。

左洞送排风巷道采用钻爆法上下台阶开挖，从左洞正洞向竖井方向掘进，每循环计划进尺 1.0 m，爆破后用 50 cm 风筒及时向巷道内输送新鲜空气，出渣采用小型挖掘机从掌子面，1 m 一斗一后退倒运方式将石渣扒至洞口，50 型装载机装渣至 20 t(8 m^3)自卸车从通道口将渣体运输到弃渣场。

采用上下台阶法开挖，初期支护采取一掘进一支护环环紧跟方法，循环进尺按照 1.2 m 控制，因联络通道内断面尺寸小，机械无法正常作业，台架、火工品、钻机、钢筋网片、锚杆、钢架等均采用人工搬运至工作面使用安装，喷射混凝土用自卸车运至洞口，人工用斗车二次倒运至工作面。

洞身开挖工艺流程：

测量放样→钻孔→装药爆破→清渣。

测量放线：用仪器放出拱顶、拱腰两侧及拱脚两侧开挖点。

钻孔：采用 YT28 手风钻按爆破设计钻孔。

装药：炮孔采用间隔装 ϕ25 mm 药卷，非电毫秒雷管由内层向外层依次引爆。

爆破：采用台阶法爆破，导爆索引到联络通道洞口，爆破工在安全位置引爆。

出渣：爆破后，用压入式风机送风排烟，通风 30 min 后，小型挖掘机进入掌子面，将石渣扒至洞口，再使用装载机装渣，自卸汽车运渣至洞外弃渣场。

支护：初期支护以锚杆、钢筋网和喷射混凝土组成联合支护体系，并辅以钢格栅拱架措施。锚杆采用 ϕ22 锰硅Ⅱ级钢筋，15 cm×15 cm 垫板，加螺母的砂浆锚杆。见表 4-5 和表 4-6 格栅拱架均在钢筋加工场利用冷弯机加工成型，加工完成后，现场进行试拼，其平面扭曲、尺寸偏差、轮廓线偏差均满足规范及设计图纸要求后运至掌子面人工安装。喷护采用湿喷法，混凝土拌和站集中拌制，5 t(3 m^3)运输车运送至洞口，人工用斗车二次倒运至工作面，采用 TK-500 湿喷机喷护。

表 4-5　联络通道排风道支护参数表

序号	项目名称	型号	参数
1	砂浆锚杆	ϕ22×2.5 m	5 根
2	钢筋网	ϕ6	25 cm×25 cm
3	喷射混凝土	C20	10 cm

表 4-6　联络通道排风道加强段支护参数表

序号	项目名称	型号	参数
1	砂浆锚杆	ϕ22×2.5 m	6 根
2	钢筋网	ϕ6	25 cm×25 cm
3	喷射混凝土	C20	15 cm

衬砌的防排水措施遵循“限量排放，防排结合，因地制宜，综合治理”的原则。防水作业施工前需人工用支架搭设工作平台，防水：在初期支护与二次衬砌之间敷设一层 300 g/m^2 无纺土工布复合 1.5 mm 厚 EVA 防水板满铺，采用无钉铺设方

法固定。排水：为了有效地排除二次衬砌背后积水，消除二次衬砌背后的静水压力，在初期支护与防水板之间采用 ϕ50 软式透水管，将岩面水引入两侧边沟。

二次衬砌模板加固采用 I16 工字钢拱架外支撑平板钢模施工，每模施工 6 m，模板、防水板、支架等材料均利用人工搬运或 5 t 卷扬机吊送料车爬坡至工作面，混凝土采用洞外拌和站集中拌制，混凝土运输和浇筑采用混凝土运输车和输送泵泵送入模。混凝土浇灌完成，强度达到拆模条件时，拆除模架，使模板脱离混凝土，然后再次搭设支架、立钢拱架，加固钢模板，进行下一段 6 m 混凝土施工。

(2)联络通道渐变段施工

左洞排风口喇叭口，送风口与原正洞同样高度，施工采用人工搭设碗扣支架+I18 工字钢联合支撑(搭设形式同右洞联络通道口)，防水板挂设及钢筋绑扎均利用支撑体系作为操作平台，二次衬砌模板采用 30 cm×150 cm 钢模板施工，混凝土用输送泵泵送。

右洞扩大断面比正洞断面拱顶高 1.2 m，施工采用人工搭设碗扣支架+I18 工字钢联合支撑，防水板挂设及钢筋绑扎均利用支撑体系作为操作平台，二次衬砌模板采用 30 cm×150 cm 钢模板施工，每模施工 6 m，混凝土用输送泵泵送。因扩大断面与正洞顺接，断面尺寸逐渐变化，I18 工字钢与钢模板加工时尺寸不同，大部分材料一次性使用，利用率低。

第四节 小　结

依托通省隧道竖井施工，在竖井、联络风道施工工艺上取得了集成化创新，主要创新性成果有：

(1)首次采用正井法二次扩孔成井的方法进行竖井掘进。采用常规桩基钻孔设备，替代昂贵的反井钻机进行排渣导孔成孔施工，降低施工难度，节省大量设备购置、维修和运行费用，大幅度降低施工成本。

(2)通过溜渣孔的提前贯通，为隧道正洞的辅助通风创造了有利条件，缩短正洞通风时间，改善了洞内空气质量；竖井出渣由原来的向上提升改为向下溜渣，降低了能耗。

(3)在竖井掘进过程中，研制应用了充水破碎围岩高压空气驱水注浆加固方法、充气膨胀式吸烟除尘隔离罩、排渣孔安全防护罩、悬吊式安全隔离网 4 项专利技术。

(4)在竖井衬砌施工过程中，研制并应用了带有外张自稳功能的翻模和井字形工字钢梁支撑体系 2 项专利技术。

(5)综合应用了逐圈逐点间隔起爆技术，提高了光面爆破效果、降低了能耗。

(6)开发的分段二次衬砌接缝封口技术，解决了二次衬砌分段施工接缝处理、防水、外观质量等问题。

(7)通过在二次衬砌台车四个支座部位增加 80 cm 高的支座，从而直接加高二次衬砌台车施作隧道主洞联络风道处扩大断面。联络风道采用两台阶爆破开挖、变截面采用碗扣支架配合工字钢联合支撑衬砌方案。实现了现场设备利用率最大化，提高了施工效率。

第五章　长大隧道施工作业环境治理

第一节　隧道施工作业环境分析

通省隧道位于武当山背斜北翼，隧道主要穿越地层为元古界武当群(P_{t2w})片岩，鳞片变晶结构，片状构造，进出口附近坡面覆盖有第四系残坡积层。根据工程地质调绘、钻探及室内岩土试验结果，勘探深度范围内地层从上至下可分为第四系覆盖层、片岩风化层及片岩。变质片岩主要以云母片岩为主。施工中大变形严重，其主要变形具有突发性、滞后性、变形量及变形速率大、破坏形式多样、影响范围广等突出特点。由于隧道所处地形复杂，无法增加施工作业面，总体施工方案不设置斜井和平行导坑，隧道采用独头通风模式，最大通风距离高达 3 450 m。隧道内环境复杂多变，随着掘进深度的增加，通风难度及成本急剧增加，施工环境恶劣。因此，如何改善隧道施工作业环境成为通省隧道施工中面临的又一大难题。

经现场调查分析，影响隧道作业环境的因素主要有：喷射混凝土施工、地下水、开挖施工、出渣机械等造成的烟尘。隧道的作业环境污染物主要来自隧道施工过程中的人为活动所产生的污染物，这类污染物以有害气体及粉尘为主，有害气体以施工机械排放的气体为主，包括一氧化碳(CO)、二氧化碳(CO_2)、氮氧化物(NO_x)。其中有害气体大部分是由施工机械排放而来，岩层中排放较少。粉尘主要是开挖作业和初期支护喷射混凝土引起。根据我国规定，隧道内有害气体最高容许浓度：一氧化碳(CO)最高允许浓度为30 mg/m^3，在特殊情况下，施工人员必须进入工作面时，浓度可放宽为 100 mg/m^3，但工作时间不得超过 30 min。二氧化碳(CO_2)浓度不得大于 0.5%(按体积计)，氮氧化物(NO_x)在 5～8 mg/m^3 以下。粉尘浓度要求含 10%以上游离二氧化硅的粉尘不得大于 2 mg/m^3，含 10%以下游离二氧化硅的矿物性粉尘不得大于4 mg/m^3。

通省隧道采用钻爆法施工。隧道钻孔、爆破、隧道弃渣、喷射混凝土、现场钢筋焊接、防水层焊接、衬砌混凝土施工等施工工序中有害气体及大量粉尘污染，严重危害隧道作业人员身心健康，影响隧道作业设备的使用性能，加大其故障率，降低设备使用寿命。

隧道施工过程中的有害气体及粉尘主要产生且集中在隧道掌子面附近。传统方法是对隧道内的粉尘及有害气体采用有效的通风手段，使用循环风对污浊空气进行稀释，但由于通省隧道单向掘进距离较长，仅通过简单的机械通风，能耗高、效率低、污染物再次扩散造成二次污染。在仅使用隧道通风技术排尘过程中，大量的可吸入性粉尘及固体颗粒污染了整个隧道，使所有参与隧道施工和管理的人员、设备皆受到危害。

鉴于通省隧道单向掘进距离较长(3 450 m)，单依靠机械通风的方式改善作业环境其高能耗是惊人的，从经济效益综合考量，其改善作业环境的效果也不彻底。为此，基于机械通风原理，研究了综合配套措施来改善作业环境，提出了置换式通风和联合竖井综合通风理念，解决了超长距离通风能耗高、效果差的问题。同时通过应用新型喷射混凝土外加剂，降低隧道粉尘排放量，实现降尘功效。从根本上改善作业环境，给施工创造必要的作业条件。

第二节　超长距离通风方案

隧道长距离通风一直是国内外学者研究的重点，我国在隧道通风方面采取的方法有扩散通风、引射器通风、机械通风、利用辅助坑道通风等。针对超长距离通风，目前，最有效果的方法是利用辅助坑道配合机械通风，即缩短通风距离。

使用通风机和管道的机械通风是隧道施工中最普遍的通风方法，通风系统的基本布置形式有压入式、抽出式(或压出式)、混合式(射流巷道式＋洞内压入式、长抽短压等)。机械通风的基本原理是通过向隧道内输送新鲜空气，持续降低隧道内的有害气体和烟尘的浓度，以实现对隧道内作业环境的改善效果。即对隧道内污染空气持续稀释。依托工程十房通省隧道未采用平行导坑，因此随着隧道掘进深度的增加，风压损失加大，采用传统的机械通风方法在通风效率上逐渐显现，通风时间长，通风效果差，施工能耗增加。为解决现场施工通风的难题，提高通风效率，提出了置换通风和联合通风方案。

置换通风方案。置换通风的原理是隔离隧道内污染区域，采用机械通风的方法将隔离区内污染空气集中置换排放，一方面有针对性的提高通风效果，另一方面减少对非污染区的二次污染。

联合通风方案。联合通风的原理是通过合理安排施工组织，创新隧道竖井施工工艺，配合隧道及竖井区间隔离装置，充分利用车行(人行)通道和竖井“烟囱”效应，实现隧道竖井在施工过程中的通风作用，缩短通风距离，提高通风效率，降低通风能耗。

一、通风设计

目前,各国对地下施工有害气体允许的浓度并无统一标准。我国《铁路隧道设计规范》规定工作面 CO 允许浓度为 30 mg/m^3,但当施工人员进入工作面检查时,浓度可为 100 mg/m^3,并未对柴油机车辆进入隧道内工作时的浓度作出单独的规定。

在通风量计算中,由于爆破产生的废气浓度随着时间的增加而减小,所以一般采用进入浓度 100 mg/m^3,并在进入后,废气浓度降至 30 mg/m^3。但隧道通常采用的无轨运输改变了这一状况。无轨运输产生的废气特点是开始逐渐上升,经过一段时间后稳定在最大值达数小时。出渣结束后,浓度再逐渐减小。由于技术状况和管理水平,无论机械化程度高低,大多数工作面达不到国家规定的劳动环境卫生标准。隧道施工过程中,机械设备、人员主要集中在隧道开挖掌子面到二次衬砌混凝土作业这一主要施工区段内,其余地方只是经过或偶尔停留。针对这一情况,特别是长大隧道,为了尽可能降低作业环境的污染程度,根据通风区段的不同,采取不同的技术手段,以求最大可能的保护施工作业人员身心健康和保障机械设备正常运转。

根据洞内施工所需风量计算结果,随着隧道掘进的深入,单一的通风方式未考虑隧道内各时段作业环境污染程度的变化,势必会影响隧道施工安全、作业人员的身体健康及机械设备的使用效率。为此根据计算结果,结合以往长大隧道的施工通风经验,在课题依托隧道施工过程中分时段、分工序采取多种通风辅助措施取得了良好的效果。

通省隧道的通风采用压入式通风作为常规通风方法,在隧道爆破开挖后辅以充气隔离式的辅助通风措施对爆破后的污染物进行隔离处理;在竖井进入正洞施工中采用一拖二风量分配控制技术对风量进行合理分配。在依托隧道工程施工过程中通过这些辅助措施的应用和研发,起到了良好的节能降耗作用,改善施工作业环境效果非常理想。

二、通风风量计算

隧道施工通风计算分别按工作人数、最小风速、一次爆破的炮烟、内燃机总功率计算,取最大值作为最小通风量。

1. 按洞内同时工作的最多人数计算

$$Q=qmK$$

式中　q——每人每分钟所需的新鲜空气,取 3 m^3/min;

m——洞内同时工作的最多人数,按 50 人计;

K——风量备用系数，取 1.10～1.15。

$Q_1=3\times50\times1.15=172.5\ \mathrm{m^3/min}$。

2. 按满足洞内允许最小风速计算

$$Q=60sv$$

式中 s——最大断面积，按 160 $\mathrm{m^2}$ 计；

v——允许最小风速，导坑不小于 0.25 m/s；

$Q_2=60\times160\times0.25=2\ 400\ \mathrm{m^3/min}$。

3. 按洞内同一时间内爆破使用的最多炸药用量计算

按煤矿安全生产规定每千克炸药供风量不少于 25 $\mathrm{m^3/min}$，按洞内同一时间内爆破使用最多炸药计算风量：

$$Q=5Ab/t$$

式中 A——同时爆破的炸药消耗量，$A=160\times3\times0.75$(单耗药量)$=360$(kg)；

t——通风时间，取 30 min；

b——每千克炸药爆破时所产生的一氧化碳体积(L)，一般采用 $b=40$ L。

$Q_3=(5\times360\times40)/30=2\ 400\ \mathrm{m^3/min}$。

4. 按照稀释内燃机废气所需的风量进行计算

采用无轨运输，洞内内燃设备配置较多，废气排放量较大，供风量应足够将内燃设备所排放的废气全面稀释和排出，使有害气体降至允许浓度以下，计算可按下式计算：

$$Q=\sum_{i-1}^{N}T_iKN_i$$

式中 K——功率通风计算系数，我国暂行规定为 2.8～3.0 $\mathrm{m^3/min}$，取 3.0 $\mathrm{m^3/min}$；

N_i——各台柴油机械设备的功率；

T_i——利用率系数，挖掘机取 0.6，装载机取 0.52，运渣汽车取 0.54。

按照施工安排工作面投入的内燃机械主要有：装载机 1 台，挖掘机 2 台，18 t 自卸汽车 8 台，装载机功率为 115 kW/台，挖掘机功率为 110 kW/台，运渣汽车 100 kW/台。

$$Q_4=3.0\times(1\times110\times0.6+2\times115\times0.52+8\times100\times0.54)$$
$$=1\ 852.8\ \mathrm{m^3/min}$$

取上述四种计算中的最大通风作为风机通风设计量最小值。

$Q_{设}=Q_3=2\ 400\ \mathrm{m^3/min}$。

5. 通风机风量和风阻计算

通风机风量：

$$Q_{风机}=PQ_{工作面}$$

式中　P——风阻；

$Q_{工作面}$——开挖工作面所需风量。

其中风阻：

$$P=\frac{1}{[1-(L/100)]\beta}$$

式中　L——风管管路长度按 1 000 m 计；

β——管路平均百米漏风率，一般取 1.3%。

经计算，$P=1.15$；$Q_{风机}=1.15\times 2\ 400=2\ 760\ m^3/min$。

三、通风方案

由于通省隧道单向掘进距离长(单向掘进 3 450 m)，长距离通风条件下，传统的从洞口压入式或抽出式通风已经不能满足维持洞内合格作业环境的要求，且长距离压、抽风风机数量和风机功率都需加大，造成成本成倍增加，因此通省隧道施工采用的是综合分段通风方案，根据隧道掘进距离，通风方案划分为三个阶段。第一阶段采用压入式通风配合射流风机排烟通风方案；第二阶段采用巷道通风技术，充分利用双幅隧道人行横道、车行横道，采用交替施工通风，改善洞内环境；第三阶段采用隧道主洞与竖井联合通风技术，利用竖井先导孔、联络风道作为通风通道，缩短通风距离，提高通风效率。具体施工方案如下：

1. 压入式通风配合射流风机排烟通风方案

第一阶段为洞口开挖至第一个车行横洞贯通前，范围为 0～1 000 m，此阶段的隧道单向掘进距离较短，采用传统的轴流式风机压入式通风配合射流式风机及时排出烟尘的方案，如图 5-1 所示。

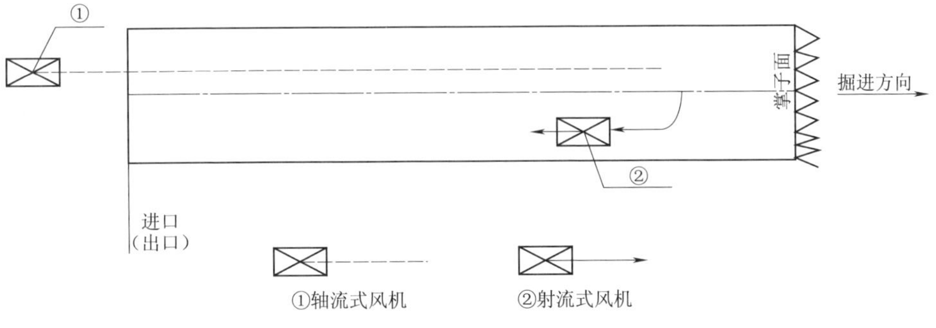

图 5-1　通省隧道洞口第一阶段施工通风图

采用 110 kW 轴流式风机(SDF(B)-N11)，将新鲜空气从洞口通过 ϕ1.5 m 的

PVC 风筒布压送至掌子面，然后在 90 kW 射流风机(SDS-90K-4P-D4)的辅助下，将废气和粉尘通过隧道排出洞外，实现对洞内作业环境的保障。

2. 隧道巷道通风技术

第二阶段为第一个车行横洞贯通后至竖井贯通前，通风范围约为 1 000～2 500 m。此阶段掌子面距离洞口已经超过 1 000 m 属超长距离通风，如果再使用洞口压入式通风，不仅需要增加通风机的数量和功率，通风效果也不甚理想。因此利用隧道双线施工的优势，单洞行车，另一洞做送风通道，既保证了掌子面作业环境的质量，且不用增加风机的数量和功率，如图 5-2 所示。

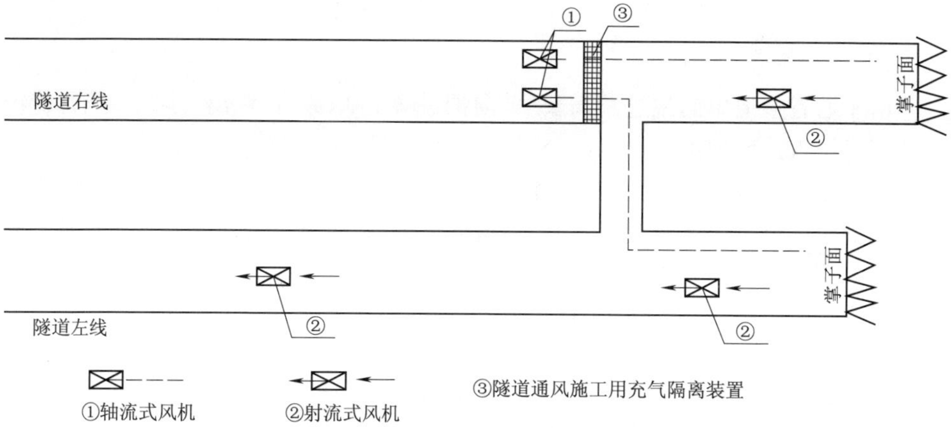

图 5-2　通省隧道第二阶段施工通风图

通省隧道利用左线通车，右线利用隧道通风施工用充气隔离装置将洞口来的新鲜空气与洞内施工产生的废气粉尘隔离开来，在充气隔离装置后方架设两台 110 kW 轴流式风机[SDF(B)-N11]，分别将新鲜空气从隔离装置后方通过 $\phi1.5$ m 的 PVC 风筒布压送至掌子面，然后在 90 kW 射流风机(SDS-90K-4P-D4)的辅助下，将废气和粉尘通过隧道左线排出洞外，实现对洞内作业环境的保障。

3. 隧道主洞、竖井联合通风方案

第三阶段通风始于联络风道与竖井先导孔完成之后，通风范围为 2 500～3 450 m，联合通风方案包括以下两种工况下的通风方案：

(1)竖井出渣时通风方案

竖井出渣作业时，首先在竖井联络风道与正洞交叉口的两端正洞处设置隧道通风施工用充气式隔离装置，将竖井联络风道与正洞交叉口段的两端正洞区间单独隔离，防止竖井开挖出渣时间段对正洞环境的污染。同时在竖井开挖面上方设置隧道竖井施工用充气式排烟除尘隔离罩，隔离开挖面污染空气并通过充气式排烟除尘隔离罩集中排放至井口过滤池，在竖井井口对集中排放的污染空气进行净化，大幅减少了对环境的污染，如图 5-3 所示。

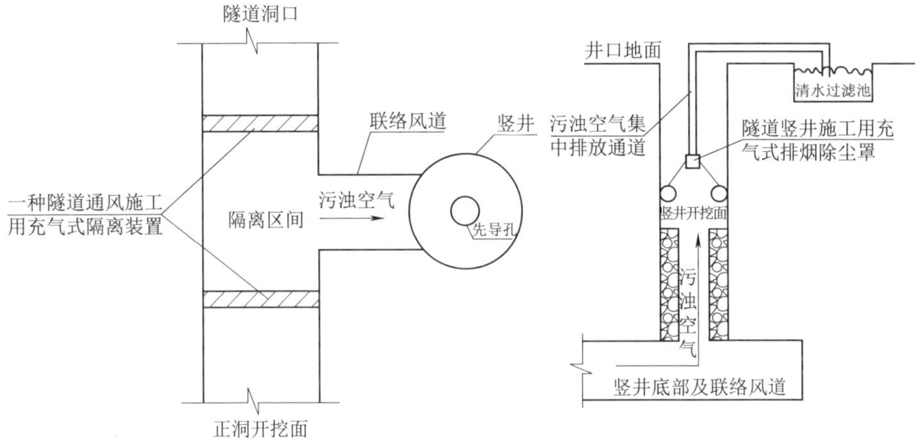

图 5-3　竖井出渣时通风方案示意图

(2)正洞爆破出渣时通风方案

正洞爆破出渣作业时，在正洞一端设置隧道通风施工用充气式隔离装置，隔离竖井联络风道处正洞交叉口和正洞开挖面工作区间。通过正洞通风施工用充气式隔离装置的排风管将污浊空气引入竖井底部，再经由先导孔通过竖井内充气式排烟除尘隔离罩抽排至井口过滤池，形成在竖井井口对集中排放的污染空气进行净化，保证正洞内通风流畅和良好的通风环境，如图 5-4 所示。

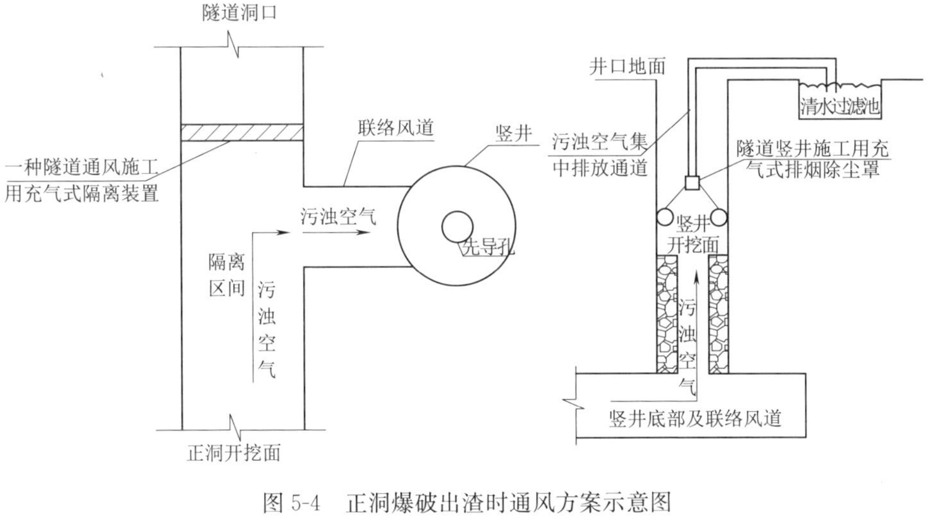

图 5-4　正洞爆破出渣时通风方案示意图

四、通风辅助装置

1. 竖井排烟除尘隔离罩和隧道通风隔离装置

课题组发明了一种“隧道竖井施工用充气式排烟除尘隔离罩”，解决了现有隧道竖井采用钻爆法开挖产生的粉尘处理时存在除尘效果差、能耗多且威胁施工人员健康的问题。装置包括排风风机，排风风机上部套有伸出井口且与其固定的排风软管，排风风机下部套有与其固定的伞状软隔离层，且伞状软隔离层上固定有径向设置的若干钢骨架，伞状软隔离层的下端连接有环状软充气套，排风风机侧壁固定有与环状软充气套连通的鼓风机，排风风机侧壁固定有下部位于伞状软隔离层内且下端风口的补气管，补气管下部侧壁设置有单向阀门，如图 5-5 所示。

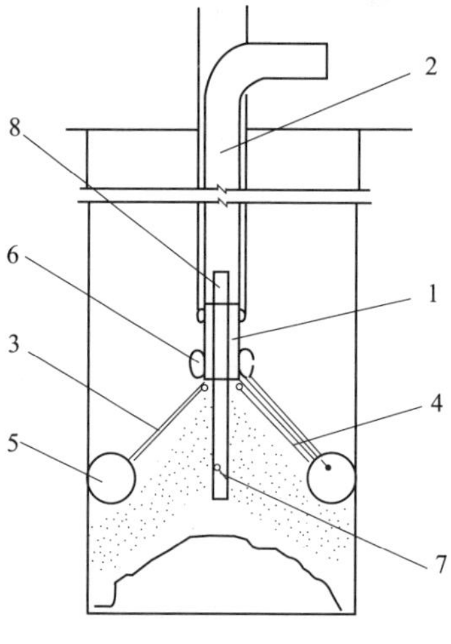

图 5-5 隧道竖井施工用充气式排烟除尘隔离

1—排风风机；2—排风软管；3—伞状软隔离层；4—钢骨架；5—环状软充气套；6—鼓风机；7—补气管；8—单向阀门

本课题组发明了“一种隧道通风施工用充气式隔离装置”，可以对隧道正洞污染空气进行隔离置换，通过隔离污染空气集中排放，避免污染。通过隧道正洞、竖井的联合通风系统，解决了施工通风投入大、能耗大、耗时长等问题。装置包括进风管、排风管、隔离装置以及风机，隔离装置包括底部连接板和密封气囊。密封气囊为密封充气的 U 形结构，密封气囊一端设有气囊充气口。密封气囊的内边缘与双层隔离布连接，并且密封气囊和双层隔离布形成 U 形面，双层隔离布的下边缘穿过连接板两侧的长条形孔，并压实连接，双层隔离布的中部设有可以开合的预留通道，在预留通道两侧设置了两个用于连接进出风管的预留孔，如图 5-6 所示。

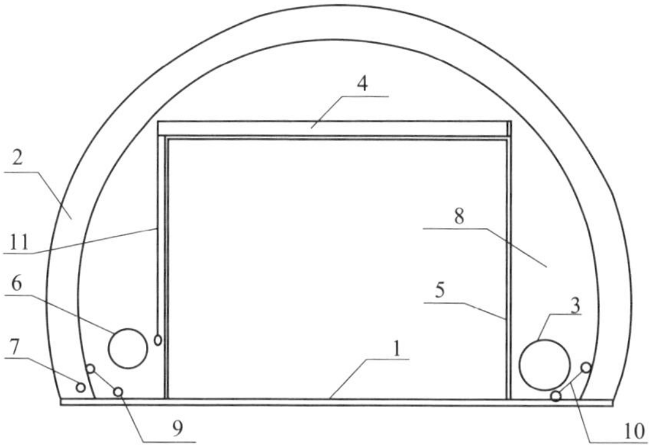

图 5-6 一种隧道通风施工用充气式隔离装置

1—底部连接板；2—密封气囊；3—排风管预留孔；4—门帘；5—滑行槽道；6—进风管预留孔；7—气囊充气口；8—双层隔离布；9—锁口；10—拉索；11—门帘拉绳

2. 一拖二风量分配控制器

(1)风量分配控制器结构(图 5-7)

隧道施工通风管道风量分配控制器，在三通接头底部设置有与其上部接头位置对应且向下凸起的柱状凹槽，凹槽内放置有风量分配筒，风量分配筒侧壁开有沿其轴线均布设置的四个出风孔，四个出风孔是由轴线位于同一水平面上且前后设置的小风量出风孔、大风量出风孔和左右设置的两个中风量出风孔组成的。风量分配筒底部中心固定有穿出凹槽底部的转轴，转轴上套有固定在凹槽底部下方的导向管，转轴下方连接有绕其上下旋转的操控手柄，且凹槽底部下方固定有沿其轴线均布设置且与出风孔位置对应的四个操控手柄固定卡环。

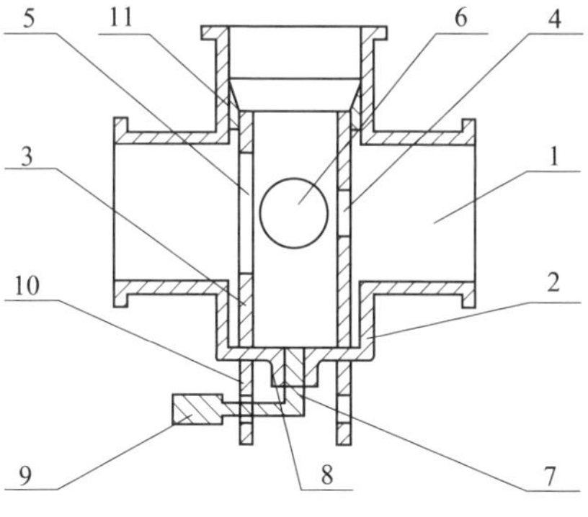

图 5-7 风量分配控制器

1—三通接头；2—凹槽；3—风量分配筒；4—小风量出风孔；5—大风量出风孔；6—中风量出风孔；7—转轴；8—导向管；9—操控手柄；10—操控手柄固定卡环；11—橡胶密封圈

(2)技术原理

隧道施工通风管道风量分配控制器是通过对三通接头通风管道进行控制，根据不同工序不同掌子面的风量需要，合理分配管道通风，提高通风效率。

一拖二通风模式，主要由洞外大功率风机、主管道、支管道、主支管道之间的连接管件(三通)等组成，风机多采用串联式双机机组，可按照洞内风量需要，采用单机供风或双机供风；主、支管道多采用柔性风袋，通风时在风压的作用下风袋膨胀形成通道，停机时风压消失，风袋自然下垂。主管道直径一般为 1.5～1.8 m，支管道直径一般为 1.2～1.4 m；连接管件一般将主管道与支管道连接牢固。

(3)施工方法

当隧道施工通风管道两工作面均为持续通风时，采用单风机送风，旋转操控手柄至风量分配筒的中风量，出风孔位于左右两侧(及连接支管道的三通接头的左右接头一侧)，然后将操控手柄卡在操控手柄固定卡环内，防止风量分配筒受风压的作用转动，保证两工作面满足补充新鲜空气的需要。

当隧道施工通风管道两工作面的任一侧进行爆破、出渣或喷射混凝土作业时，采用双风机送风，并将风量分配筒的大风量出风孔对准该工作面，小风量出风口对准另一侧工作面。实现两工作面一侧强化通风、另一侧持续通风的要求，适当减小风机功率且缩小主管道直径，节约设备投入成本。

风量分配筒上部外壁与三通接头的上部接头内壁之间的间隙处设置有橡胶密封圈，在风压的作用下迫使橡胶密封圈将风量分配筒与三通接头密贴，达到防止漏风的目的。

实现了隧道施工一拖二通风，两侧工作面所需风量得到合理分配，并可在合理调整通风设计的前提下，适当减小通风设备的功率，同时能实现隧道斜井施工的弹性通风，即爆破、出渣、喷射混凝土作业时段的强化通风和其他作业时段的持续通风。

五、实施效果对比

1. 常规压入式通风现场环境检测指标

通省隧道 ZK116＋540 断面Ⅲ级围岩处，传统作业过程采用 CCZ—1000 型粉尘测定仪和 GC—10 型有害气体测定仪测得粉尘浓度，在施工过程中有害气体和粉尘的检测结果见表 5-1。

表 5-1　通省隧道传统作业过程中有害气体和粉尘的检测数据

作业工序			粉尘 (mg/m^3)	CO ($30\ mg/m^3$)	NO_2 ($5\sim8\ mg/m^3$)	CO_2 (0.5%)
开挖爆破	距掌子面 20 m	前 10 min	58.3	43.1	10.2	0.2
		后 10 min	118.3	170.2	21.1	6.2
出渣	距作业面 20 m	前 10 min	122.1	158.2	20.1	0.3
		后 30 min	954.2	860.3	280.2	0.2
		完成后	561.3	630.2	231.2	0.2
喷射混凝土	距作业面 20 m	前 10 min	72.3	—	—	0.2
		后 30 min	79.1	—	—	0.2
		完成后	75.2	—	—	0.1
全部工序完成	距掌子面 20 m	10 min 后	46.2	24.2	15.2	0.1
	距掌子面 50 m	10 min 后	18.1	15.6	9.6	0.1
	距掌子面 100 m	10 min 后	5.1	5.3	2.7	0.1
	距掌子面 200 m	10 min 后	2.1	3.1	1.8	0.1
说明：监测数据取检测断面 5 个部位的平均值；各工序完成后要通风排烟尘						

2. 采用节能综合通风技术现场环境检测指标

检测结果见表 5-2。

表 5-2　通省隧道改善后作业过程中有害气体和粉尘的检测数据

作业工序			粉尘 (mg/m^3)	CO ($30\ mg/m^3$)	NO_2 ($58\ mg/m^3$)	CO_2 (0.5%)
开挖爆破	距掌子面 20 m	前 10 min	8.2	15.2	9.6	0.2
		后 10 min	25.6	49.6	18.3	5.1
出渣	距作业面 20 m	前 10 min	20.6	52.4	23.1	0.3
		后 30 min	121.5	142.1	65.2	0.3
		完成后	142.1	178.3	70.9	0.1
喷射混凝土	距作业面 20 m	前 10 min	6.3	—	—	0.1
		后 30 min	19.4	—	—	0.1
		完成后	22.4	—	—	0.1
全部工序完成	距掌子面 20 m	10 min 后	5.6	11.2	5.2	0.1
	距掌子面 50 m	10 min 后	4.1	10.3	4.1	0.1
	距掌子面 100 m	10 min 后	2.9	3.1	1.8	0.1
	距掌子面 200 m	10 min 后	1.2	1.4	1.2	0.1
说明：监测数据取检测断面 5 个部位的平均值；各工序完成后要通风排烟尘						

由上述对比分析，可以得出：采用充气式隔离装置、联合竖井通风、应用“一拖二风量分配器”等多项通风技术，极大的改善了隧道施工作业环境。

第三节　隧道喷射混凝土减尘方案

传统的干喷射混凝土的减水率不易控制，致使混凝土的堆积密度不稳定，黏结力不足等。在现场作业时会出现喷射回弹率大，粉尘浓度高等缺点。鉴于以上问题，通省隧道采用湿喷工艺代替干喷和潮喷，并加入 XPM 外加剂进行减尘。

一、采用湿喷工艺代替干喷和潮喷

经过 10 多年的发展，湿喷工艺已经日渐成熟，且湿喷工艺在质量、效率和作业环境控制等方面都有干喷不可比拟的优点，干、湿喷效果对比见表 5-3。

表 5-3　干喷和湿喷工艺参数对比

序号	干喷工艺	湿喷工艺
1	水灰比难以控制	水灰比可以精确控制
2	密实度差（容重在 2 200 kg/m^3 左右），混凝土强度等级较低	密实度好（容重＞2 350 kg/m^3），混凝土强度等级高
3	速凝剂控制粗略	速凝剂控制准确
4	加入引气剂、减水剂等困难	可以加入改善混凝土品质的所有外掺料或外加剂
5	回弹率高（＞30%）	回弹率低（8%～10%）
6	粉尘浓度较高（30～120 mg/m^3）	粉尘浓度较低（8～13 mg/m^3）
7	工作效率低（＜4 m^3/h）	工作效率高（＜8～30 m^3/h）

从表 5-3 中可知，采用湿喷工艺后粉尘浓度迅速降低，且湿喷混凝土中可以加入 XPM 等减尘和减小回弹率的外加剂，可进一步减小喷射混凝土时掌子面的粉尘浓度。

二、XPM 外加剂新材料应用

1. XPM 外加剂的特点

XPM 外加剂是采用机械研磨法进行细化的纳米材料。它在粉碎的过程中，颗粒与冲击板及颗粒间的碰撞能量大部分转化为内能和表面能，致使颗粒比表面积增大，其力学性能发生明显变化，使其强度、硬度、抗老化性和耐久性成倍提高。XPM 外加剂掺入水泥，加快了水泥诱导期和加速期的水化反应，使气、固、液三相饱和度达到相应的浓度梯度，改善了水泥凝固的三维结构。同时，改善水泥混凝土的堆积密度，既减表面水又减间隙水，使胶团产生聚合再聚合的作用。

XPM 外加剂是针对目前喷射混凝土存在的回弹率高、抗压强度低、一次喷层薄、粉尘大的缺点而研制开发的。根据大量的试验研究表明掺入 XPM 外加剂的混凝土，其工作性能有了很大的改善，密度及回弹率的情况极优。

2. XPM 外加剂使用关键技术

(1)配合比优化

在喷射 C25 混凝土中掺入水泥用量 10%的 XPM 外加剂后，水泥用量相应减少。喷层表面因混凝土和易性的改善，呈平整光滑，具有更好的抗渗性能，混凝土强度明显增加。根据在通省隧道喷射混凝土中，掺用 XPM 外加剂试验，分析整理数据得出以下结果，见表 5-4。

表 5-4　喷射 C25 混凝土配合比

序号	水灰比	原材料用量(kg/ m³)						
		水泥	砂	碎石	水	速凝剂	减水剂	XPM 外加剂
1	0.38	437	798	798	166	13.11	2.18	—
2	0.41	400	817	817	165	13.11	—	40

注：1. 为没有掺 XPM 外加剂配合比；
　　2. 为掺用 XPM 外加剂配合比。

(2)XPM 混凝土搅拌工艺

常规湿喷混凝土搅拌投料顺序：

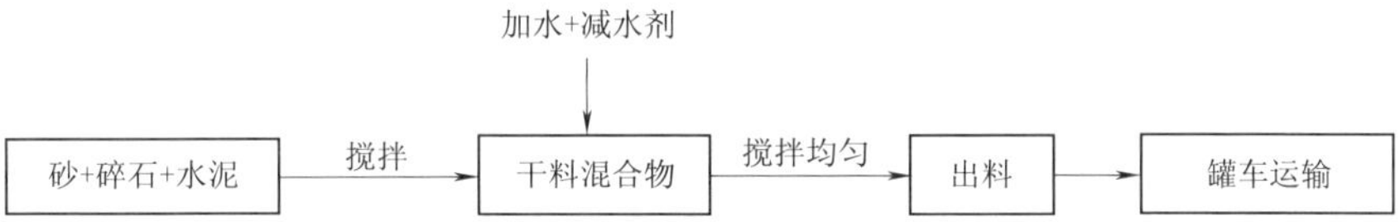

掺用 XPM 外加剂喷射混凝土搅拌投料顺序：

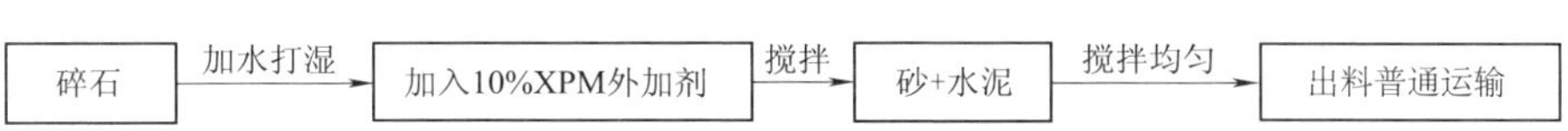

3. 实施效果分析

通省隧道根据常规喷射混凝土和添加 XPM 外加剂喷射混凝土进行施工对比，现场统计数据，在围岩级别、开挖面积相同的前提下，施工一延米完成后从回弹率、喷层厚度、粉尘浓度、强度对比强度、经济效益进行分析。

(1)回弹率明显降低

从表5-5中数据可以看出掺用XPM外加剂喷射混凝土回弹率比普通C25喷射混凝土回弹率大大降低,大大的节约了混凝土原材料用量,降低拌和站机械损耗,提高喷射混凝土施工效率。

表5-5 常规喷射混凝土和添加XPM外加剂喷射混凝土回弹率对比表

名　　称	施工部位回弹率		回弹率减少
	拱部以上部位	拱部以下部位	
普通C25喷射混凝土	30%～45%	5%～10%	25%～35%
掺用XPM外加剂喷射混凝土	5%～10%	2%	3%～8%

(2)喷射厚度

通省隧道Ⅴ级支护类型,隧道设计C25喷射混凝土厚度230 mm为例:

从表5-6中数据可以看出掺用XPM外加剂喷射混凝土一次喷射厚度比普通C25喷射混凝土一次喷射厚度明显提高,缩短了工作周期,降低了劳动量。

表5-6 常规喷射混凝土和添加XPM外加剂喷射混凝土一次喷射厚度对比表

名　　称	施工部位厚度(mm)	
	拱部以上部位	拱部以下部位
普通C25喷射混凝土	一次喷射厚度60 mm,需要三四个循环	一次喷射厚度200 mm,需要两个循环
掺用XPM外加剂喷射混凝土	一次喷射厚度100 mm,需要两个循环	一次喷射厚度230 mm,需要一个循环

(3)降低粉尘

隧道工程喷射混凝土施工中,以往干喷工艺中施工环境粉尘浓度高,能见度非常低。目前,虽采用湿喷工艺,比干喷施工环境有所好转,但喷射混凝土施工周期长,高压风将物料吹出的时间加长,物料中微小颗粒与大颗粒相分离过程中产生粉尘量增多,对隧道内环境污染严重。掺用XPM外加剂后,加速了喷射混凝土的凝固,减少了微小颗粒与大颗粒的分离,比普通C25喷射混凝土作业过程的粉尘含量明显降低,在距喷射混凝土10 m附近使用CPM700粉尘浓度检测仪器测得粉尘浓度从270 mg/m^{3}降低到50 mg/m^3,能看清楚周围施工环境。

(4)抗压强度

通过现场喷射大板法,28 d强度为例,普通C25喷射混凝土28 d抗压强度平均为26.8 MPa。

掺用 XPM 外加剂喷射混凝土 3 d 强度就能达到设计强度，28 d 强度平均 38.5 MPa。掺用 XPM 外加剂喷射混凝土能达到普通喷射混凝土强度的 1.43 倍。能有效的抵抗围岩整体变形，增强围岩自稳能力。

(5)经济效益对比

由表 5-7 中对比可以看出，XPM 外加剂对喷射混凝土的性能改善效果显著，喷射混凝土掺加 XPM 外加剂后，强度提高快、一次性喷射厚度大、回弹量少，粉尘减少明显，这样更有利于保障施工环境。

表 5-7　普通 C25 喷混凝土与掺用 XPM 外加剂混凝土经济对比

普通 C25 喷射混凝土 1 m^3 消耗量	掺用 XPM 外加剂喷射混凝土 1 m^3 消耗量
水泥：沙子：石子：速凝剂：减水剂＝430：798：798：17.2：2.18 水泥：430×0.385＝165.55 元 沙子：798×0.073＝58.25 元 石子：798×0.052＝41.50 元 速凝剂(液)：17.2×3.5＝60.2 元 高效减水剂(萘系)：2.18×6.8＝14.82 元 人工费：240 元 摩擦片：24 元 风水电：35.94 元 合计：640.26 元 回弹率：40% 每立方成品费用：1÷(1－40%)×640.26＝1 067.1 元	水泥：沙子：石子：速凝剂：XPM 外加剂＝400：800：800：12：40 水泥：400×0.385＝154 元 沙子：800×0.073＝58.4 元 石子：800×0.052＝41.6 元 速凝剂(液)：12×3.5＝42 元 XPM 外加剂：40×8＝320 元 人工费：240 元 摩擦片：24 元 风水电：35.94 元 合计：915.94 元 回弹率：8% 立方成品费用：1÷(1－8%)×915.94＝995.6 元
掺 XPM 外加剂喷射混凝土每喷射 1 m^3 要比常规节约直接成本 71.5 元	

第四节　小　　结

在隧道施工作业环境改善方面主要应用了置换式联合通风技术和喷射混凝土减尘技术，其技术创新主要体现在以下几个方面：

(1)研发应用了隧道隔离式装置，满足了隧道污染区域分区置换通风的必要条件，在施工通风的同时保障了隧道物流通道。

(2)研发应用了一拖二风量分配装置，提高了送风的利用率，使隧道通风更具有针对性。

(3)充分利用了人行道、车行道、隧道竖井作为巷道通风的载体,为隧道长距离通风提供了更加灵活多变的混合式通风方案,在提高通风效果的同时,极大降低了隧道通风成本。

(4)应用了 XPM 外加剂用于隧道喷射混凝土施工,降低了喷射混凝土损耗,同时提高了喷射混凝土强度,使初期支护针对变质片岩底层大变形抑制,具有一定的贡献。

第六章　隧道地质灾害防治

通省隧道穿越地层以武当群片岩为主，围岩总体较破碎，抗风化能力及遇水稳定性较差，设计根据地质断面情况有针对性地加强了支护。隧道进口段存在第四系覆盖层，开挖易坍塌，应进行超前支护，同时洞口边、仰坡稳定性问题也比较突出，特别是风化层厚的地段开挖后极易滑塌，应针对性加强支护、防护措施。同时隧道区存在断层破碎带，存在挤压变形特征，对隧道围岩稳定性有较大影响。加上地下水对变质片岩的软化作用，激发变质片岩的膨胀性，进一步削弱围岩的稳定性，极大的增加了地质灾害的发生率。因此施工过程中需要重点防控。

第一节　地质灾害基本情况

通省隧道地质复杂，围岩结构多变，其中强风化变质软岩分布范围广，施工结束统计结果显示，通省隧道Ⅳ、Ⅴ级围岩占比高达99.6%，是湖北省迄今为止综合围岩级别最差的隧道。基于对变质片岩前期试验研究和现场监控的研究结论，针对变质片岩围岩强度低、遇水膨胀失稳物理特性和围岩变形特点，在施工前进行了一系列的超前地质预报、超前支护活动，但仍有部分里程段，围岩无自承能力且松动圈范围较大，导致超前支护和初支变形，进而发生塌方、涌水突泥等状况。

一、通省隧道变形塌方、突泥涌水情况统计

通省隧道施工开始后，在云母含量高以及复杂围岩压力作用下，围岩岩性与结构多变，在施工过程中初期支护频繁出现较大程度的变形造成隧道净空严重侵限，甚至破坏失效，从而引发变形塌方、涌水突泥等不良地质灾害，严重制约了隧道正常的施工。主要变形塌方、涌水突泥情况见表6-1。

表6-1　通省隧道塌方、渗涌水情况统计（部分）

序号	日期	施工处理里程	变形、塌方、突泥涌水情况
1	2010.07.17	ZK116＋855～ZK116＋910	初期支护变形侵入二次衬砌净空，注浆固结后进行初期支护拆除置换处理，支护类型Z5＋

续上表

序号	日期	施工处理里程	变形、塌方、突泥涌水情况
2	2010.10.05	ZK116+845～ZK116+855	初期支护变形侵入二次衬砌净空，注浆固结后进行初期支护拆除置换处理，支护类型Z5+
3	2010.11.28	ZK116+791.5～ZK116+794	坍塌处理，钢管支护，C25混凝土填充
4	2011.01.12	ZK116+780～ZK116+788	初期支护变形侵入二次衬砌净空，注浆固结后进行初期支护拆除置换处理，支护类型Z5+
5	2011.01.15	ZK116+725～ZK116+728	小范围坍塌处理，C25混凝土填充
6	2011.05.05	ZK116+525～ZK116+540	初期支护加强处理，施作C25混凝土临时仰拱进行加固
7	2011.05.19	ZK116+516～ZK116+536	初期支护变形侵入二次衬砌净空，临时仰拱、临时钢支撑加固后进行初期支护拆除置换处理，支护类型Z5+、Z5
8	2011.07.30	ZK116+528～ZK116+545、ZK116+499～ZK116+516	初期支护变形侵入二次衬砌净空，临时钢支撑加固后进行初期支护拆除置换处理，支护类型Z5+、Z5、Z5b
9	2012.02.15	ZK116+140～ZK116+175	初期支护裂缝段临时护脚C25混凝土加固，外侧导管注浆加固，加宽带端头钢筋网加C25喷射混凝土加固
10	2012.03.07	ZK116+132.2～ZK116+156.5	初期支护变形侵入二次衬砌净空，外侧(即3节拱架)置换；支护类型Z5b
11	2012.04.03	ZK116+092.6～ZK116+103	初期支护变形侵入二次衬砌净空，外侧(即3节拱架)置换；支护类型Z5b
12	2011.03.13	YK116+447～YK116+463	初期支护加强处理，施作C25混凝土临时仰拱、小导管环向注浆、双层防水板、加密排水盲管进行加固
13	2011.04.29	YK116+368～YK116+378	初期支护变形侵入二次衬砌净空，小范围坍塌，临时仰拱、临时钢支撑、注浆固结加固后进行初期支护拆除置换处理，支护类型Z5
14	2011.10.23	YK116+174～YK116+233	初期支护变形侵入二次衬砌净空，临时仰拱、临时钢支撑、注浆固结加固后进行初期支护拆除置换处理，支护类型Z5b
15	2011.12.02	YK116+140～YK116+174	对裂缝及变形段采用导管注浆固结，梅花状布设导管注浆加固，增加喷射混凝土厚度

续上表

序号	日期	施工处理里程	变形、塌方、突泥涌水情况
16	2012.02.03	YK116+018～YK116+070.6	初期支护变形坍塌，坍塌体处理后注浆固结，然后进行拆除置换处理，支护形式 Z5b、Z5c
17	2012.03.12	YK116+008～YK116+020.4	初期支护加强处理，施作 C25 混凝土临时仰拱作为横向支撑
18	2012.05.03	YK115+953～YK115+997	初期支护变形坍塌，坍塌体处理后注浆固结，然后进行拆除置换处理，支护形式 Z5a
19	2013.11.09	ZK114+611	ZK114+611 处拱顶及线路右侧拱脚以上 1 m 处涌水。单孔涌水 11 m^3/h，平均涌水量 21.3 m^3/h，上下导积水严重
20	2013.12.16	ZK114+538	ZK114+570～+545 段初期支护喷射混凝土开裂、脱落掉块，型钢钢架变形，拱顶部位涌水量增大至 39.4 m^3/h，平均涌水量 25 m^3/h
21	2014.04.03	ZK114+377	掌子面施工至 ZK114+377 处，19:00 左右，已施工 ZK114+377～+403 段初期支护发生坍塌，22:00 左右，由坍塌体内向外涌水，涌水量达 180 m^3/h 以上
22	2014.04.21	ZK114+377	20:20 左右，ZK114+377～+403 坍塌段突泥，突泥涌至 ZK114+510 处。最大涌水量 155 m^3/h，平均涌水量 57.9 m^3/h
23	2014.05.08	ZK114+377	3:40 左右，掌子面突泥、涌水，突泥、涌水再次至 ZK114+510 处，平均涌水量 87 m^3/h
24	2014.05.14	ZK114+395	突泥涌水清理至 ZK114+395 处，渗水量有所减小，平均涌水量 19.2 m^3/h
25	2014.05.27	ZK114+400	22:00 房县境内发生 4.3 级地震，受地震影响，洞内出水量加大，平均涌水量 48.5 m^3/h
26	2014.07.13	ZK114+384	13:00 左右，涌水量增大，涌水至 ZK114+520 处，涌水量最大达 240 m^3/h，平均涌水量 89.1 m^3/h
27	2014.07.22	ZK114+384	22:00 左右，坍塌段出现少量塌方，涌水量增大，平均涌水量 121.8 m^3/h
28	2014.07.28	ZK114+380.8	23:00 左右，突泥、涌水进一步加大，ZK114+383.2～+380.8 处型钢钢架全部压垮，平均涌水量 159.8 m^3/h

续上表

序号	日期	施工处理里程	变形、塌方、突泥涌水情况
29	2014.08.05	ZK114+382	分别于2:00左右、22:30左右两次突泥、涌水，突泥涌水至ZK114+490处。平均涌水量118.6 m^3/h
30	2014.10.29	ZK114+360	掌子面线路右侧拱脚至拱腰塌方、涌水，平均涌水量32.9 m^3/h
31	2015.01.01	YK114+403	掌子面出现塌方及涌水
32	2015.05.05	YK114+398～YK114+407	2015年5月5日18点20分左右YK114+407～YK114+398未施工二次衬砌段洞顶初期支护置换过程中发生塌方，碎渣立即将对应段正洞空间完全封闭
33	2016.01.01	ZK113+635	掌子面出现大面积涌水，平均涌水量130 m^3/h

二、典型塌方、突泥涌水处治过程

选取具有代表性的通省隧道左线ZK114+363～+611段进行塌方发生及处理措施的阐述，ZK114+363～+611段共计发生突泥、涌水、坍塌16次，具体情况如下：

2013年11月9日，掌子面施工至ZK114+611处，拱顶及线路右侧拱脚以上1 m处出现涌水，单孔涌水量11 m^3/h，平均涌水量为21.3 m^3/h，上下导积水严重，如图6-1和图6-2所示。本合同段采用2台8 m^3混凝土输送车，1台9 m^3混凝土输送车，新购4台15 kW水泵，$\phi50$ mm×7 mm、$\phi60$ mm×7 mm高压塑料管各2 400 m，集中将洞内积水排至洞外。

图6-1　ZK114+611处掌子面涌水图

图 6-2　ZK114＋611 掌子面积水图

2013 年 12 月 16 日，掌子面施工至 ZK114＋538 处，13:00 左右，恩施发生 5.1 级地震，项目震感明显，通省隧道左线初期支护 ZK114＋570～＋545 段型钢钢架变形，初期支护喷射混凝土开裂、脱落掉块，如图 6-3 所示。拱顶部位涌水量增大至 25 m^3/h，平均涌水量达 39.4 m^3/h，如图 6-4 和图 6-5 所示。

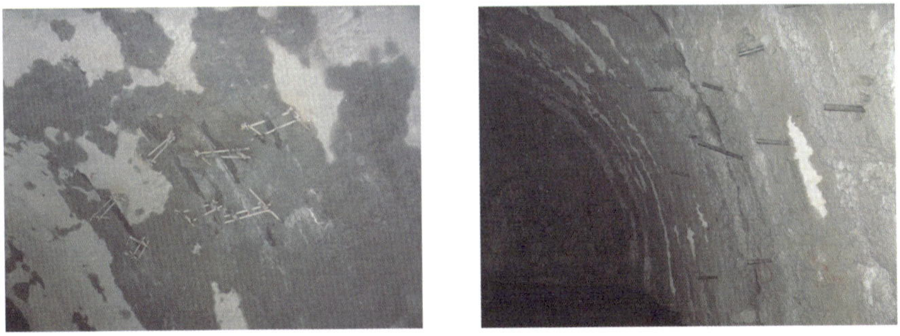

图 6-3　ZK114＋570～＋545 钢架变形、喷射混凝土开裂图

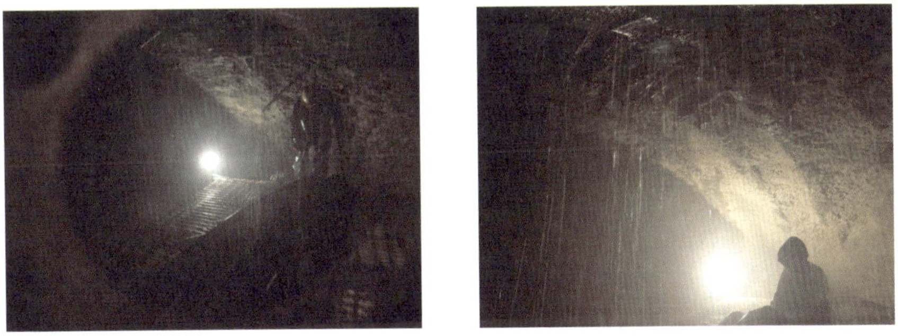

图 6-4　ZK114＋580～＋540 段拱顶涌水图

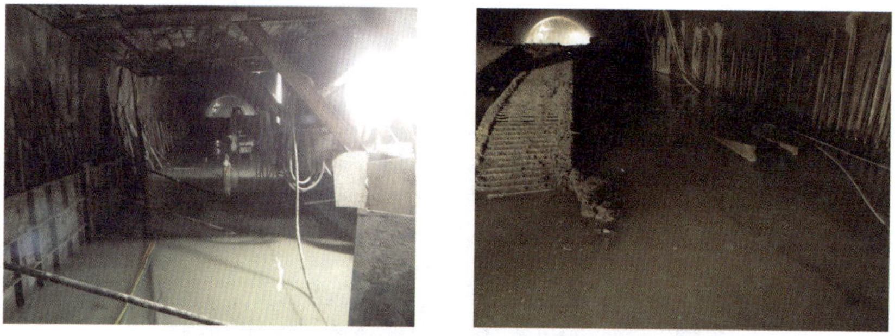

图 6-5　掌子面施工至 ZK114＋538 处下导积水图

本合同段立即停止掌子面施工，并对 ZK114＋580～＋540 段初期支护进行加固处理，至 12 月 19 日全部处理完毕。抽水采用 2 台 8 m^3 混凝土输送车，1 台 9 m^3 混凝土输送车，1 台 12 m^3 混凝土输送车，6 台 15 kW 水泵配合 2 400 m 长 ϕ50 mm×7 mm 和 ϕ60 mm×7 mm 高压塑料管，1 台 55 kW 水泵配合 ϕ100 mm×7 mm 钢管，集中将洞内积水排至洞外。在后续施工中，先后于 2013 年 12 月 21 日 ZK114＋534，2014 年 1 月 2 日 ZK114＋514 掌子面发生坍塌，如图 6-6 和图 6-7 所示，ZK114＋540～＋520 段已施工型钢钢架变形，初期支护喷射混凝土开裂、脱落掉块，如图 6-8 所示。

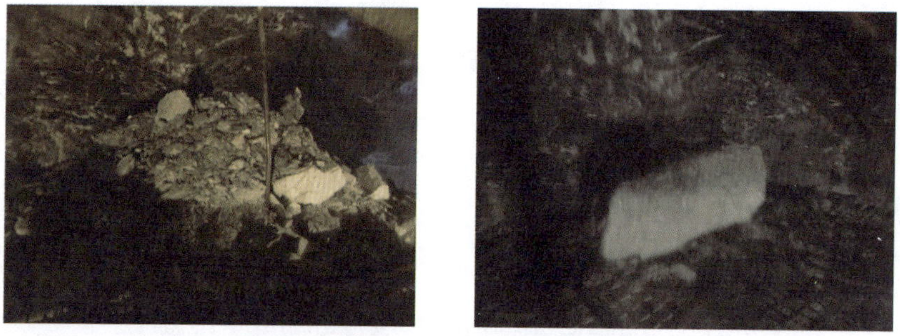

图 6-6　ZK114＋534 掌子面坍塌图

图 6-7　ZK114＋514 掌子面坍塌图

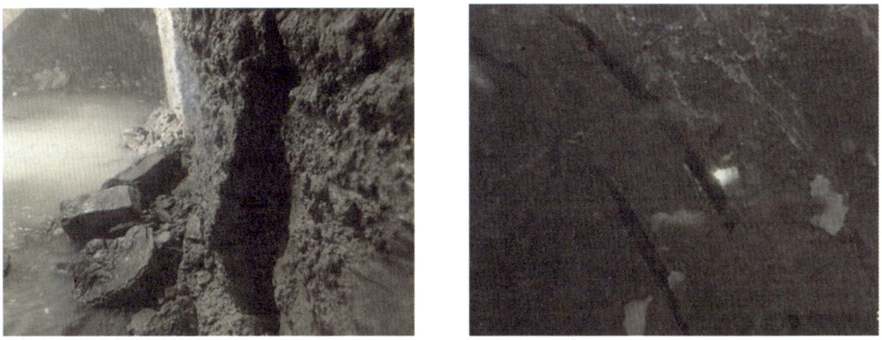

图 6-8　ZK114＋540～＋520 钢架变形，喷射混凝土开裂图

2014 年 4 月 3 日 19:00 时左右，通省隧道左线掌子面施工至 ZK114＋377 处，已施工段 ZK114＋377～＋403 段发生坍塌，如图 6-9 所示。22:00 左右，由坍塌体内向外涌水，如图 6-10 所示，涌水量达 180 m^3/h 以上。现场采用 2 台 8 m^3 混凝土输送车，3 台 9 m^3 混凝土输送车，1 台 12 m^3 混凝土输送车，6 台 5.5 kW 水泵、6 台15 kW 水泵配合 2 600 m 长 ϕ50 mm×7 mm 和 ϕ60 mm×7 mm 高压塑料管，1 台55 kW水泵配合 ϕ100 mm×7 mm 钢管，集中将洞内积水排至洞外，洞内水位不再上升。4 月 9 日，新增 1 台 37 kW 水泵、3 台 15 kW 增压泵配合 ϕ150mm 消防软管逐级抽水，洞内水位稍有下降，于 4 月 17 日开始 ZK114＋377～＋403 段初期支护变形侵限处理。

图 6-9　ZK114＋ 377～＋403 段坍塌图

2014 年 4 月 21 日 20:20 左右，通省隧道左线 ZK114＋377～＋403 坍塌段突泥，突泥涌至 ZK114＋480 处，如图 6-11 所示。洞内 6 台 5.5 kW 水泵、4 台 15 kW

水泵、1 台 37 kW 水泵全部损毁。为确保安全，停止左线洞内供电，确认损毁水泵线路与主线断开后再进行供电，并补配 6 台 5.5 kW 水泵、4 台 15 kW 水泵配合原有抽水设备进行抽水。

图 6-10　ZK114+377～+403 段涌水图

图 6-11　通省隧道左线 ZK114+377～+403 段突泥图

2014 年 4 月 24 日 19:20 分，ZK114+377～+403 坍塌段再次突泥、涌水，突泥、涌水至 ZK114+510 处，如图 6-12 所示。6 台 5.5 kW 水泵、6 台 15 kW 水泵配合原有 55 kW 水泵抽水，2 台 15 kW 泥浆泵抽泥浆至 2 台 8 m^3 混凝土输送车、3 台 9 m^3 混凝土输送车、1 台 12 m^3 混凝土输送车内集中运至洞外泥浆池。1 台装载机配合 5 台 20 m^3 自卸汽车清理泥浆。

2014 年 5 月 7 日，突泥、涌水清理至 ZK114+395 处，利用右线弃渣反压回填。2014 年 5 月 8 日 3:40 分左右，掌子面再次突泥、涌水，突泥、涌水涌至 ZK114+510 处，如图 6-13 所示。现场采用 6 台 5.5 kW 水泵、6 台 15 kW 水泵配合原有 55 kW水泵抽水，2 台 15 kW 泥浆泵抽泥浆至 2 台 8 m^3 混凝土输送车，3 台 9 m^3 混凝土输送车，1 台 12 m^3 混凝土输送车内集中运至洞外泥浆池。1 台装载机配合 5 台 20 m^3 自卸汽车清理泥浆。

图 6-12　通省隧道左线 ZK114+377～+403 坍塌段突泥图

图 6-13　通省隧道左线清理至 ZK114+395 处突泥、涌水图

2014 年 5 月 14 日，突泥、涌水再次清理至 ZK114+395 处，利用右线弃渣反压回填至 ZK114+401 处。经现场勘察，准备于 ZK114+400 处拱部打设 46 根 ϕ108 mm×8mm 管棚及 6 根 ϕ108 mm×8mm 泄水管，管棚每根长 40 m，环向间距 30 cm，泄水管每根长 10 m。现场采用 6 台 5.5 kW 水泵、6 台 15 kW 水泵配合原有 55 kW 水泵抽水，2 台 15 kW 泥浆泵抽泥浆至 2 台 8 m^3 混凝土输送车，3 台 9 m^3 混凝土输送车，1 台 12 m^3 混凝土输送车内集中运至洞外泥浆池。

2014 年 5 月 23 日，管棚施工队伍进场，2014 年 5 月 28 日，管棚开始施工。期间，受 2014 年 5 月 27 日 22:00 房县境内地震影响，洞内水量进一步增大。现场采用 6 台 5.5 kW 水泵、6 台 15 kW 水泵配合原有 55 kW 水泵抽水，2 台 15 kW 泥浆泵抽泥浆至 2 台 8 m^3 混凝土输送车，3 台 9 m^3 混凝土输送车，1 台 12 m^3 混凝土输送车内集中运至洞外泥浆池。

2014 年 6 月 26 日，完成管棚及泄水管施工，如图 6-14 所示，管棚端头采用 C25 喷射混凝土封闭。现场采用 6 台 5.5 kW 水泵、6 台 15 kW 水泵配合原有 55 kW水泵抽水，2 台 15 kW 泥浆泵抽泥浆至 2 台 8 m^3 混凝土输送车，3 台 9 m^3 混凝土输送车，1 台 12 m^3 混凝土输送车内集中运至洞外泥浆池。1 台挖掘机配合 5 台自卸汽车清理泥浆及弃渣。反填右线弃渣后，于 ZK114＋395 处拱部逐榀打设双层长 4.5 m 的 ϕ42 mm×3.5mm 注浆小导管，注浆小导管间距 30 cm，层距 30 cm，采用三台阶预留核心土法进行开挖施工。

图 6-14　通省隧道左线管棚、泄水管施工图

2014 年 7 月 13 日，坍塌段处理至 ZK114＋384 处，13:00 时左右，涌水量达 240 m^3/h，涌水至 ZK114＋510 处，如图 6-15 所示，原有抽水设施无法满足要求。现场增加 1 台出渣车加 10 m^3 油罐进行抽水，同时，经项目研究决定，新增 1 台 90 kW水泵及 2 600 m 长 ϕ150 mm×7.5 mm 钢管进行抽水。

图 6-15　通省隧道左线处理至 ZK114＋384 处突泥、涌水图

2014 年 7 月 21 日 2:20 分左右，坍塌段再次突泥，如图 6-16 所示，ZK114＋384 处 3 榀型钢钢架变形。

2014 年 7 月 22 日 22:00 左右，ZK114＋384 处 3 榀变形型钢钢架间加设 HW175 型钢钢架施工时，坍塌段再次出现少量塌方，涌水量增大至 260 m^3/h。现场采用原有抽水设施及 1 台出渣车加 10 m^3 油罐进行抽水。

2014 年 7 月 24 日，ZK114＋384 处 3 榀变形钢架间加设 HW175 型钢钢架施工完毕，开始坍塌段处理。

2014 年 7 月 28 日，坍塌段处理至 ZK114＋380.8 处，突泥涌水进一步加大，ZK114＋383.2～＋380.8 处 4 榀型钢钢架变形坍塌，23:00 左右，该段型钢钢架全部压垮，如图 6-17 所示。现场决定抽水清泥后，采用 C25 喷射混凝土封闭掌子面，于 ZK114＋384 处打设 4.5 m 长 ϕ42 mm×3.5 mm 超前注浆小导管后再进行坍塌处理。

图 6-16　通省隧道左线处理至 ZK114＋384 处突泥图

图 6-17　ZK114＋383.2～＋380.8 处型钢钢架变形图

2014 年 8 月 5 日 2:00 和 22:30 左右，掌子面两次突泥涌水，突泥涌水至 ZK114＋490处，如图 6-18 所示。2014 年 8 月 10 日 20:00 左右，掌子面再次坍塌，抽水清泥后，准备于 ZK114＋384 处拱部人工打入 21 根 9 m 长 50 钢轨后再进行施工。

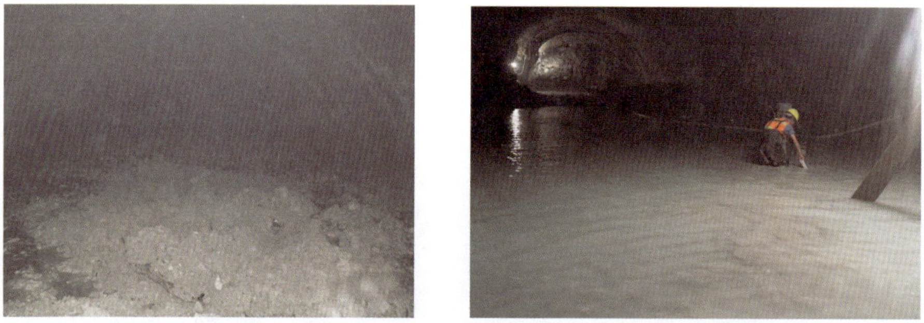

图 6-18　通省隧道左线处理至 ZK114＋382 处突泥、涌水图

2014 年 8 月 13 日，上导清泥后，搭设脚手架，准备打入钢轨。2014 年 8 月 15 日开始打设钢轨，如图 6-19 所示，原有抽水设备进行抽水。2014 年 8 月 28 日，21 根钢轨全部施工完毕，拆除脚手架，准备坍塌处理施工。

图 6-19　ZK114＋384 处钢轨打入图

2014 年 8 月 29 日，坍塌段开挖 50 cm，安装 1 榀型钢钢架，11:00 左右，管棚及钢轨全部坍塌，如图 6-20 所示。抽水清泥，准备于 ZK114＋388 处架设 4 榀 HW175 型钢钢架做护拱，人工打入 31 根 12 m 长 50 钢轨后再进行施工。

2014 年 8 月 31 日，开始搭设脚手架，准备人工打入钢轨施工。2014 年 9 月 2 日，开始人工打入钢轨施工。至 2014 年 9 月 17 日，共打入 12 m 钢轨 31 根，如

图 6-21所示，拆除脚手架，于钢轨尾端再安装 3 榀 HW175 型钢钢架，采用喷射 C25 混凝土封闭 7 榀 HW175 护拱及钢轨尾端，并沿护拱两侧拱脚处浇筑长 5.0 m×宽 1.0 m×高 70 cm 的 C25 混凝土做临时仰拱，如图 6-22 所示。

2014 年 9 月 19 日，上导清泥后，反填通省隧道右线弃渣，开始由 ZK114＋384 处分三台阶进行处理坍塌段。至 2014 年 9 月 29 日，上台阶坍塌处理至 ZK114＋377 处。采用原有水泵配合混凝土输送车进行抽水。

图 6-20　ZK114＋384 处管棚及钢轨坍塌图

图 6-21　ZK114＋388 处钢轨打入图

图 6-22　ZK114+388～+393 处临时仰拱图

2014 年 10 月 29 日，上台阶施工至 ZK114+363 处，线路右侧拱腰至拱脚处再次涌水，如图 6-23 所示，拟由 ZK114+365 处线路右侧拱顶至拱脚处打设 20 根 20 m/根长 ϕ108 mm×8 mm 管棚钢管进行施工。

图 6-23　ZK114+363 处拱腰至拱脚涌水图

根据现场勘察及超前地质预报资料揭示，ZK114+611～+230 段地处沟谷，裂隙水由地表补给。为确保洞内排水畅通及运营安全，经指挥部、设计院、驻地办研究决定，将 12 号人行横洞（ZK114+403.399）移至 ZK114+431.71 处，并将人行横洞变更为车行横洞断面，与线路方向夹角为 70°18′54″，由该车行横洞内于通省隧道左、右洞间向十堰端增设净空断面 5.5 m×4.5 m 沉砂泄水池，沉砂泄水池起讫里程为 ZK114+431.71～+158.399，长 273.311 m。为加快通省隧道施工进度，沉砂泄水池施工后，本合同段将根据通省隧道左、右线施工进度情况，由沉砂泄水池增加向通省隧道左、右线施工作业面。

2013 年 11 月 9 日至 2014 年 11 月份，通省隧道左线 ZK114＋363～＋611 段共计发生突泥、涌水、坍塌 16 次，见表 6-2。2014 年 9 月 29 日，上台阶处理至 ZK114＋377 处，施工至 ZK114＋363，在后续的施工中，现场采用 6 台5.5 kW水泵、1 台 55 kW 水泵配合 ϕ100 mm×7 mm 钢管抽水；1 台 90 kW 水泵配合 2 600 m长 ϕ150 mm×7.5 mm 钢管抽水，其余抽水设施作备用使用。坍塌处理工程量详见表 6-3。

表 6-2　通省隧道左线 ZK114＋363～＋611 突泥涌水坍塌统计表

<table>
<tr><th>序号</th><th>日期</th><th>里程</th><th>突泥、涌水及初期支护变形情况</th><th>抽水设备</th></tr>
<tr><td>1</td><td>2013.11.09</td><td>ZK114＋611</td><td>ZK114＋611 处拱顶及线路右侧拱脚以上 1 m 处涌水</td><td>2 台 8 m^3、1 台 9 m^3 混凝土输送车配合原有抽水设备抽水，新购 4 台 15 kW 水泵、1 套 2 400 m长 ϕ50 mm×7 mm 高压塑料水管、1 套 2 400 m长 ϕ60 mm×7 mm 高压水管集中将水抽至洞外</td></tr>
<tr><td>2</td><td>2013.12.16</td><td>ZK114＋538</td><td>13:00 左右，恩施发生 5.1 级地震，ZK114＋570～＋545 段初期支护喷射混凝土开裂、脱落掉块，型钢钢架变形，拱顶涌水量增大</td><td>2 台 8 m^3、1 台 9 m^3、1 台 12 m^3 混凝土输送车配合水泵抽水；6 台 15 kW 水泵、1 套 2 400 m长 ϕ50 mm×7 mm 高压塑料水管、1 套 2 400 m长 ϕ60 mm×7 mm 高压水管、1 台 55 kW水泵配合 ϕ100 mm×7 mm 钢管集中将水抽至洞外</td></tr>
<tr><td>3</td><td>2013.12.21</td><td>ZK114＋534</td><td>掌子面坍塌</td><td rowspan="2">2 台 8 m^3、1 台 9 m^3、1 台 12 m^3 混凝土输送车配合水泵抽水；6 台 15 kW 水泵、1 套 2 400 m长 ϕ50 mm×7 mm 高压塑料水管、1 套 2 400 m长 ϕ60 mm×7 mm 高压水管、1 台 55 kW水泵配合 ϕ100 mm×7 mm 钢管集中将水抽至洞外</td></tr>
<tr><td>4</td><td>2014.01.02</td><td>ZK114＋514</td><td>掌子面坍塌，ZK114＋540～＋520 段初期支护喷射混凝土开裂、脱落掉块，型钢钢架变形</td></tr>
<tr><td>5</td><td>2014.04.03</td><td>ZK114＋377</td><td>掌子面施工至 ZK114＋377 处，19:00 左右，已施工 ZK114＋377～＋403 段初期支护发生坍塌，22:00 左右，由坍塌体内向外涌水</td><td>2 台 8 m^3、3 台 9 m^3、1 台 12 m^3 混凝土输送车配合水泵抽水；6 台 5.5 kW 水泵、6 台15 kW 水泵、1 套 2 600 m 长 ϕ50 mm×7 mm 高压塑料水管、1 套 2 600 m 长 ϕ60 mm×7 mm高压水管、1 台 55 kW 水泵配合 ϕ100 mm×7 mm 钢管集中将水抽至洞外，洞内水位不再上升，4 月 9 日新增 1 台 37 kW 水泵、3 台 15 kW 增压泵配合 ϕ150 mm 消防软管逐级抽水</td></tr>
</table>

续上表

序号	日期	里程	突泥、涌水及初期支护变形情况	抽水设备
6	2014.04.21	ZK114+377	20:20左右,ZK114+377～+403坍塌段突泥,突泥涌至ZK114+480处	洞内6台5.5 kW水泵、4台15 kW水泵、1台37 kW水泵全部毁坏。2台8 m^3、3台9 m^3、1台12 m^3混凝土输送车配合水泵抽水;补配6台5.5 kW水泵、4台15 kW水泵(不含原有2台15 kW水泵)1套2 600 m长ϕ50 mm×7 mm高压塑料水管、1套2 600 m长ϕ60 mm×7 mm高压水管、1台55 kW水泵配合ϕ100 mm×7 mm钢管集中将水抽至洞外
7	2014.04.24	ZK114+377	19:20左右,ZK114+377～+403坍塌段突泥,突泥涌水至ZK114+510处	6台5.5 kW水泵、6台15 kW水泵、1台55 kW水泵配合原有抽水管路抽水;2台15 kW泥浆泵抽泥浆至2台8 m^3、3台9 m^3、1台12 m^3混凝土输送车内集中运至洞外泥浆池;1台装载机配合5台20 m^3自卸汽车清理泥浆
8	2014.05.08	ZK114+377	3:40左右,掌子面突泥、涌水,突泥、涌水至ZK114+510处	6台5.5 kW水泵、6台15 kW水泵、1台55 kW水泵配合原有抽水管路抽水;2台15 kW泥浆泵抽泥浆至2台8 m^3、3台9 m^3、1台12 m^3混凝土输送车内集中运至洞外泥浆池;1台装载机配合5台20 m^3自卸汽车清理泥浆
9	2014.05.14	ZK114+395	突泥涌水清理至ZK114+395处,利用右线弃渣反压回填至ZK114+401处	6台5.5 kW水泵、6台15 kW水泵、1台55 kW水泵配合原有抽水管路抽水;2台15 kW泥浆泵抽泥浆至2台8 m^3、3台9 m^3、1台12 m^3混凝土输送车内集中运至洞外泥浆池
10	2014.05.23	ZK114+400	管棚施工队伍进场,开始管棚施工	6台5.5 kW水泵、6台15 kW水泵、1台55 kW水泵配合原有抽水管路抽水;2台15 kW泥浆泵抽泥浆至2台8 m^3、3台9 m^3、1台12 m^3混凝土输送车内集中运至洞外泥浆池
11	2014.05.27	ZK114+400	22:00房县境内发生4.3级地震,受地震影响,洞内水量进一步加大	6台5.5 kW水泵、6台15 kW水泵、1台55 kW水泵配合原有抽水管路抽水;2台15 kW泥浆泵抽泥浆至2台8 m^3、3台9 m^3、1台12 m^3混凝土输送车内集中运至洞外泥浆池
12	2014.06.26	ZK114+395	管棚及泄水管完工,利用右线弃渣反压回填至ZK114+400处	6台5.5 kW水泵、6台15 kW水泵、1台55 kW水泵配合原有抽水管路抽水;2台15 kW泥浆泵抽泥浆至2台8 m^3、3台9 m^3、1台12 m^3混凝土输送车内集中运至洞外泥浆池;1台挖掘机配合5台20 m^3自卸汽车清理泥浆及弃渣

续上表

序号	日期	里程	突泥、涌水及初期支护变形情况	抽水设备
13	2014.07.13	ZK114+384	13:00 左右，涌水量增大，涌水至ZK114+510 处，原有抽水设施无法满足要求	2 台 8 m^3、3 台 9 m^3、1 台 12 m^3 混凝土输送车、新增 1 台出渣车加 10 m^3 油罐配合水泵抽水；6 台 5.5 kW 水泵、6 台 15 kW 水泵、1 套 2 600m 长 ϕ50 mm×7 mm 高压塑料水管、1 套 2 600 m长 ϕ60 mm×7 mm 高压水管、1 台55 kW 水泵配合 ϕ100 mm×7 mm 钢管抽水；新增 1 台 90 kW 水泵及 2 600 m 长 ϕ150 mm×7.5 mm 钢管抽水
14	2014.07.21	ZK114+384	2:20 左右，坍塌段突泥，ZK114+384 处 3 榀型钢钢架变形	6 台 5.5 kW 水泵、6 台 15 kW 水泵、1 套 2 600 m 长 ϕ50 mm×7 mm 高压塑料水管、1 套2 600 m长 ϕ60 mm×7 mm 高压水管、1 台 55 kW水泵配合 ϕ100 mm×7 mm 钢管抽水；1 台 90 kW水泵配合 2 600 m 长 ϕ150 mm×7.5 mm 钢管抽水；2 台 15 kW 泥浆泵抽泥浆至 2 台8 m^3、3 台 9 m^3、1 台 12 m^3 混凝土输送车、1 台出渣车加 10 m^3 油罐集中运至洞外泥浆池
15	2014.07.22	ZK114+384	22:00 左右，坍塌段出现少量塌方，涌水量增大	6 台 5.5 kW 水泵、6 台 15 kW 水泵、1 套 2 600 m长 ϕ50 mm×7 mm 高压塑料水管、1 套 2 600 m长 ϕ60 mm × 7 mm 高压水管、1 台 55 kW水泵配合 ϕ100 mm×7 mm 钢管抽水；1 台 90 kW水泵配合 2 600 m 长 ϕ150 mm×7.5 mm 钢管抽水；2 台 15 kW 泥浆泵抽泥浆至 2 台8 m^3、3 台 9 m^3、1 台 12 m^3 混凝土输送车、1 台出渣车加 10 m^3 油罐集中运至洞外泥浆池
16	2014.07.28	ZK114+380.8	23:00 左右，突泥、涌水进一步加大，ZK114+383.2～+380.8 处型钢钢架全部压垮	6 台 5.5 kW 水泵、6 台 15 kW 水泵、1 套 2 600 m长 ϕ50 mm×7 mm 高压塑料水管、1 套 2 600 m长 ϕ60 mm × 7 mm 高压水管、1 台 55 kW水泵配合 ϕ100 mm×7 mm 钢管抽水；1 台90 kW 水泵配合 2 600 m 长 ϕ150 mm×7.5 mm钢管抽水；2 台 15 kW 泥浆泵抽泥浆至 2 台8 m^3、3 台 9 m^3、1 台 12 m^3 混凝土输送车、1 台出渣车加 10 m^3 油罐集中运至洞外泥浆池
17	2014.08.05	ZK114+382	分别于 2:00 左右、22:30 左右两次突泥、涌水，突泥涌水至 ZK114+490 处	6 台 5.5 kW 水泵、6 台 15 kW 水泵、1 套 2 600 m长 ϕ50 mm×7 mm 高压塑料水管、1 套 2 600 m长 ϕ60 mm × 7 mm 高压水管、1 台 55 kW水泵配合 ϕ100 mm×7 mm 钢管抽水；1 台90 kW 水泵配合 2 600 m 长 ϕ150 mm×7.5 mm钢管抽水；2 台 15 kW 泥浆泵抽泥浆至 2 台8 m^3、3 台 9 m^3、1 台 12 m^3 混凝土输送车、1 台出渣车加 10 m^3 油罐集中运至洞外泥浆池

续上表

序号	日期	里程	突泥、涌水及初期支护变形情况	抽水设备
18	2014.08.10	ZK114+382	20:00左右，掌子面坍塌	6台5.5 kW水泵、6台15 kW水泵、1套2 600 m长 φ50 mm×7 mm高压塑料水管、1套2 600 m长 φ60 mm×7 mm高压水管、1台55 kW水泵配合 φ100 mm×7 mm钢管抽水；1台90 kW水泵配合2 600 m长 φ150 mm×7.5 mm钢管抽水；2台15 kW泥浆泵抽泥浆至2台8 m^3、3台9 m^3、1台12 m^3 混凝土输送车、1台出渣车加10 m^3 油罐集中运至洞外泥浆池
19	2014.08.13	ZK114+382	上导清泥后，于ZK114+384处搭设脚手架，人工打入9 m长50钢轨	6台5.5 kW水泵、6台15 kW水泵、1套2 600 m长 φ50 mm×7 mm高压塑料水管、1套2 600 m长 φ60 mm×7 mm高压水管、1台55 kW水泵配合 φ100 mm×7 mm钢管抽水；1台90 kW水泵配合2 600 m长 φ150 mm×7.5 mm钢管抽水；2台15 kW泥浆泵配合混凝土输送车抽水
20	2014.08.29	ZK114+382	人工打入9 m长50钢轨21根，拆除脚手架后，坍塌段开挖50 cm，安装1榀型钢钢架，11:00左右，管棚及钢轨全部坍塌	6台5.5 kW水泵、6台15 kW水泵、1套2 600 m长 φ50 mm×7 mm高压塑料水管、1套2 600 m长 φ60 mm×7 mm高压水管、1台55 kW水泵配合 φ100 mm×7 mm钢管抽水；1台90 kW水泵配合2 600 m长 φ150 mm×7.5 mm钢管抽水
21	2014.08.31	ZK114+388	于ZK114+388处架设7榀护拱，搭设脚手架，人工打入12 m长50钢轨	6台5.5 kW水泵、6台15 kW水泵、1套2 600 m长 φ50 mm×7 mm高压塑料水管、1套2 600 m长 φ60 mm×7 mm高压水管、1台55 kW水泵配合 φ100 mm×7 mm钢管抽水；1台90 kW水泵配合2 600 m长 φ150 mm×7.5 mm钢管抽水
22	2014.09.19	ZK114+388	人工打入12 m长50钢轨31根，拆除脚手架，反填右线弃渣，由ZK114+384处三台阶进行坍塌段处理	6台5.5 kW水泵、6台15 kW水泵、1套2 600 m长 φ50 mm×7 mm高压塑料水管、1套2 600 m长 φ60 mm×7 mm高压水管、1台55 kW水泵配合 φ100 mm×7 mm钢管抽水；1台90 kW水泵配合2 600 m长 φ150 mm×7.5 mm钢管抽水
23	2014.09.29	ZK114+377	上台阶坍塌处理完成	6台5.5 kW水泵、1台55 kW水泵配合 φ100 mm×7 mm钢管抽水；1台90 kW水泵配合2 600 m长 φ150 mm×7.5 mm钢管抽水
24	2014.10.29	ZK114+363	掌子面线路右侧拱脚至拱腰塌方、涌水	6台5.5 kW水泵、1台55 kW水泵配合 φ100 mm×7 mm钢管抽水；1台90 kW水泵配合2 600 m长 φ150 mm×7.5 mm钢管抽水

表 6-3 ZK114＋611～＋363 坍塌、涌水、突泥处理工程量汇总表

序号	项目	工程名称	单位	数量		合计	单位重量	合计(kg)	备注
1	抽水、清泥浆、反填弃渣	水泵抽水	m^3	64 000		412 287 m^3			2013 年 11 月 9 日～2014 年 4 月 3 日
				348 287					2014 年 4 月 4 日～2014 年 11 月 9 日
		混凝土输送车抽水	m^3	7 995		69 099 m^3			2013 年 11 月 9 日～2014 年 4 月 3 日
				61 104					2014 年 4 月 4 日～2014 年 11 月 9 日
		罐车抽泥浆	m^3	32 654					2014 年 4 月 4 日～2014 年 11 月 9 日
		出渣车出泥渣	m^3	17 736					
		反填右线弃渣	m^3	1 260					
2	管棚、泄水钢管、钢轨	ϕ108×8 mm 长管棚	根	46	(40 m/根)	1 840 m	19.728 kg/m	36 300	
		ϕ42×3.5 mm 小导管	m			1 840 m			为增加管棚刚度而装入管棚里的小导管和钢筋
		ϕ22 mm 钢筋	m			1 840 m	2.98 kg/m	5 483	
		注浆水泥	包	1 071			50 kg/包	53 550	管棚浆液为水泥—水玻璃浆液
		注浆水玻璃	桶	89			300 kg/桶	26 700	
		ϕ108×8 mm 泄水管棚	根	6	(10 m/根)	60 m	19.728 kg/m	1 184	
		50 钢轨	根	21	(9 m/根)	189 m	51.514 kg/m	9 736	第一次施工钢轨
		50 钢轨	根	31	(12 m/根)	372 m	51.514 kg/m	19 163	第二次施工钢轨
3	拆除变形侵限初期支护	拆除 HW175 钢拱架	榀	31				15 982	塌方前 ZK114＋403～＋387 为 Z5b 支护，施工完成 16 m；ZK114＋387～＋377 为 Z5c 支护，施工完成 10 m。拆除部位均为上台阶 5 节拱架。包括置换过程中 ZK114＋383.2～＋380.8 段(4 榀上台阶 3 节)
		拆除 HW150 钢拱架	榀	13				7 808	
		拆除钢筋网	kg					1 430	
		拆除喷射混凝土	m^3			141.3 m^3			
		拆除 ϕ42 mm×3.5 mm 超前导管	m			3 159 m			

续上表

序号	项目	工程名称	单位	数量		合计	单位重量	合计(kg)	备　注
3	拆除变形侵限初期支护	拆除 ϕ42 mm×3.5 mm 锁脚导管	m			745 m			另外 2 次置换以及 ZK114+384 处的 3 榀 HW175 护拱拆除量
		拆除 ϕ22 mm 砂浆锚杆	m			1 262 m			
		拆除 ϕ22 mm 连接钢筋	kg			2 818			
4	置换型钢钢架	置换后 HW175 拱架	榀	54				34 910	塌方后，ZK114+403～+377 段均采用 Z5a 支护类型进行置换，共置换 26 m，置换部位均为上台阶 5 节拱架。另外 ZK114+383.2～+380.8 段(4 榀上台阶 3 节)因后来又出现两次塌方而导致共置换 3 次；为防止变形增大，ZK114+384 处另增加了 3 榀 HW175 拱架作护拱并喷锚封闭
		置换钢筋网片	kg					1 738.0	
		置换 C25 喷射混凝土	m³			146.3			
		置换 ϕ42 mm×3.5 mm 超前导管	m			7 045			
		置换 ϕ42 mm×3.5 mm 锁脚导管	m			1 026			
		置换 ϕ22 mm 系统锚杆	m			2 253			
		置换 ϕ22 mm 连接筋	kg			3 850			
5	临时加固	ϕ42 mm×3.5 mm 注浆小导管加固围岩	m			1 026			置换型钢钢架共增设 228 根4.5 m长 ϕ42 mm×3.5 mm 小导管注浆加固围岩
		导管注浆水泥	包	1 290			50 kg/包	64 500	
		HW175 护拱	榀	7				5 618	第二次施工钢轨临时护拱
		C25 临时仰拱混凝土	m³			7			护拱两侧拱脚各施工 5 m 长临时仰拱
		C25 喷射混凝土	m³			20.5			施工完钢轨后喷射混凝土封闭护拱

第二节　地质灾害原因分析与防治措施

一、塌方原因分析

1. 地质因素分析

(1)现场地质情况与设计有出入，设计围岩类别为Ⅲ级居多，而实际地质为Ⅴ级居多，设计辅助措施不力是导致塌方的主要原因之一。通省隧道洞身段设计为武当群中 微风化片岩，鳞片变晶结构，片状构造，节理裂隙不发育，岩体完整，稳定性较好，$BQ=90+3R_c+250K_v=90+3\times30+250\times0.9=405$，设计为Ⅲ级，支护类型为 Z3。实际开挖揭露为中风化青灰色片岩，薄中层状，鳞片变晶结构，片状构造，片理面产状：强度较低，岩质软弱，手可捏碎。石英脉较发育，层面光滑，易滑塌，节理、裂隙较发育。拱顶易出现有小规模塌方，而形成狭长状缝隙，地下水不发育，岩体潮湿。开挖前经各单位确认已经变更支护形式强度不够，而发生大变形以至于侵线，换拱二次扩挖施工的情况也时有发生。

(2)从埋设的压力盒汇总数据可知，围岩的内部压力较大，且内侧压力明显高于外侧，存在较严重的偏压现象。

(3)隧道施工中岩层大多倾斜分层分布(与水平面夹角约为 30°～60°)，夹层中含有大量的云母、泥岩等黏土矿物，岩层片理面滑腻，掌子面潮湿，局部存在滴水现象，围岩自身内摩擦角较小，极易发生沿片理面蠕动或滑动。

互层状软岩具有结构面，一般该结构面的结合程度差，由含碎石块夹黏土充填或由方解石脉充填。结构面遇水软化，降低力学指标，致使围岩整体性降低，围岩发生层间错动。此外，围岩中破碎带或软弱夹层等松散区域围岩无自稳能力导致初期支护被动的承受各向应力，产生变形、塌方。

(4)长期的阴雨天气是导致大变形和塌方的诱因之一。降水量过大，特别是持续降水，如果地表排水措施不力，地表水汇集、下渗，容易在地层中形成水平径流带、垂直渗流带补给地下水形成循环。由于地表的降水和地下水位的变化，往往能够破坏围岩原有结构，软化岩土体，降低其强度和承载力。如果降水疏排不畅，就会导致孔隙水压增大，岩体的有效应力降低，抗剪强度锐减。

2. 施工因素分析

(1)施工扰动对围岩的影响

在破碎围岩段中，采用台阶法开挖一般比全断面开挖产生塌方的风险小。另外，施工爆破对围岩会产生扰动破坏作用，爆破过程中对岩体的振动加大了软弱围岩的破坏作用，增加了围岩失稳和坍塌机率。爆破过程的超欠挖不到位，加大了对岩体的扰动，增加了衬砌厚度不足和背后空洞的机率。重复作用的扰动，会导致围岩中已有裂缝累积性地扩展,改变了隧道设计的承载特性,破坏了原有岩体内部受力平衡。爆破次数越多,由爆破振动波产生的剪切效应造成松塌的机率越高。因此施工方法选择不当或支护不力时,施工扰动也会诱发塌方。

(2)隧道非同步开挖两洞相互影响

分离式隧道开挖时,由于受地质条件和施工条件的影响,基本上不可能保证左、右洞同步开挖。对于施工进度较快的洞而言,其相当于在天然应力场中开挖,而对于施工进度较慢的洞而言,其相当于在施工进度较快洞的影响下形成的二次应力场中开挖。

(3)勘察成果与实际有较大差别

公路隧道工程设计方法当前主要有工程类比法、理论计算法及现场监控法等,这些方法又以工程类比法运用得最为广泛。但是在隧道设计过程中,由于地质勘探资料提供的围岩情况与实际情况不符,围岩级别划分不准等种种条件的限制,使设计者对隧道所在区域的地质情况了解不清,对可能遭遇一些特殊地质,如断层、空洞等没有勘察到位,导致原设计的支护体系不足以维持围岩的稳定性,这也是导致施工中产生松弛坍塌等异常现象的原因之一。

(4)支护参数多次调整,导致对围岩的反复扰动

通省隧道洞身段原设计初期支护参数绝大部分为 Z3 支护形式,施工前根据超前地质预报和掌子面地质素描情况进行变更,有时变更后的支护强度和刚度仍不能满足要求而产生大变形侵限,被迫再次进行支护参数的设计变更。两次施作初期支护,对围岩产生很大的扰动。且在拱架置换过程中可能会由于围岩构造应力及残余应力的迅速释放而导致塌方。

二、涌水突泥原因分析

1. 地质构造

隧道涌水突泥段围岩为武当群变质片岩,推测为断层破碎带,节理裂隙发育,泥化夹层发育,岩体破碎,完整性差,围岩遇水或潮湿空气环境下极易泥化,无自稳能力。地下水为基岩裂隙水,水量受降雨影响,洞室渗水、滴水现象严重,雨天出现涌水。

2. 补给水源

通省隧道洞顶无小溪、河流、湖泊、池沼等水源,地下也无暗河存在,地下水的来源主要是大气降水,隧道所在区域年平均降水量为 914 mm 左右,日均最大降雨 200 mm。同时,涌水塌方段刚好位于山体 V 形低洼地带,形成很大的汇水区,降雨及远山地表水可汇聚于此,地表汇水面积大,约 0.3 km^2。

3. 储存条件

隧道涌水突泥断层段岩体受反复地质运动的影响,地质构造极为复杂,受两边

岩体挤压和多次竖向拉伸作用的影响，岩石破碎，透水能力强，裂隙空隙大，地下水在该区域运移通畅，储存空间广泛。隧址区地下水主要为基岩裂隙水。

基岩裂隙水分布于隧址区基岩裂隙及构造破碎带中，主要是变质岩的构造裂隙中，接受冲沟地表水、大气降水的补给，径流滞缓，排泄于沟谷及地势较低的第四系堆积物中。第四系空隙性潜水主要接受山区基岩裂隙水、大气降水补给，向下游排泄，水位埋置较深，含水层较厚。

4. 连通条件

隧道涌水段山体中断层带及其影响带内劈理、揉皱等次级构造较发育，透水性强，且山体内这些断层相互交接，部分互通向上延伸于地表，向地下延伸极远，深于隧道所在部位，形成隧道与地表水之间连通的通道，使地下涌水得到源源不断的补充。

通省隧道涌水突泥断层段围岩为压碎岩，均为松散、破碎体，自身钙质胶结性差，围岩透水性强，连通条件好，断层裂隙发育，断层水静储量大。在隧道掘进过程中，通过断层破碎带时，就会切断地下水的正常运移路径。当该破碎带的松散岩体中富含大量地下水且水头密集，则隧道周边围岩中，处于一定水头差的地下水就会沿着断层中的裂隙间涌入临空面，如果这个水头差值很大，那么就会形成涌水，当周边地表水等水源补给充足时，就会造成连续涌水。

三、灾害防治对策

1. 塌方防治

(1)开挖方案

洞身开挖以分步法开挖为主，采用三台阶预留核心土法。并根据现场监控量测资料，对初期支护累计变形量及变形速率较大处，及时增设上、中、下台阶 H175 型钢临时横撑及喷射 25 cm 厚 C25 混凝土临时仰拱。

采用三台阶预留核心土法施工，在初期支护施工完成后，根据围岩产状及现场监控量测结果，及时在左、右两侧拱腰钻设应力释放空孔，便于初期支护完成后围岩后续构造应力及残余应力的释放。空孔孔径、深度及间距根据建设指挥部文件要求进行钻设。

(2)拱脚及墙角支垫

为加大初期支护型钢钢架承载力，连接钢板采用 1 cm 厚 28 cm×28 cm 钢板；拱脚及墙脚均采用长 50 cm 的 H175 型钢支垫；相邻两榀钢架采用 H175 型钢连接，连接型钢环向间距 60 cm，并与相邻连接型钢焊接为一整体；上导每一连接钢板处设 4 根锁脚锚杆，下导每一连接钢板处设 2 根锁脚锚杆。

(3)进一步加强现场监控量测

初期支护加强现场监控量测，密切关注初期支护累计变形量及变形速率，发现异常,及时处理。

(4)增设临时横撑及临时仰拱

当初期支护累计变形量及变形速率异常时,上导初期支护置换完成后,拱脚处及时增设H175型钢临时横撑,喷射25 cm厚C25混凝土临时仰拱,使上导初期支护及早闭合成环,待仰拱、隧底填充施工时进行拆除临时横撑及临时仰拱。

(5)仰拱、隧底填充、二次衬砌紧跟

及时施工仰拱、隧底填充,确保初期支护及早闭合成环,尽早改善初期支护受力条件。在置换初期支护完成10 m后立即开始二次衬砌的施工,待二次衬砌施工完成后进行下一循环初期支护作业,稳步推进,确保隧道施工安全。

2. 涌水突泥防治

针对通省隧道出现的“逢雨必涌,逢涌必停”的严重水文地质灾害,为确保隧道按期贯通,以及隧道施工、运营安全,通过技术分析及专家论证,认为导致涌水突泥的原因为“隧道主洞位于地下水位之下,断层破碎围岩在地表水的补给作用下,沿既有孔道涌入隧道”。涌水突泥处治应遵循“以排为主,堵排结合”的综合治理的原则,从而减小涌水突泥对隧道施工、运营造成的危害。

(1)初期支护背后埋设盲管引排

当开挖后渗水较大时,可以在初期支护背后埋设一定数量的环形排水盲管引排渗水,同时在初期支护两侧边墙上钻设一定数量的排水孔引排渗水,防止渗水在初期支护背后回流堆积,让渗水从孔中排出,如图6-24所示。

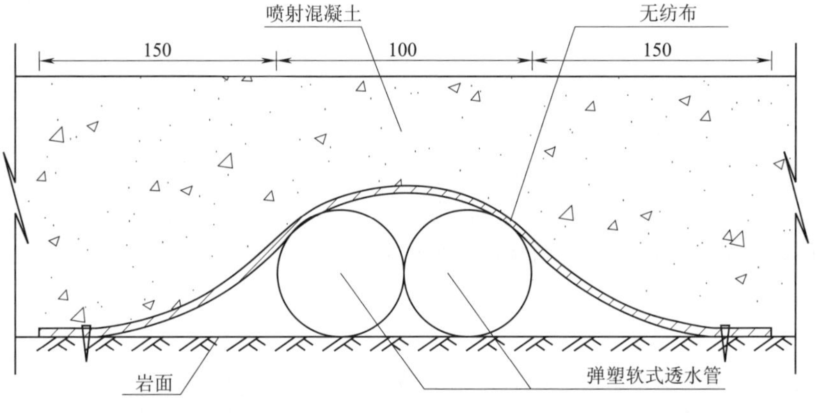

图6-24 排水盲管布置图(单位:mm)

(2)径向小导管引排

在渗水较大地段,在拱部打设一定数量的6 m长的径向小导管进行引排,小导管采用外径42 mm,壁厚3.5 mm的热轧无缝钢管,钢管前段呈尖锥状,管壁四周钻6 mm的渗水孔。小导管以径向打入围岩,纵向间距和环向间距视渗水量大小可以进行调整,如图 6-25 和图 6-26 所示。

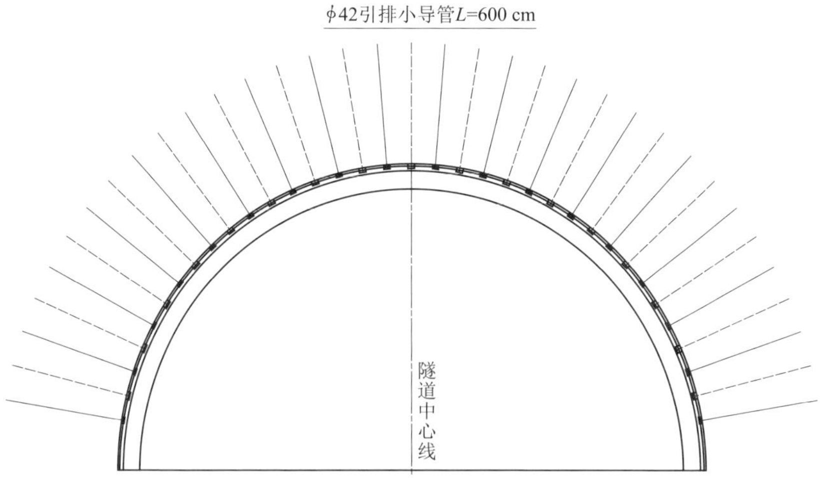

图 6-25　径向引排小导管布置图

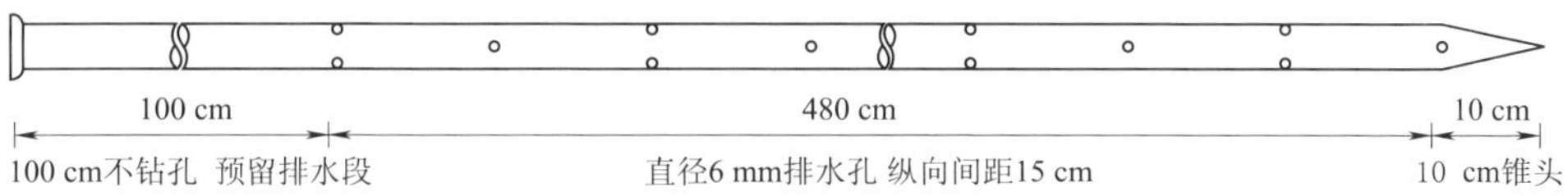

图 6-26　引排小导管详图

(3)型钢间预留泄水槽

在渗水较大地段,型钢间预留一道泄水槽进行引排水。在需要预留泄水槽位置,预先开挖合适的距离,测量后按照 30 cm 型钢拱架间距,以正常半径轮廓立设拱架。由于该段落需要预留,拱架立设后不需要喷射混凝土,为保证施工安全,泄水槽型钢拱脚利用短截型钢进行支垫以确保拱脚基础牢固,按原设计的 2 倍数量对纵向连接钢筋进行加密布置以确保拱架连接牢固;而后在两侧的拱脚和拱腰部位各增加 2 根锁脚导管(共 8 根)进行加固;最后系统锚杆和超前支护按正常设计支护进行施工,钢筋网可以暂时不进行安装。这时需要注意的是,由于此施工循环未喷射混凝土,下一个施工循环开挖时,要尽量减小对围岩的扰动,最好采用机械配合人工开挖,若确实需要爆破开挖,要多打炮眼,少装炸药。

正常开挖完成 3 个循环,待喷射混凝土达到一定强度后,在预留好的泄水槽中间拱部 120°,环向间距 1.2 m,打设 5 m 径向炮孔,每孔装药 0.15 kg,对周边围岩进行爆裂,制造一定数量的裂隙,为水源的渗漏创造连通条件。此时一道泄水槽施工完毕,如此循环的按纵向间距 10 m 布置下一道泄水槽。

在二次衬砌施工到泄水槽处时，在每道槽内埋设一道环向 100 mm 的软式透水管进行引排，然后按照设计支护布设钢筋网，最后用喷射混凝土对槽进行补平。如图 6-27 和图 6-28 所示。

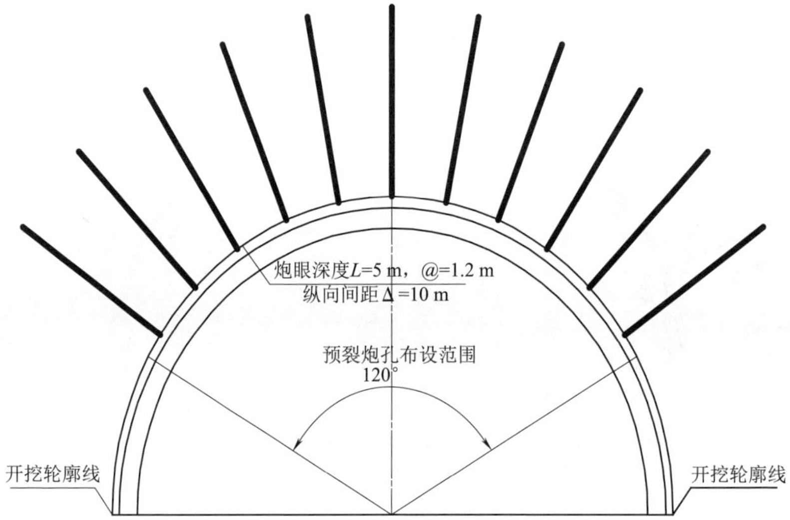

图 6-27　预裂炮孔布设范围图

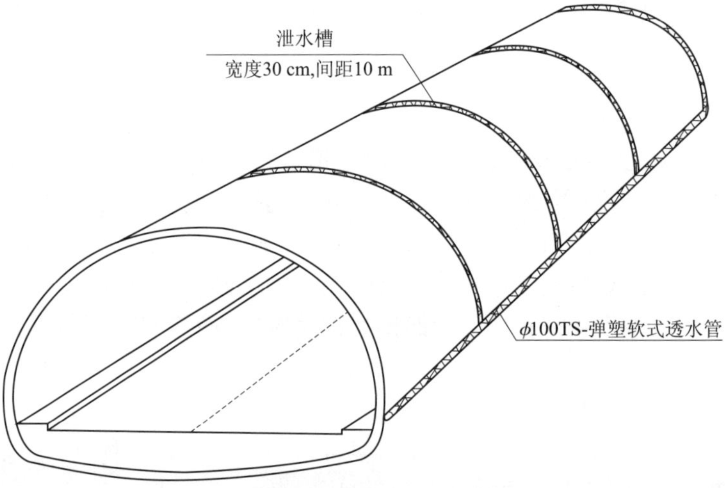

图 6-28　泄水槽布设示意图

(4)管棚超前引排

管棚技术是一种超前支护方法，用来防止掌子面的塌方和约束围岩变形。沿着隧道开挖轮廓线水平放置钢管，然后将浆液通过钢管注入围岩中，使隧道拱部预先形成一个伞状钢管棚，从而提高钢管的强度和加固围岩。在渗水塌方处，施作管棚套拱，采用 H175 型钢双层拱架(在初期支护上导内再增加一层 H175 型钢)，套拱长度 2.4 m，纵向间距 60 cm，第二层上导初期支护再喷射 25 cm 厚 C25 混凝土做管棚套拱(待二次衬砌施工至该套拱段落处再进行拆除)。在拱部约 150°范围内环向布设间距 50 cm 的定向钢管，打设 30 根 30 m 长管棚钢管及 6 根泄水管，管棚钢管以 1°仰角打入，泄水管以 20°仰角打入。管棚钢管和泄水管均采用热轧无缝钢管 ϕ108 mm，壁厚 8 mm，管壁四周钻 10 mm 孔，梅花形布置，3 孔/断面，断面间距 50 cm，尾部 1 m 长范围内不钻孔。管棚钢管采用水泥—水玻璃双浆液体进行注浆，泄水管不进行注浆。如图 6-29 和图 6-30 所示。

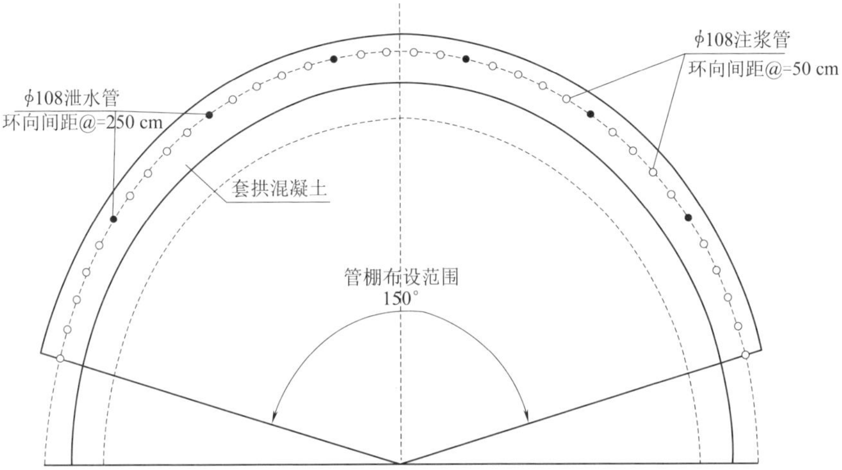

图 6-29　管棚钢管布设示意图

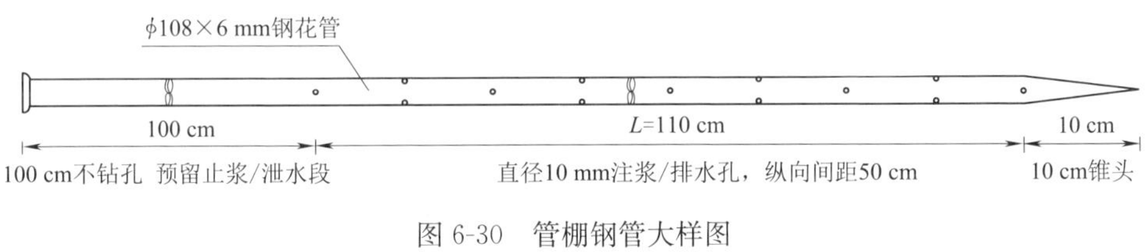

图 6-30　管棚钢管大样图

(5)双层防水板控制

通省隧道原设计的排水体系为拱墙初期支护与二次衬砌之间铺设 2 m 宽自粘 EVA 防水板，防水层与初期支护间拱墙环向每 5 m 间距设置环向排水盲管，在隧道两侧边墙墙脚路缘排水沟处，每隔 5 m 设置一道 ϕ100 mm 侧式排水管，与环向盲沟连通，采用三通管通过横向泄水管直接引入侧沟内。考虑到隧道的富水地段施工以及后期二次衬砌防水施工质量问题，在渗水较大地段，因初期支护大面积的出水影响了正常的防排水施工，排水体系采用双层防水板，每张防水板背后设置一道环向排水盲管进行引排。这里需要注意的是两层防水板的铺设问题，本课题组研发了一种隧道二次衬砌防水板、钢筋定位杆(2015 106147 40.9)来进行挂设，拱架施工中根据拱架间距在两层钢筋网片间按 1 m 梅花形安装埋入杆，初期支护施工后取掉埋入杆上螺丝口的保护膜，在防水板相应位置开孔挂设第一层防水板，安装热熔圈内面与第一层防水板黏结固定，第二层防水板与热熔圈外面粘贴固定。由于初期支护表面渗水，防水板的自重会大大加大，原有的固定射钉支撑力会出现不足情况，挂设好的防水板可能会整块掉落，定位杆正好可以提供约束支撑力，抵消增加的自重重力，用以保证后期二次衬砌施工安全，如图 6-31 所示。

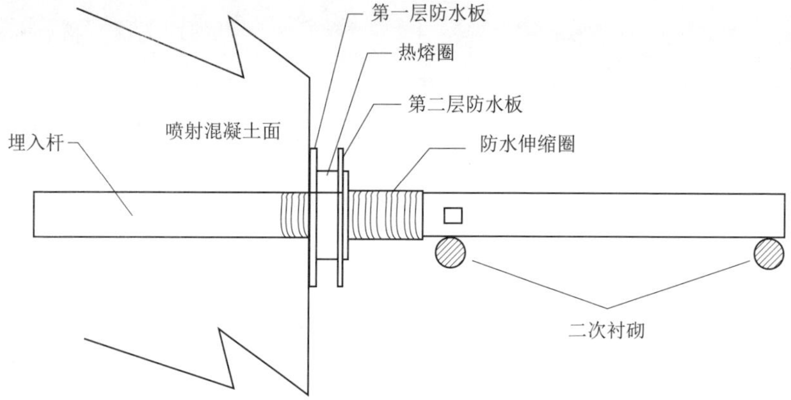

图 6-31　定位杆钢筋示意图

(6)反坡排水

通省隧道出口端渗水涌水量较大，且为反坡，引排水必须做好反坡排水。项目主要采用集中泵站和临时抽水点相结合的方法进行接力抽水。距掌子面 50 m 处设置 5.0 m(长)×2.5 m(宽)×2.0 m(深)的水箱，作为临时积水池，其积水池随掌子面的开挖而前移，确保掌子面处无积水。每隔 500 m 设一处 50 m^3 的固定水池。施工中首先将掌子面渗涌水汇集入临时积水池中，利用水泵将水排入固定水池中，然后利用高压水泵以及专用排水管路将水抽送至洞外。应该注意的是，一定要根据设计要求选用合适的水泵，布置足够的前移接长水管，同时将一台大功率泥浆泵布设在掌子面周围，目的是及时应对隧道突水事故，防止施工机械设备被损坏。施工中，一旦发生隧道突水事故，必须及时采取措施防止其漫流，尽量将其汇集到掌子面处水箱内。需要注意一点，尽量避免水浸泡隧道拱脚和仰拱，保证隧道结构的安全。

第七章　隧道工程施工管理

通省隧道设计为双向四车道分离式隧道，左线设计长度 6 900 m；右线设计长度 6 873 m，是湖北省迄今为止最长的变质岩隧道，属重大一级风险项目，堪称“十房第一难隧道”。隧址区主要穿越武当山群地层，是以含云母为主矿物成分的变质片岩，在施工过程中隧道围岩岩性与结构多变，初期支护变形破坏严重，隧道净空侵限严重，施工过程中处理初期支护变形侵限 60 余次，同时伴随涌水、突泥、塌方等不良地质灾害严重制约了隧道正常的施工，给施工带来极大的安全风险。自项目进场初始，采用高起点进入，高标准推进的原则展开。现场规划、人员配备、建设过程严格落实标准化要求。通过了推行施工过程精细化科学管理，结合了“项目部＋架子队”双重管理模式，制定了完善的管理制度体系，成立了“邓华军劳模创新工作室”和“中铁十七局三公司人力资源隧道方向培训基地”，克服了通省隧道在变质片岩特殊地质下施工的难题，为公司培养了一批专业性队伍和人才，总结并应用了针对特殊岩层隧道施工的一系列管理办法。使通省隧道施工的安全、成本、质量等得到了保证，为公司取得了一定的社会和经济效益。

第一节　施工管理组织框架

一、施工管理组织框架

1. 项目部管理组织框架

合理高效的组织机构是十房项目顺利收官的有力保证。实践证明，根据工程的特点、工程质量和工期要求，以标准化建设为指导，成立的“中铁十七局集团有限公司湖北十房段第十合同段项目经理部”，能够全面实现安全、质量、工期、文明施工、环保等目标。

项目经理部设“五部四室”共九个部门，即工程技术部、安全质量部、计划统计部、物资设备部、财务部、综合办公室、中心试验室、劳模创新工作室、隧道技术人员培训室。其中，劳模创新工作室和隧道技术人员培训室由项目经理直接负责，创新工作室负责技术攻关，隧道技术培训室负责为公司本级培养输送优秀的隧道施工技术人员。

根据本合同段的工程任务、特点和工期等要求，项目经理部下设五个架子队，分别为一个路基施工队，两个隧道施工队，一个钢构加工队和一个混凝土拌和站队。分别负责完成合同内分管工程的全部工作。项目经理部施工组织机构如图 7-1 所示。

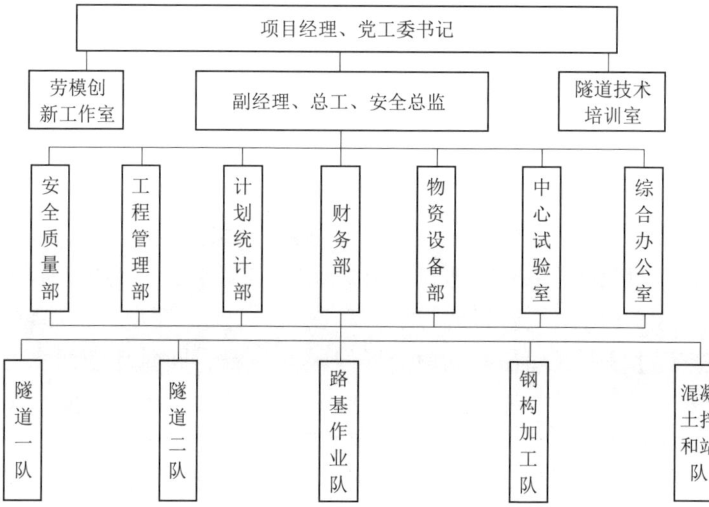

图 7-1 项目经理部施工组织机构图

2. 隧道架子队管理组织框架

根据十房项目以通省隧道为主，兼有部分路基的特点，项目部分别组建了 5 个架子队，分别为：隧道一队、隧道二队、路基队、钢构加工队和混凝土拌和站队。为有效管理架子队，架子队的管理层——队长、技术负责、生产调度、技术员、质检员、安全员、材料员及各工班长均由公司的正式职工通过竞争上岗，架子队的测量和试验工作则由项目部的中心试验室和测量班统一协调安排，架子队的其他施工人员则由架子队自行在能够提供劳务人员及以上的企业和社会上选择、招聘。架子队组织机构框如图 7-2 所示。

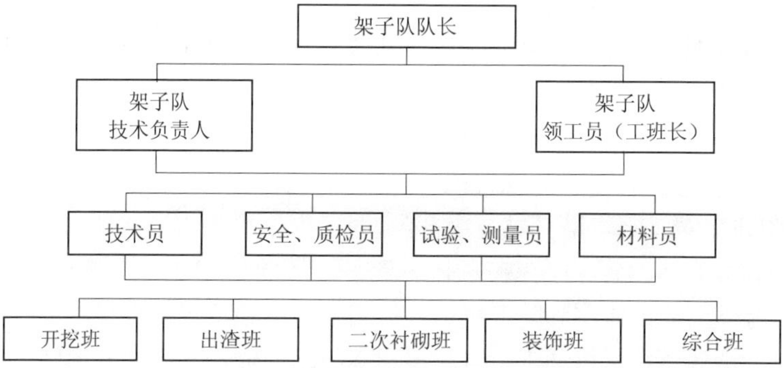

图 7-2 架子队组织机构框图

二、架子队的建设

传统的工程分包是目前影响质量和安全最严重的问题，很多质量和安全问题追本溯源都可以归结到违法分包、以包代管、包而不管等。而造成这些问题的原因并不是施工单位主观的不作为，而是因为在传统的劳务分包中，劳务队素质参差不齐，进场后“可用而不可控”的现象时有发生。这类问题给施工单位带来很大的经济和法律风险，也影响了施工企业的效益和信誉，而采用“架子队”带劳务的模式能在一定程度上解决上述问题，使劳务用工“可用又可控”。结合十房项目通省隧道施工，项目部在考虑施工管理和成本等因素下，组建架子队管理模式。

1. 精兵强将，组建优秀架子队

针对十房项目通省长大隧道地质特殊等情况，项目部从组织结构、作业班组素质两方面进行把关，切实组织了一批精干高效的管理和作业人员。

(1)把好队伍结构关。按照通省隧道四个工作面(正洞两个、竖井两个)设立两个架子队，由项目副经理担任架子队队长，按照隧道开挖、支护、出渣、仰拱、衬砌、钢筋加工、水沟电缆槽各道工序配置工班长，以项目部经理与项目部各部门负责人为架子队管理小组。每个架子队管理人员基本配置为：设置队长 1 人、技术主管 1 人、技术员 4 人、试验员 1 人、质检员 1 人、安全员 4 人、领工员 2 人、材料员 1 人。

(2)把好引进队伍素质关。从公司内部的合格劳务队伍中引进专业班组，在选择作业班组时要认真审核调查其以往施工业绩，选择能打硬仗、攻坚仗、信誉良好的高素质班组。根据隧道的生产工序配置作业工班，使劳务工配置到位。

2. 强化管理、落实考核、精心组织架子队施工

(1)建立健全架子队各项规章制度

架子队管理人员是架子队的核心，是组织基层作业班组实施的关键人员，因此首先需建立人员管理办法，包括岗位职责、任职资格、激励约束、制度考核等，配备有能力的人担任架子队主要管理人员。

完善标准化管理、安全质量、经济核算、工程技术、物资设备等各方面管理制度，制定实施细则，作为架子队管理的指导性文件并组织学习。

(2)转变、完善架子队承包管理模式

1)所谓架子队管理模式，简而言之，就是充分利用内部职工精英直接带劳务工班，在实施标准化管理运作中，严格实行由项目部直接控制的工序承包。项目部分别与各班组签订承包协议，且逐级完善架子队劳务人员的劳动合同与安全包保协议。

2)结合责任成本管理，摒弃“以包代管”的承包模式，创新推出“劳务绩效型”工费承包，将架子队的劳务计量与每个架子队成员的工资收益直接挂钩。充分调动了劳务人员的主动性、积极性。

3)项目部从安全质量、进度、物资消耗、间接费等方面制定考核指标与架子队考核管理办法,使架子队管理人员、劳务人员的收入与考核结果挂钩,促使架子队在保质、快速施工的同时精打细算、进行成本控制。

3. 加强劳务用工管理

(1)劳务人员管理:对劳务人员按照班组登记造册,登记信息包括姓名、性别、年龄、工种、进场日期、身份证号及家庭住址。加强对劳务人员宣传教育,向他们讲解良好的配合是双赢的基础,使其成为目标一致、相互依存、协同发展的利益共同体。关怀工人,按照标准为其提供住宿,发放劳保用品,与其同工作、同娱乐,让劳务人员有归属感。

(2)劳务人员素质培训教育:十房项目通省隧道施工存在由不良地质导致的塌方、涌水突泥、流变等危险灾害现象。干好这项工程,对作业人员的操作技能和安全意识有着较高的要求。项目部从劳务人员进场时要进行上岗培训,上岗后要定期分班组、分工种进行职业技能、安全质量、法律法规等知识培训。对从事特殊工种作业的架子队作业人员,要取得国家劳动部门颁发的资格证书后才安排上岗。加强教育培训,让架子队每一个劳务工人明确自己的工作内容,责任范围,从而增强了他们的责任意识。在施工过程中,做到服从分配,听从指挥,遵守管理。通过培训教育,可以为公司培养出一批肯吃苦能打硬仗、素质高、专业性强的劳务班组。

(3)劳务人员工资保障:设立劳务人员工资专项账户,项目部财务为劳务人员办理了银行工资卡,按期及时将工资支付到劳务人员工资卡中。

4. 强化架子队施工管理

(1)形象进度管理:由项目部制定架子队各阶段形象进度目标,架子队将任务分解到每个工班,要求现场技术员、领工员实行全过程控制管理,将每循环进尺与消耗时间、工序衔接时间等各项数据每日统计汇报,保证项目部领导及时准确的掌握工程进度情况,处理进度滞后问题。

1)缩短工序衔接时间

架子队队长协调各班组在上道工序完工时,下道工序提前就位,做到各工序零时间衔接。

2)优化循环进尺

根据围岩级别及开挖班组钻孔情况,在确保安全的前提下,优化单循环进尺。

3)加快每道工序施工进度

优化施工方案、加强技术交底与技能培训,让作业班组懂得如何加快进度。

合理配备各道工序人力、设备资源,每半月核查一次各班组人员数量,加强设备维修保养，避免出现因人员不足或设备损坏导致进度滞后。

确保材料及时供应，提前做材料计划，及时采购调拨，避免出现停工待料现象。

4)及时分析总结

按月汇总每日统计的每循环进尺与消耗时间、工序衔接时间等数据，进行总结分析，查找不足，提出措施，及时整改。

(2)安全质量管理：加强架子队管理人员与劳务工人的安全质量培训，让其树立"安全就是生命、安全就是效益"等理念。根据安全质量管理制度，将安全质量目标任务逐级分解，层层落实到人。

(3)材料管理：甲控甲供材料、大堆料由项目部调拨给架子队，零星材料由架子队提出申请，经批准后自行采购，采购完后将发票与材料一起报项目部审核后进行报销。架子队材料由项目物资设备部根据项目工程部提供的当月材料用量计划，经项目经理审批后方可调料，完善材料调拨单。每月对架子队的库存材料进行盘点，给架子队的材料超节情况分析提供数据。针对隧道钢材使用结余与超挖超耗混凝土的特点，制定专项材料管理核算措施。对开挖断面要进行每循环断面量测，对钢材要统计每循环实际使用量。

(4)设备管理：架子队的所有设备由项目按照施工组织与进度计划进行调配、购买或租赁。架子队需安排好设备施工，尽量避免机械窝工情况发生。架子队设专人对每台设备的台班消耗进行登记，每月进行单机成本核算分析。隧道的进度靠缩短每个循环的时间，提高设备的利用率，配备性能良好的机械设备和高水平机械操作人员，并加强设备维修保养。

4. 严格落实考核

(1)劳务计量考核：项目部根据各班组承包合同，按月对架子队各班组进行收方结算。架子队对劳务作业人员以技能水平为基础，根据工种、工艺难度建立固定的分配标准，结合出勤数量，按照结算产值进行考核分配。

(2)业绩考核：对架子队当月的进度、安全、质量、文明施工、内页资料等各项指标完成情况进行业绩评比考核。项目部根据隧道Ⅲ、Ⅳ、Ⅴ级围岩正常月施工进度，制定当月开挖进度计划，要求仰拱、二次衬砌满足步距要求，对完成计划的架子队给予奖励，完不成的给予罚款处理。对安全、质量、文明施工、内业资料建立了详细的评价体系，按月对架子队各项工作进行打分考核。

(3)架子队的成本核算是考核兑现的一项重要指标，按月召开架子队成本分析会，从当月架子队的管理费用、材料费用、设备费用及水电费用进行超节支分析。对于因措施不当、控制不严导致的超耗由架子队承担并给予通报批评；对于人为故意或疏忽导致的问题从其工资中扣除或给予罚款；对于合理结余产生的效益提取一定比例作为架子队奖励。

钢材分析：结合当月完成工作量计算设计材料消耗量，钢拱架数量根据技术员每循环统计，核对材料调拨单，盘点库存材料数量，得出当月实际消耗量，对比材料盈亏分析原因。

喷浆料分析：主要分超挖断面量测与回弹量控制两方面，项目部制定的这两项指标为允许超挖量和回弹量允许损耗系数。根据技术员量测的每循环断面尺寸，分析超挖原因，并计算超挖后的设计喷浆料消耗量。再结合实际消耗量对比因回弹导致的超耗量，分析超耗原因。

水电量分析：通过正常施工期间的几个月电量消耗制定隧道每延米水电用量指标，每月项目部与架子队联合抄表，对比实际用量，分析盈亏。

机械设备费分析：首先统计当月机械费用占成本的比例看其是否超支，其次审核单台设备的运转时间与燃油消耗量，将燃油控制与操作人员、架子队设备管理员的绩效考核挂钩。

管理费用：主要对架子队的生活水电、食堂开销、办公费用等几方面进行审核。

十房项目通过组建架子队的两级模式施工管理，一方面强化了项目精细化和标准化管理，也促进各班组加强自身管理；另一方面合理组织、细化安排，各道工序衔接有序，提高了工作效率，最终达到加快进度，控制工费、材料费及提高设备利用率的目的。加强了安全质量培训，规避了安全质量事故，大大节约了成本。项目部和架子队的全体人员，历经长达 8 年时间，在有限的作业面和特殊地质情况下，完成了十房项目通省隧道施工任务，保证了通省隧道的社会和经济效益。

三、项目部与架子队管理模式的关系

十房项目的人员管理实行“项目部＋架子队”两级管理模式。路基作业队、混凝土拌和站队由公司子专业公司组建，在行政上隶属于路基公司和混凝土公司，隧道作业队和钢筋班作业队由项目部直接组建，行政上隶属项目部。在经济上，各架子队的管理和考核权均归属于项目部。

1. 架子队运作模式：实行合同化管理，明确安全、质量、进度、文明施工等标准，进行工资考核发放。

2. 项目部与架子队的管理关系

项目部与各架子队以及劳务人员签订正式的劳务用工合同，并建立劳务工日常行为规范和规章制度，明确架子队及项目架子队领导小组各岗位职责，做到事事有章可寻，步步有据可依。项目部架子队管理小组主要对架子队进行控制管理，主要运用任务下达和考核制度，实行经济奖罚措施，对于不称职的架子队骨干及时撤换，不服从管理的劳务人员及时遣散，最大限度上控制质量事故和安全事故的

发生，降低公司和项目部安全和经济风险。项目部架子队领导小组如图 7-3 所示。

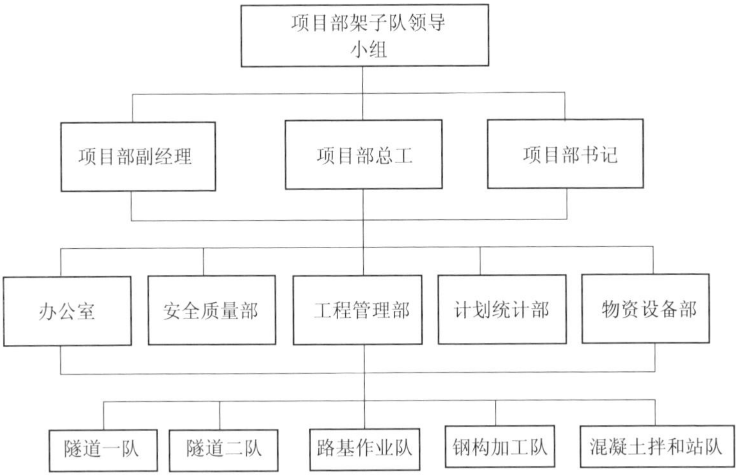

图 7-3　项目部架子队领导小组机构框图

架子队内部实行队长负责制，队长是架子队组建的发起人，是管理责任人，也是经济责任人。班组长是劳务工的带班人，但不能对班组长进行工费承包，班组长与劳务工同工同酬，可考虑另行支付带班费。劳务工的来源有两个渠道，一是来源于劳务公司，劳务工与劳务公司签订劳动合同，架子队接收劳务公司的劳务输出；二是架子队自行招聘，劳务工与企业签订以完成工作量为期限的短期劳动合同。在施工间歇期，前者返回劳务公司，后者遣散，保持松散的工作联系。

第二节　隧道科学管理的程序

十房项目部着力推行隧道的科学管理，也就是统筹管理。在制定目标以后，首先就要为达到目标统筹全局，作出全面的规划和决策，然后组织计划的实现，最后再对执行情况进行总结，完成一次统筹管理的循环。各步工作分述如下：

1. 规划与决策，是隧道施工统筹管理中心，对管理的成败与效果具有决定性的意义

首先，为做好规划必须从调查研究入手，对隧道工程的施工规划，掌握的资料不仅仅限于施工对象的情况（施工图纸及说明）、施工现场的情况（地质、水文、气候、地上地下建筑物与构建物、施工场地）、材料物资供应和交通以及其他社会经济情况，而且应该包括与本工程有关的各种施工技术与施工组织经验。

第二步工作是制定施工方案。通过调查和研究，应从调查所得的实际出发，运用施工技术与组织的科学知识和经验，提出符合统筹管理的若干方案。完成施工任务，只有在对这些方案进行了可行性和经济技术分析后，经过比较、选择，才能做出决策作为进一步施工进度技术的依据。进度计划的编制是规划决策阶段中继调查研究与方案制定后的第三步。第四步是对计划进行调整与优化。根据正常情况进行合理安排编制的还只是一个初步的计划，不一定完全适合现有的施工条件，也不一定适合工期、成本的要求和既定的目标，所以还必须在此基础上作进一步的调整和优化，才能使之符合实际的施工条件，预定的要求和目标。

2. 计划的执行

执行计划，首先就必须把它作为大小不同的任务，分配和落实到具体单位、架子队班组或个人。必须要使每一个接受任务的单位、架子队班组或个人明确自己所承担的责任，了解它在整个计划中的地位，它对计划其他部分的影响，知道任务本身的要求(安全、质量、成本、工期)；同时，也必须要保证完成任务所需的条件。

3. 工作总结

这是统筹管理最后一个阶段的工作。总结是管理工作循环的终点，也是下一循环的起点。十房项目通过不断地总结隧道施工经验和教训，不断地改进、应用新工艺，培养隧道施工专业性人才。

第三节　隧道施工质量管理

一、施工质量管理体系

十房项目上场，确定分项工程一次检查合格率100%，单位工程合格率100%，标段交工验收的质量评定为合格，即质量评定得分大于等于93分，竣工验收的质量评定：综合评分大于等于90分的控制标准。制定了全面的质量管理体系，确定了要达到的质量目标。

1. 十房项目质量管理体系和质量控制程序

十房项目质量管理体系和质量控制程序如图7-4和图7-5所示。

2. 质量目标

确保全部工程达到中华人民共和国工程质量验收标准及设计要求，并满足按设计速度开通的质量要求，达到确保部优，力争国优的总体目标。

每道工序质量自检检测率达到100%，确保结构安全，实现主体工程质量零缺陷。工程一次验收合格率达到100%，并满足全线创优规划要求。

3. 成立质量管理领导小组

成立以项目经理为组长，总工为副组长，工程部长、专职质量检验工程师、试验室主任、测量班长、现场技术人员为组员的质量管理领导小组。从原材料控制开始,实施施工全过程测量和试验控制。对施工全过程进行质量检查,科学管理、严密组织、依照有关规范进行施工,严把质量关,对各工序施工均严格监理程序,履行自检体系,经工班自检,现场技术员检查合格后,报现场监理工程师检查,经现场监理工程师检查合格后,进入下道工序施工,对不合格的工序坚决予以返工处理。

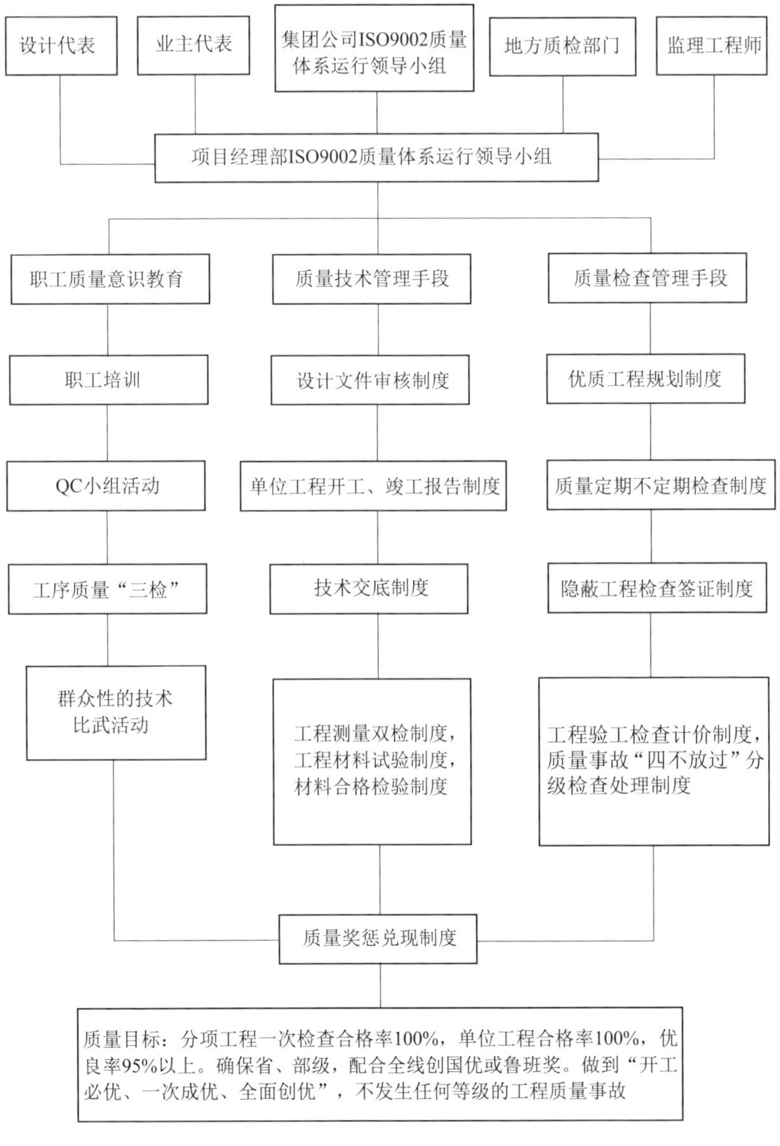

图 7-4 十房项目质量保证体系框图

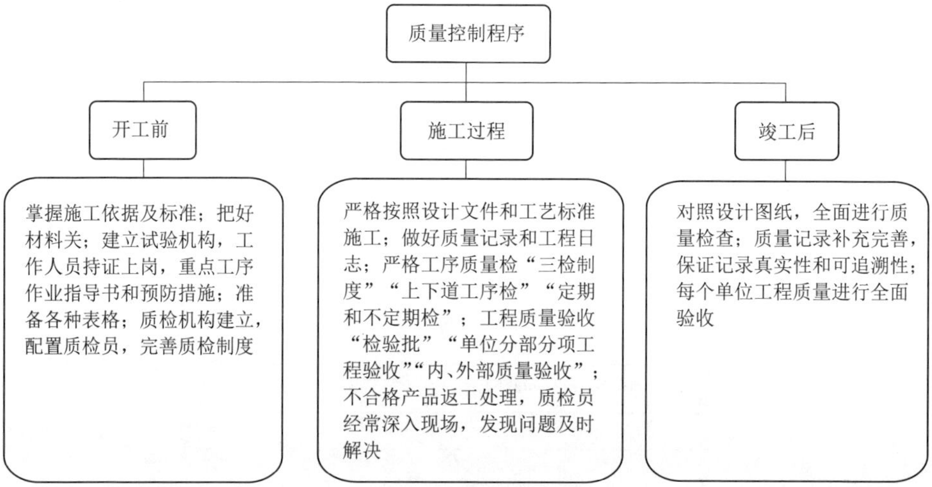

图 7-5 质量控制程序框图

二、围岩监控变形

1. 监控量测主要内容

(1)监控量测主测项目：洞内、外观察，拱顶下沉，水平收敛，地表下沉等。

(2)监控量测管理工作流程如图 7-6 所示。

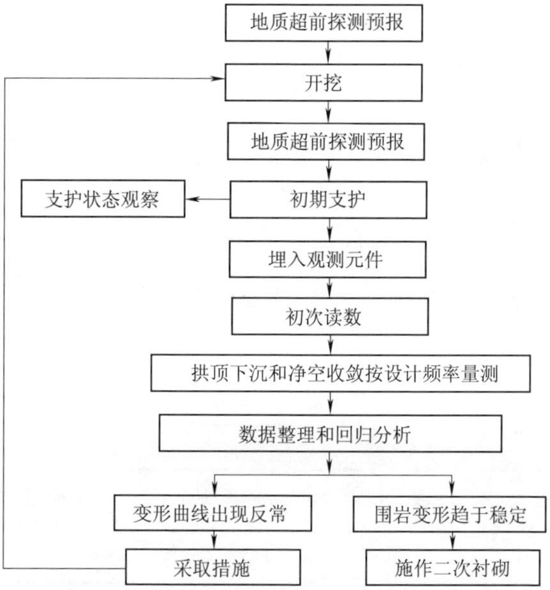

图 7-6 监控量测管理工作流程框图

2. 监控量测项目类别

监控量测分为必测项目和选测项目两类，必测项目是隧道工程应进行的日常监控量测项目。选测项目应根据隧道建设规模、围岩的性质、隧道埋置深度、开挖方式等特殊要求进行的监控量测项目，见表7-1和表7-2。

表7-1　监控量测必测项目

序号	监测项目	测试方法和仪表	测试精度	备　注
1	洞内、外观察	现场观察、数码相机、罗盘仪	—	—
2	净空变化	收敛计、全站仪	0.01 mm	全站仪采用非接触观测法
3	地表沉降	水准仪、铟钢尺或全站仪	0.1 mm	浅埋隧道必测($H_0 \leqslant 2B$)
4	拱顶下沉	水准仪、钢挂尺或全站仪	0.1 mm	—

注：H_0 为隧道埋深；B 为隧道最大开挖宽度。

表7-2　监控量测选测项目

序号	监测项目	测试方法和仪表	测试精度	备　注
1	围岩压力	压力盒	0.001 MPa	—
2	初期支护与二次衬砌接触压力	压力盒	0.001 MPa	—
3	锚杆轴力	钢筋计	0.1 MPa	—
4	围岩内部位移	多点位移计	0.1 mm	—
5	隧底隆起	水准仪、铟钢尺或全站仪	1 mm	—
6	爆破振动	振动传感器、记录仪	—	临近建筑物
7	水　量	三角堰、流量计	0.1 mm	—
8	纵向位移	全站仪	0.1 MPa	

3. 监控量测频率

监控量测频率见表7-3和表7-4。

表7-3　按距开挖面距离确定的监控量测频率

量测断面距开挖工作面的距离(m)	监控量测频率
(1～2)B	2次/d
(2～4)B	1次/d
(4～5)B	1次/d
$>5B$	1次/2d

表 7-4　按位移速度确定的监控量测频率

位移速度(mm/d)	监控量测频率
≥5	3 次/d
1～5	2 次/d
0.5～1	1 次/d
0.2～0.5	1 次/2d
<0.2	1 次/3d

注：1. B 为隧道开挖宽度。

2. 当监测项目的累计变化值接近或超过报警值时，应加大监测频率。

3. 当变形曲线趋于平缓时，在有充足的数据判断变化趋于稳定，可以停止相应项目的监测工作，并经工程师批准。

4. 监控量测控制基准

(1)监控量测控制基准包括隧道内位移、地表沉降、爆破振动等，应根据地质条件、隧道施工安全性、隧道结构的长期稳定性，以及周围建(构)筑物特点和重要性等因素制定。隧道初期支护极限相对位移见表 7-5。

表 7-5　跨度 7 m＜B≤ 12 m 隧道初期支护极限相对位移

围岩级别	隧道埋深 h(m)		
	h≤50	50<h≤300	300<h≤500
拱脚水平相对净空变化(%)			
Ⅱ	—	0.01～0.03	0.20～0.60
Ⅲ	0.03～0.10	0.08～0.40	0.30～0.60
Ⅳ	0.10～0.30	0.20～0.80	0.70～1.20
Ⅴ	0.20～0.50	0.40～2.50	1.80～3.00
拱顶相对下沉(%)			
Ⅱ	—	0.03～0.06	0.05～0.12
Ⅲ	0.03～0.06	0.04～0.15	0.12～0.30
Ⅳ	0.06～0.10	0.08～0.40	0.30～0.80
Ⅴ	0.08～0.16	0.14～1.10	0.80～1.40

注：1. 本表适用于复合式衬砌的初期支护，硬质围岩隧道取表中较小值，软质围岩隧道取表中较大值。表列数值可以在施工中通过实测资料积累作适当的修正。

2. 拱脚水平相对净空变化指拱脚测点间净空水平变化值与其距离之比，拱顶相对下沉指拱顶下沉值减去隧道下沉值后与原拱顶至隧底高度之比。

3. 初期支护墙腰水平相对净空变化极限值可按拱脚水平相对净空变化极限值乘以 1.1～1.2 后采用。

(2)采用分部开挖法施工的隧道应每分部分别建立位移控制基准,同时可考虑各分部的相互影响。

(3)一般情况下,二次衬砌的施作应在满足下列要求时进行:

1)隧道水平净空变化速度及拱顶或底板垂直位移速度明显下降;

2)隧道位移相对值已达到总相对位移量的90%以上。

5. 监控量测设备

监控量测设备配置见表7-6。

表7-6　监控量测设备配置表

序号	监测项目	监测仪器
1	地表沉降	精密水准仪、铟钢尺等
2	隧道拱顶下沉	全站仪、收敛计
3	隧道净空收敛	全站仪、收敛计
4	地质和支护状况观察	地质罗盘仪及规尺等
5	数据处理	电脑2台

6. 预警管理

监控量测预警实行3级管理,当监测数据分布在基准值以下时实行Ⅲ级管理,隧道可正常施工;分布在基准值和警戒值之间时实行Ⅱ级管理,应通报监控咨询单位、监理、设代处以及指挥部,并加强监测,谨慎施工;超过警戒值时实行Ⅰ级管理,即暂停施工,第一时间通报监控咨询单位、监理单位、设代处以及指挥部,会商决策。

当施工中出现下列情况之一时,应采取Ⅰ级管理:

(1)变形速率连续3 d大于等于5 mm或者单日变形速率大于等于10 mm;

(2)量测值发生突变;

(3)初期支护或二次衬砌有较大开裂;

(4)洞口地表出现开裂、坍塌;

(5)洞内围岩压力有明显异常;

(6)时态曲线长时间没有变缓的趋势。

(7)根据量测结果可按变形管理等级指导施工。

7. 监控量测信息反馈及工程对策

(1)监控量测信息反馈应根据监控量测数据分析结果,对工程安全性进行评价,并提出相应工程对策与建议。见表7-7,如图7-7和图7-8所示。

(2)施工过程中应进行监控量测数据的实时分析和阶段分析。

1)实时分析:每天根据监控量测数据及时进行分析,发现安全隐患应分析原因并提交异常报告;

2)阶段分析:按周、月进行阶段分析,总结监控量测数据的变化规律,对施工情况进行评价,提交阶段分析报告,指导后续施工。

(3)工程对策主要应包括下列内容:

1)一般措施:稳定开挖工作面措施;调整开挖方法;调整初期支护强度和刚度并及时支护;降低爆破振动影响;围岩与支护结构间回填注浆。

2)辅助施工措施:地层预处理,包括注浆加固,降水、冻结等方法;超前支护,包括超前锚杆(管)、管棚、超前插板、水平高压旋喷法、预切槽法等。

表 7-7 工程安全性评价分级及相应应对措施

管理等级	应对措施
Ⅲ	正常施工
Ⅱ	综合评价设计施工措施,加强监控量测,必要时采取相应工程对策
Ⅰ	暂停施工,采取相应工程对策

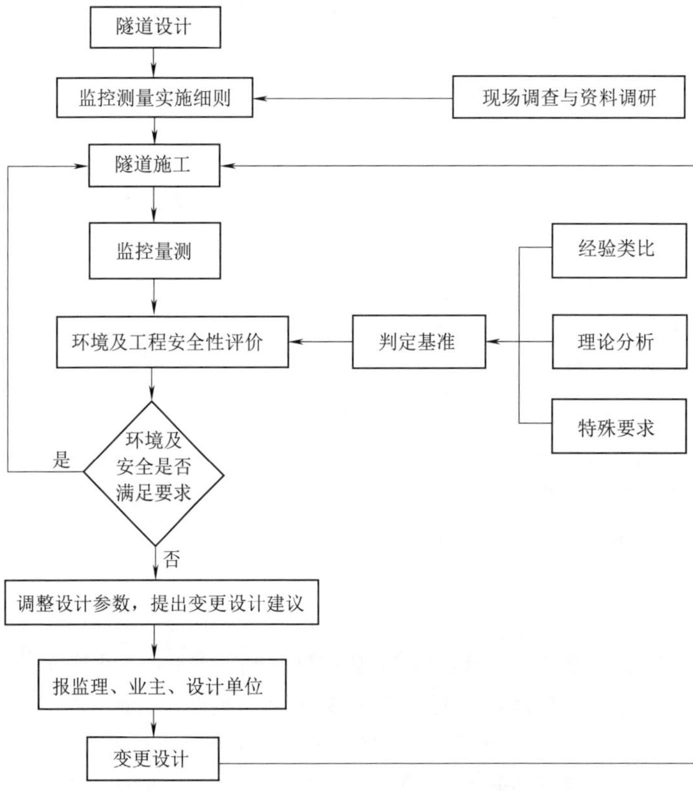

图 7-7 监控量测信息反馈程序流程图

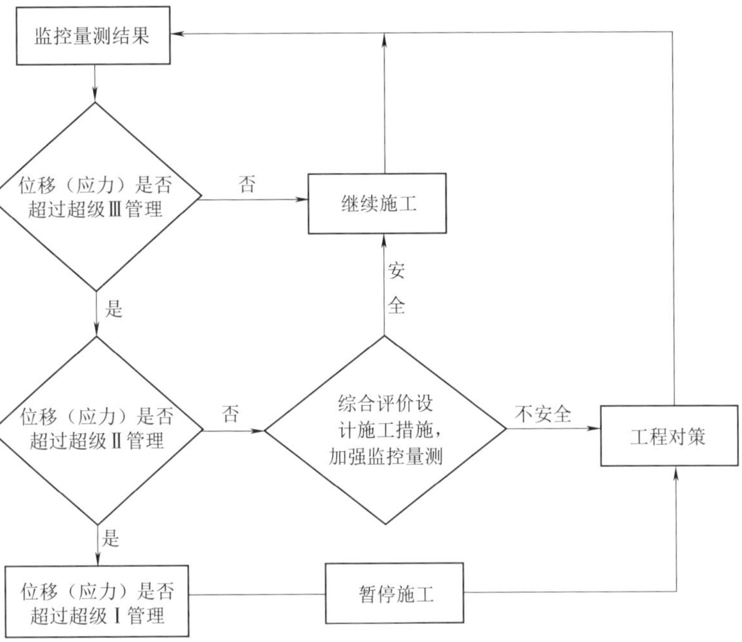

图 7-8　工程安全性评价流程

8. 监控量测管理等级

监控量测管理等级见表 7-8。

表 7-8　位移管理等级

管理等级	管理位移(mm)	施工状态
Ⅲ	$U<U_0/3$	可正常施工
Ⅱ	$U_0/3\leqslant U\leqslant 2U_0/3$	应加强支护
Ⅰ	$U>2U_0/3$	应采取特殊措施

三、混凝土品质控制

十房项目通省隧道软弱围岩分布范围广（Ⅳ、Ⅴ级围岩占总长度的 99.6%），混凝土结构作为支护体系的最重要组成部分，其品质的好坏直接影响隧道衬砌结构安全、可靠度和耐久性，因此对混凝土的质量控制至关重要，试验检测单位对于混凝土实体质量控制有重要的作用。

1. 对原材料的质量控制

混凝土是用水泥作为胶凝材料，砂、石作为集料与水按一定比例配合，经搅拌、成型、养护而得的水泥混凝土。

(1)水泥的质量控制

水泥在混凝土中主要起润滑和胶凝作用,水泥质量的好坏直接关系着混凝土的工作性和混凝土实体质量,因此对于水泥质量的控制应放在首位。水泥在进场时对出厂合格证和检测报告进行检查,对不同品种、规格、出厂日期的水泥应分开存储。还应按要求对其强度、凝结时间、安定性等常规指标进行检验,经检验合格方可使用。在使用过程中对水泥质量有怀疑或水泥出厂超过三个月时应进行复验。由于水泥入场时温度较高,若立即使用,则会造成混凝土需水量变大,与外加剂适应性变差,还有可能因为温度过高出现假凝现象,从而影响施工,对混凝土的质量也会造成很大影响,因此水泥在使用之前应预先存放 2~3 d,使温度降低,有助于改善混凝土的和易性。水泥强度必须按批次检测,根据水泥的强度变化来指导生产。根据 GB 175—2007 标准要求水泥的技术指标应符合表 7-9。

表 7-9 水泥的性能

序号	检验项目	技术要求	检验方法
1	比表面积	≥300 m^2/kg	按 JTG E30 检验
2	凝结时间	初凝≥45 min,终凝≤600 min (硅酸盐水泥终凝≤390 min)	按 JTG E30 检验
3	安定性	沸煮法合格	按 JTG E30 检验
4	强度	符合 GB 175—2007 表 3 的规定	按 JTG E30 检验
5	烧失量	≤5.0%(P·O);≤3.5%(P·Ⅱ); ≤3.0%(P·Ⅰ)	按 GB/T 176 检验
6	不溶物	≤0.75%(P·Ⅰ);≤1.50%(P·Ⅱ)	按 GB/T 176 检验
7	MgO 含量	≤5.0%	按 GB/T 176 检验
8	SO_3 含量	≤3.5%	按 GB/T 176 检验
9	Cl^- 含量	≤0.06%	按 GB/T 176 检验
10	碱含量	≤0.60%	按 GB/T 176 检验
11	助磨剂种类及掺量	符合 GB 175—2007 第 5.2 条规定	检查产品质量证明文件
12	石膏种类及掺量	符合 GB 175—2007 第 5.2 条规定	
13	混合材种类及掺量	符合 GB 175—2007 第 5.2 条规定	

(2)骨料的质量控制

骨料是指在混凝土中起骨架或填充作用的粒状松散材料,分为粗骨料和细骨料。骨料占混凝土总体积的 70%~80%,在混凝土中起着骨架作用可减少混凝土的收缩,通过选用适当的骨料和改变骨料的级配可改变混凝土的性能,良好的砂石级配还可降低混凝土中水泥的用量,节约生产成本。

1)骨料的质量控制

公称粒径大于 5 mm 的骨料为粗骨料,粗骨料是混凝土的主要组成材料,其特征和性能直接影响着混凝土的质量。颗粒级配对混凝土的和易性有很大影响,直接影响混凝土的强度、抗渗性、耐久性。较好的骨料级配应该是空隙率小,总表面积小,有少量细颗粒。在拌制混凝土时宜采用连续级配的碎石,碎石的粒形以接近球形或立方体为好,以针片状为差,当含有较多针片状颗粒时将增加空隙率,降低混凝土的和易性,并且针片状颗粒在受力时容易折断进而影响混凝土强度。根据 JTG F60—2009 规定,粗骨料级配应符合表 7-10 的规定。

表 7-10　粗集料级配表

粒级(mm) \ 累计筛余(%) \ 方孔筛(mm)		2.36	4.75	9.5	16.0	19.0	26.5	31.5	37.5	53.0	63.0	75.0	90.0
连续粒级	4.75～9.5	95～100	80～100	0～15	0								
	4.75～16.0	95～100	85～100	30～60	0～10	0							
	4.75～19.0	95～100	90～100	40～80	—	0～10	0						
	4.75～26.5	95～100	90～100	—	30～70	—	0～5	0					
	4.75～31.5	95～100	90～100	70～90	—	15～45	—	0～5	0				
	4.75～37.5	—	95～100	70～90	—	30～65	—	—	0～5	0			
单粒粒级	9.50～19.0		95～100	85～100		0～15	0						
	16.0～31.5		95～100		85～100			0～10					
	19.0～37.5			95～100		80～100			0～10	0			
	31.5～63.0				95～100			75～100	45～75		0～10	0	
	37.5～75.0					95～100			75～100		30～60	0～10	0

根据 GB/T 14685—2011、JTG F60—2009 标准要求，粗骨料的性能应符合表 7-11规定。

表 7-11　粗骨料的性能

序号	检验项目	技术要求	检验方法
1	针片状颗粒总含量	＜8%	按 JTG E42 检验
2	含泥量	＜1.0%	按 JTG E42 检验
3	泥块含量	＜0.5%	按 JTG E42 检验
4	岩石强度	火成岩＞80 MPa； 变质岩＞60 MPa； 水成岩＞30 MPa	按 JTG E41 检验
5	压碎指标	卵石＜16%， 碎石＜20%	按 JTG E42 检验
6	吸水率	Ⅱ类≤2%	按 JTG E42 检验
7	松散空隙率	Ⅱ类≤45%	按 JTG E42 检验
8	坚固性	≤8%	按 JTG E42 检验
9	硫化物及硫酸盐含量	≤1%	按 JTG E42 检验
10	Cl^- 含量	≤0.02%	按 JTG E42 检验
11	有机质量含量	比色法试验合格	按 JTG E42 检验
12	碱集料反应	＜0.10%	按 JTG E42 检验

2)骨料的质量控制

细骨料就是通常所说的砂，其性质的好坏直接影响着混凝土的和易性、强度、耐久性等指标。混凝土用砂宜采用细度模数 2.6～3.0 之间的中砂，若砂子偏细或是级配不良导致比表面积过大，就需要消耗更多的水泥浆使混凝土具有一定的流动性，对混凝土的耐久性、强度、密实性都有一定的影响。砂子中的泥会吸附一定的外加剂，同等条件下相当于减小了外加剂的掺量，特别是对聚羧酸型外加剂的影响尤为明显。当泥团存在时会在混凝土中形成薄弱部分，对混凝土的危害极大，混凝土强度越高其表现越为明显。在原材料进厂时应严格控制砂的含泥量、细度等指标，同时在混凝土生产时根据混凝土的状态及时调整砂率，保证混凝土的工作性，保证现场施工的顺利进行。根据 JTG F60—2009 要求，细骨料的级配应符合表 7-12 规定。

表 7-12 砂的级配范围

累计筛余(%) 级配区 / 标准方孔筛尺寸(mm)	1区	2区	3区
9.50	0	0	0
4.75	10～0	10～0	10～0
2.36	35～5	25～0	15～0
1.18	65～35	50～10	25～0
0.60	85～71	70～41	40～16
0.30	95～80	92～70	85～55
0.15	100～90	100～90	100～90

根据 GB/T 14684—2011、JTG F60—2009 标准要求，细骨料的性能应符合表 7-13规定。

表 7-13 细骨料的性能

序号	检验项目	技术要求	检验方法
1	含泥量	<3.0%	按 JTG E42 检验
2	泥块含量	<%	按 JTG E42 检验
3	云母含量	<2%	按 JTG E42 检验
4	轻物质含量	<1%	按 JTG E42 检验
5	有机物含量	比色法试验合格	按 JTG E42 检验
6	压碎指标值(人工砂)	<25%	按 JTG E42 检验
7	坚固性(天然砂)	<8%	按 JTG E42 检验
8	硫化物及硫酸盐含量	<0.5%	按 JTG E42 检验
9	Cl^- 含量	<0.02%	按 JTG E42 检验
10	碱集料反应	<0.10%	按 JTG E42 检验

(3)外加剂的质量控制

外加剂可以改善混凝土的凝结时间、强度、和易性、耐久性，目前工程中用到的外加剂的主要作用是减少用水量降低水灰比、提高混凝土强度，减缓坍落度损失和减小混凝土泌水，提高混凝土的工作性、抗渗性和耐久性的能力。外加剂应用应符合 GB 8076—2008、GB 50119—2013 的有关要求。外加剂品种繁多应根据工程设计和施工的要求选用，在使用之前结合所用材料通过试验确定掺量，严禁选用对人体有危害、对环境产生污染的外加剂。在生产过程中根据实际情况适当调整外加剂的掺量，在夏季高温条件下施工，由于天气炎热，混凝土的坍落度损失大，应适当调整外加剂的成分减小坍落度损失，在冬季低温施工时做好外加剂的防冻工作。同时还要保证外加剂的质量稳定，防止因为外加剂的质量不稳定而影响混凝土的性能，对施工造成不必要的影响。本项目主要使用速凝剂和防水剂，在外加剂进场后应检查产品合格证和出厂检查报告，按要求储存取样检测，检测合格后才能使用。

(4)掺合料的质量控制

在混凝土中加入一定量的掺合料可以改善混凝土的和易性，降低水化热反应，防止混凝土裂缝产生，掺合料还可以减少水泥用量，改善工作性，增进后期强度，改善混凝土内部结构提高耐久性。目前在本工程中使用的掺合料主要是粉煤灰和矿渣粉两种掺合料。

1)煤灰

粉煤灰是由燃烧煤粉的锅炉烟气中收集到的细粉末，其形状多成球形，表面光滑。用其做掺合料可以节约水泥和改善混凝土的技术性能，可以改善混凝土的和易性，降低混凝土的水化热，尤其是在大体积混凝土中起到的效果更加明显；提高混凝土抗渗性；抑制碱骨料反应；在粉煤灰进场前应及时进行检测，检测合格后再进场，确保粉煤灰质量。根据 GB/T 1596—2005 标准规定粉煤灰的性能应符合表 7-14 规定。

表 7-14　粉煤灰的性能

序号	检验项目	技术要求			检验方法
		Ⅰ级	Ⅱ级	Ⅲ级	
1	细度	≤12.0%	≤25.0%	≤45.0%	按 GB 1596 检验
2	需水量比	≤95%	≤105%	≤115%	按 GB 1596 检验
3	烧失量	≤5.0%	≤8.0%	≤15.0%	按 GB/T 176 检验
4	含水量	≤1.0/%			按 GB 1596 检验
5	三氧化硫含量	≤3.0%			按 GB/T 176 检验
6	游离 CaO 含量	F 类≤1.0%；C 类≤4.0%			按 GB/T 176 检验
7	安定性	≤5.0 mm			按 GB/T 1346 检验

2)渣粉

矿渣粉比表面积在 350 m^2/kg～500 m^2/kg 之间，增强效果明显，矿渣粉和Ⅰ级粉煤灰复配配制混凝土，可以充分发挥二者的“优势互补效应”，使混凝土的坍落度增加，和易性好，黏聚性好，泌水得到改善，同时可降低混凝土成本。根据 GB/T 18046—2008 标准规定矿渣粉的性能应符合表 7-15 规定。

表 7-15 矿渣粉的性能

序号	检验项目	技术指标			检验方法
		S105	S95	S75	
1	密度	≥2.8 g/cm^3			按 GB/T 208 检验
2	比表面积	≥500 m^3/kg	≥400 m^3/kg	≥300 m^3/kg	按 GB/T 8074 检验
3	流动度比	≥95%			按 GB/T 18046 检验
4	烧失量	≤3.0%			按 GB/T 18046 检验
5	三氧化硫含量	≤4.0%			按 GB/T 176 检验
6	氯离子含量	≤0.06%			按 JC/T 420 检验
7	含水量	≤1.0%			按 GB/T 18046 检验
8	7 d 活性指数	≥95%	≥75%	≥55%	按 GB/T 18046 检验
	28 d 活性指数	≥105%	≥95%	≥75%	按 GB/T 18046 检验
9	玻璃体含量	≥85			按 GB/T 18046 检验
10	反射性	合格			按 6566 检验

(5)水

混凝土拌和用水采用饮用水,应符合 JGJ 63—2006 的有关规定,见表 7-16。

表 7-16 混凝土拌和用水水质要求

项　　目	预应力混凝土	钢筋混凝土	素混凝土
pH 值	≥5.0	≥4.5	≥4.5
不溶物(mg/L)	≤2 000	≤2 000	≤5 000
可溶物(mg/L)	≤2 000	≤5 000	≤10 000
Cl^-(mg/L)	≤500	≤1 000	≤3 500
SO_4^{2-}(mg/L)	≤600	≤2 000	≤2 700
碱含量(mg/L)	≤1 500	≤1 500	≤1 500

注:碱含量按 $Na_2O+0.658K_2O$ 计算值来表示。采用非碱活性骨料时,可不检验碱含量。

拌和水中的杂质含量过多时,不仅可能影响混凝土的凝结时间和强度,还可能导致混凝土风化、腐蚀、钢筋锈蚀、体积不稳定以及耐久性降低,当对拌和水有怀疑的时候,需对所用水源与蒸馏水(或符合国家标准的生活饮用水)进行对比试验。拌和水、养护用水不得使用海水。

(6)混凝土配合比的质量控制

混凝土的配合比应根据设计的混凝土强度等级、耐久性、坍落度的要求,按 JGJ 55—2011《普通混凝土配合比设计规程》经过试配,结合原材料实际情况,确定一个既满足设计要求,又满足施工要求,同时经济合理的混凝土配合比。

影响混凝土强度的主要因素是水泥强度和水灰比，要控制混凝土质量，最重要的是控制水泥用量和混凝土的水灰比两个主要环节。在相同配合比的情况下水泥强度等级越高，混凝土的强度等级也越高。水灰比越大，混凝土的强度越低，增加用水量混凝土的坍落度增加，但是混凝土的强度也随之下降。

泵送混凝土配合比应考虑混凝土运输时间、坍落度损失、输送泵的管径、泵送的垂直高度和水平距离、弯头设置、泵送设备的技术条件、气温等因素，必要时应通过试泵送确定。设计出合理的配合比后，要测定现场砂、石含水率，将设计配合比换算为施工配合比，混凝土原材料的变更将影响混凝土强度，需根据原材料的变化，及时调整混凝土的配合比。

2. 混凝土施工质量的控制

混凝土浇筑前，对有特殊要求、技术复杂、施工难度大的结构应编制专项施工方案，包括混凝土施工缝的留置部位、施工缝的技术处理措施。

由于通省隧道单洞开挖距离长，混凝土运输距离相应的加长，因此混凝土运到施工地点后，首先检查混凝土的坍落度，对强度等级、坍落度和其他性能不符合要求的混凝土不得使用。混凝土中不得擅自加水。试验人员随机取样制作混凝土试件。试件的留置数量应符合规范要求，要留同条件养护试块、拆模试块。

在混凝土生产时如遇特殊情况，如水泥与外加剂适应性差、环境温度过高、运输距离远、运输时间长、坍落度损失大等应立即通知拌和站试验员，及时作出调整。试验人员尽量跟踪混凝土到现场，根据现场情况及时作出调整。拌和站应根据现场的施工进度有秩序有节奏的发车，尽量做到工地少压车。拌和站操作人员对拌和站的设备应定期校准，保证计量准确，发现异常立即整改。

混凝土在浇筑时应控制混凝土的均匀性和密实性，混凝土拌和物运至浇筑地点后，应立即浇筑入模。应注意防止混凝土的分层离析。混凝土由料斗、漏斗内卸出进行浇筑时，其自由倾落高度一般不宜超过 2 m，在竖向结构中浇筑混凝土的高度不得超过 3 m，否则应采用串筒、斜槽、溜管等下料。应经常观察模板、支架、钢筋、预埋件和预留孔洞的情况，当发现有变形、移位时，应立即停止浇筑，并应在已浇筑的混凝土凝结前修整完好。

混凝土在浇筑完毕后对表面覆盖及时进行养护，混凝土养护有两个目的：一是创造使水泥得以充分水化的条件，加速混凝土硬化；二是防止混凝土成型后因日晒、风吹、干燥、寒冷等自然因素的影响而出现超出正常范围的收缩、裂缝及破坏等现象。有条件时可采用塑料布覆盖养护，混凝土敞露的表面应全部覆盖严密，并保持塑料布内有凝结水。混凝土强度未达到 1.2 MPa 以前不得上人踩踏或安装模板及支架。养护对混凝土的整个性能都有较大的影响，特别是强度、抗裂性和抗渗性，养护方法和养护期对混凝土的收缩影响较大。在混凝土的养护中应尽量减少新浇筑混凝土的湿度损失。养护温度对混凝土的强度影响较大，在较低温度下养护不能获得较高的早期强度，但最终的极限强度较高，因此控制养护期间混凝土的温度是重要的。混凝土的初期养护仅使用养护剂效果不理想，在炎热气候条件下，用塑料薄膜覆盖外加湿麻袋降温效果较好。混凝土质量控制应符合 GB 50164—2011 的相关规定。如图 7-9 所示。

在混凝土实体施工完毕后，要定期对实体进行检测，对检测结果进行分析总结，用以指导下一阶段施工，发现问题及时解决。

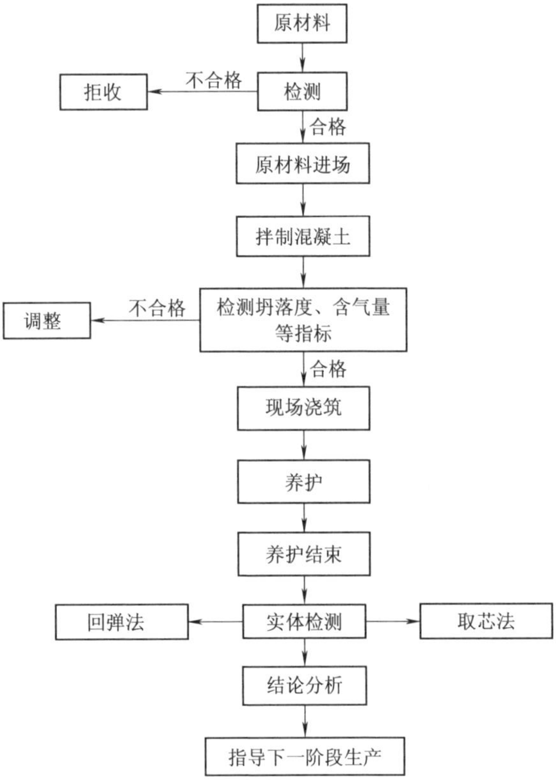

图 7-9　混凝土质量控制图

第四节　隧道施工安全管理

一、安全生产管理体系

安全目标："五无、二控制、三消灭"。

"五无"：无死亡事故、无重大交通责任事故、无重大机械操作事故、无火灾及爆炸事故、无违法犯罪活动；"二控制"：年重伤率控制在 0.6‰、年轻伤率控制在

12‰;“三消灭”:消灭违章指挥、消灭违章作业、消灭事故隐患。

安全生产实行项目经理负责制。建立健全安全组织保证体系,制定和完善安全生产管理制度,责任到人。成立以项目经理为组长,总工为副组长,工程部长、副经理、安质副经理、安质部长、专职安全员、副队长、现场技术人员为组员的安全领导小组。安全保证体系框图如图 7-10 所示。

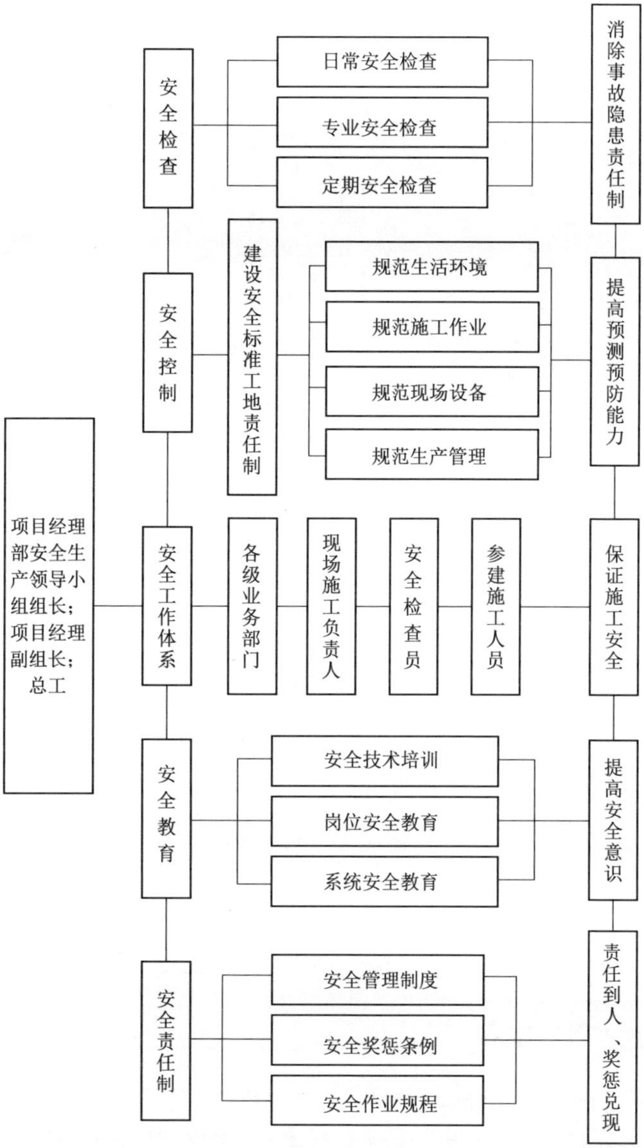

图 7-10 安全保证体系框图

二、安全管理制度

安全管理制度由项目经理牵头负责，由项目副经理、总工程师、财务部长三条线分管共抓。副经理分管安全工程师和物资材料部，具体进行安全措施的制订落实；总工程师分管工程部、安全质量部，从技术方案角度来落实安全生产管理；财务部长分管保障部，主要考虑安全生产措施的预结算和资金。项目需求还要建立专职安全员和分包安全员责任制度，并由他们去抓好班组长和兼职安全员，将安全生产落实到人，保证项目的顺利实施。

三、安全施工教育

由于十房项目通省隧道地处马蹄山下，围岩结构复杂，且强风化变质片岩分布较广，因此安全培训工作无论是在内容还是次数上都要增加。为严格贯彻“安全第一、预防为主、综合治理”的安全生产方针，提高新入场员工安全意识和安全素质，根据《安全生产法》及其他的相关规定，结合项目部实际情况，十房项目定期制定培训计划并实施。

1. 安全教育基本要求

安全培训计划中，对各类施工人员定期与不定期的进行培训，定期是每月对作业人员进行安全防护措施的小培训，每季度进行包括观看防塌及安全事故视频、学习安全手册的大培训。不定期是指在新的供电开工，新的工序开始施工前，由项目领导、安全总监等对项目技术及作业人员进行关于新工序系统的培训。

每次培训会，做到三必：一是必须做到应接受培训的人员全部到场；二是必须保证培训内容的全面易懂并做好详细的培训记录；三是必须对培训后的效果进行检查并及时反馈给安全部门。

2. 安全教育培训对象

项目全体员工：管理人员、特殊工种和普通岗位操作人员及一线普通作业人员。

3. 安全教育培训计划

(1)加强“安全第一、预防为主”的安全意识教育。安全意识教育就是通过对员工深入细致的思想工作，帮助员工端正事项，提高他们对安全生产重要性的认识。在提高思想意识的基础上，才能正确理解并积极贯彻执行相关的安全生产规章制度，加强自身的保护意识，不违章操作，不违反劳动纪律，做到“三不伤害”：不伤害自己、不伤害他人、不被他人伤害。

同时对项目各级管理人员（包括项目部和工区管理人员及技术人员等）也应加强安全思想意识教育，确保他们在工作时做好带头作用，从关心人、爱护人的生命与健康出发，重视安全生产，做到不违章指挥。

(2)将安全教育贯穿于生产的全过程，加强全员参与的积极性和安全教育的长期性。做到“全员、全面、全过程”的安全教育。因为生产与安全是不可分割的统一体，哪里有生产，哪里就需要进行安全教育。

(3)开展多种渠道、多种形式的安全教育。安全教育形式要因地制宜，因人而异，灵活多用，尽量采用符合人的认识特点的、感兴趣的、易于接受的方式。针对本项目的具体情况，安全教育的形式主要有以下几个方面：

1)会议形式。主要有：安全知识讲座、座谈会、报告会、先进经验交流会、事故教训现场会等。

2)张挂形式。主要有：安全宣传横幅、标语、标志、图片、安全宣传栏等。

3)现场观摩演示形式。主要有：安全操作方法演示、消防演习、触电急救方法演示等。

4)印发安全教育手册

十房项目在上场时，给工人印发了隧道施工安全手册，并及时印发修订版的《中华人民共和国安全生产法》，在施工间歇期，由安全总监会同安全质量部门带领一线施工作业人员进行学习。十房项目印发的隧道施工安全手册及安全生产法如图 7-11 所示。

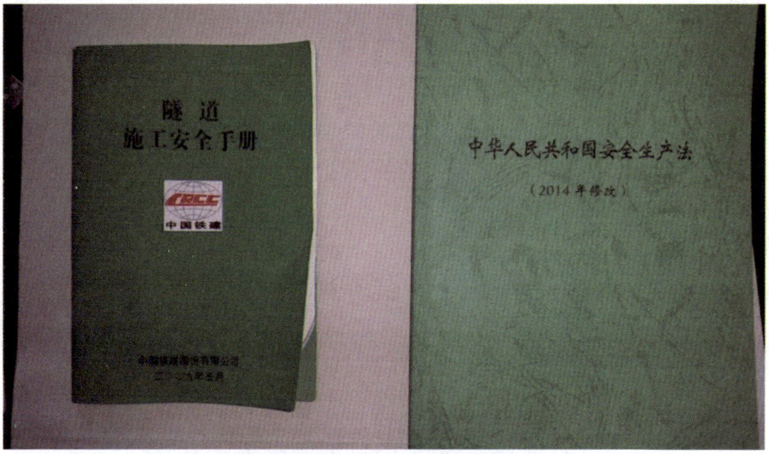

图 7-11　隧道施工安全手册及安全生产法

(4)严格执行项目的安全教育制度，杜绝未经安全教育就直接上岗的现象。对于新进场的新员工新工人，应严格要求进行安全教育，学习内容包括安全技术知识、设备性能、操作规程、安全制度和严禁事项，并经考核合格后方可进入操作岗位，考核情况要记录在案，安全教育时间不少于 24 学时。

4. 用工培训要求

(1)根据工程进度和施工需求，项目部在一季度必须完成炸药库库管员和爆破人员的特殊工种培训，该培训工作由项目部统一组织和考核。

(2)根据现场特殊设备配备情况，对特殊设备操作人员实行全部持证上岗，对未参加培训的人员，在一季度完成培训考核合格后，持证上岗。其他特殊工种人员，随工序转换，逐步完成培训学习。

(3)普通劳工的安全教育培训，由安质部牵头，采用授课、案例、影像资料等多种形式，进行培训教育，并随工程的进度，不同的施工阶段，对安全教育有不同的侧重，首先由安质部牵头，各工区组织完成劳工的进场安全教育。随工程施工转序逐步完成全员安全培训计划。

(4)组织全项目部各工点，对获得安全工作先进兄弟工程，进行观摩学习，在内部采用激励机制，互相学习、参观，推出重点样板工程，提高安全生产意识，杜绝安全事故发生。

(5)日常的安全培训，由安质部组织和落实，和工程部相互配合与协作，在安排生产技术培训的同时安排进行该安全工作的培训，同生产挂钩，具体计划按季度计划安排实施。

5. 培训内容

(1)综合教育

1)讲解安全工作与建立安全意识的重要性。

2)观看隧道事故视频，给项目管理人员和一线作业人员警示。

3)逐一讲解隧道施工过程中可能存在的安全隐患。

4)讲解常规隐患的排除方法和预防措施。

5)讲解隧道安全生产手册，宣贯正确的作业方式方法。

(2)开挖班

左、右洞：分成风枪班、立架班、喷锚班分别进行安全教育培训。

(3)二次衬砌班

左、右洞：根据作业特点，分成二次衬砌台车施工安全教育培训和防水板台车施工安全教育培训。

(4)司机

主要分为挖掘机司机、装载机司机和其他大中小型汽车驾驶员(含出渣车司机)等三大类进行安全教育培训。

(5)其他

根据施工作业特点，主要分为隧道临时用电安全教育培训、隧道焊接安全教育培训、钢筋切断机操作安全教育培训及隧道通风排水安全教育培训四类分别进行。

6. 培训频率和总计培训人数

培训频率和总计培训人数详见表 7-17。

表 7-17　十房项目年度培训计划表

<table>
<tr><th>时间</th><th>第一次培训内容</th><th>第二次培训内容</th><th>备　注</th></tr>
<tr><td>1月</td><td>对隧道通风排水和隧道焊接进行安全质量培训</td><td>对混凝土运输作业等进行安全培训</td><td rowspan="13">每月的培训根据现场施工情况择时进行，但当月的培训务必在当月进行；集中培训原则上所有管理、技术和作业人员必须到场；每次培训过后必须进行反馈，保证培训效果，切实起到防微杜渐，规范作业人员行为的作用；针对施工作业人员流动大的特点，对新进的人员要随时培训，切实做到先培训后上岗</td></tr>
<tr><td>上半年集中培训</td><td colspan="2">对春节返工的作业人员进行集中收心教育；对安全重要性进行宣贯，讲解隧道内安全隐患及预防措施并观看安全视频</td></tr>
<tr><td>3月</td><td>对隧道开挖班、二次衬砌班进行安全质量培训</td><td>对隧道喷射混凝土施工和二次衬砌混凝土施工进行安全培训</td></tr>
<tr><td>4月</td><td>对挖掘机、装载机操作进行安全质量培训</td><td>对爆破施工安全注意事项、爆破安全规程和管理，以及隧道运输进行安全培训</td></tr>
<tr><td>5月</td><td>对隧道使用的钢筋作业机械进行安全培训</td><td>对隧道混凝土施工的各种机械使用安全注意事项进行培训</td></tr>
<tr><td>6月</td><td>对混凝土运输作业等进行安全培训</td><td>对电工，电焊工进行安全技能培训</td></tr>
<tr><td>下半年集中培训</td><td colspan="2">对安全重要性进行宣贯，讲解隧道内安全隐患及预防措施并观看安全视频</td></tr>
<tr><td>8月</td><td>进行隧道喷射混凝土施工和二次衬砌混凝土施工进行安全培训</td><td>进行隧道防火和防坍塌安全意识学习培训</td></tr>
<tr><td>9月</td><td>对爆破施工安全注意事项、爆破安全规程和管理，以及隧道运输进行安全培训</td><td>对隧道通风排水和隧道焊接进行安全质量培训</td></tr>
<tr><td>10月</td><td>对隧道混凝土施工的各种机械使用安全注意事项进行培训</td><td>对隧道开挖班、二次衬砌班进行安全质量培训</td></tr>
<tr><td>11月</td><td>对电工，电焊工进行安全技能培训</td><td>对挖掘机、装载机操作安全</td></tr>
<tr><td>12月</td><td>进行隧道防火和防坍塌安全意识学习培训</td><td>对隧道使用的钢筋作业机械进行安全培训</td></tr>
</table>

在施工生产过程中，不限于表中所列培训内容，随时发现问题随时培训，安全重于台上，只有做好安全才能保证质量，切忌侥幸心理，防微杜渐是根本。

十房项目自开工以来，安全教育和管理工作开展及时全面，在多次塌方突泥的恶劣环境下，始终未发生严重的安全事故。每个工人在每年至少接受 4 次培训教育，至项目完工累计培训达10 500人次，为零伤亡事故的奇迹打下了坚实的基础。

第五节　隧道地质灾害应急预案

通省隧道主要穿越的地层为元古界武当群(Pt2wd)片岩，属于变质软岩，该区域片岩中云母含量高，受多期地质构造影响，岩体结构面错综复杂，岩体松散破碎，在富水区域该岩层基本无自稳能力。在隧道施工过程中易出现坍塌冒顶、突水涌泥、岩爆及软岩变形等灾害现象。

十房项目部为了防止和减少隧道施工中安全事故中人员伤亡和财产损失，促进安全生产形势的稳定以及总结安全生产工作的经验和教训，明确公司安全生产工作的重大问题和工作重点，提出预防事故的思路和办法，全面坚持“安全第一，预防为主，综合治理”的方针，贯彻“常备不懈、统一指挥、高效协调、持续改进”的原则，保证各种应急资源处于良好的备战状态，并有针对性地采取救援措施，防止事故的进一步扩大，减少人员伤亡和财产损失，制定应急预案。

项目部定期组织应急预案演练，通过演练来提高安全事故应急能力，验证事故应急预案的实用性、可靠性和可执行性，检验参加演练的人员能够明确自己的职责和应急行动程序，以及协调反应水平和实战能力。

一、隧道坍塌冒顶事故的应急预案

通省隧道围岩分层明显，片理面滑腻，节理和片理间多泥质物填充，围岩内摩擦角较小，黏结能力及自稳能力差。在富水区段基本无自稳能力，软化现象严重，呈流塑状。隧道开挖中出现拱顶坍塌冒顶事故等现象，将采取以下应急预案。

1. 应急措施

(1)现场施工人员立即撤离到安全地带，工班长负责清点人数，并将情况立即报告项目部调度。

(2)机械设备有条件转移时，在保证安全的前提下，由领工员指挥快速转移到安全地带。

(3)待坍方处于相对稳定时，由电工检查线路，恢复该地段安全应急照明，确保用电安全。

(4)如有水涌出时，应根据水量的大小，立即组织人员进行应急处理，原则是：堵、排、引结合。待施工方案确定后进行根治。

(5)项目部通知工程部(或办公室)采取摄影、录像等方式记录坍方情况。同时，项目部应急领导小组会同现场监理、业主、设计院配合组共同会勘，分析、确定坍方的性质、规模及其后果，并根据初步判断结果按下列分级程序处理：

如为C级(小型坍方):根据现场会勘结论及施工方案、措施,直接由项目部组织实施。

如为B级(中型坍方):项目部应立即通知公司专家参加现场会勘,分析发展趋势,制定施工方案、措施,由项目部立即安排实施。应急预案处于预警状态。

如为A级(大型坍方):项目部应立即通知中铁十七局专家组启动应急预案,同时电话报十房房县管理处,并在8 h内将详细情况书面报总指和监理单位,联合现场办公,评估事件的严重程度,分析发展趋势,采取一切措施控制事态的发展,减小事件对施工造成的影响和损失。

2. 隧道塌方的整治

(1)隧道发生塌方,应及时迅速处理,不得随意拖延时间。处理前,必须仔细观察塌方的范围、形状、数量大小及坍体的地质状况、地下水的分布、活动情况等,分析塌方发生的原因,研究制定处理方案。

(2)隧道塌方应根据发生的部位、规模及地质条件,采取"治塌先治水、治塌先加强"的原则,采取喷锚支护、注浆、管棚、加强二次衬砌、设置护拱等技术措施,不失时机、不留隐患地进行处理。

(3)清理塌方前,应采取下列技术措施,加强防排水工作:

1)地表沉陷和裂缝,应采用注浆填充和加固,或采用不透水土壤夯填紧密,开挖截水坑,防止地表水下渗进入塌体;

2)通顶陷穴口的地表四周应挖沟排水,搭设防雨棚遮盖穴顶,洞内衬砌通过塌方后,陷区应及时回填,回填应高出原地面,并用黏土或浆砌片石封闭穴口,做好排水;

3)塌体内有地下水活动时,采用管、槽引至排水沟排出,无法进行引排时可采用注浆堵水。

(4)隧道洞口坍方应按下列要求处理:

1)中小型坍方应将坍体自上而下全部清除。根据坍方后坡面的情况,可选刷坡卸载的方法,同时应对仰坡面自上而下进行喷锚加固。

2)大型坍方的坍体不必全部清除,可采取先挖台阶的形式清除一部分,再进行喷锚网加固,并在仰坡上适当位置设浆砌片石挡墙防护。

3)仰坡加固完成后,洞口段已露空洞身可采用暗洞明做或改为明洞衬砌,拱圈上部可回填土石或浆砌片石。

4)根据仰坡坍方的规模及稳定性情况,对洞内二次衬砌应进行加强。

(5)石质类塌方的围岩级别为Ⅱ～Ⅳ级,岩体以未风化或轻度风化的岩层为主,节理较发育,坍体呈碎石状,黏土及砂的含量较少,一般不超过30%,为塌方的围岩呈相对稳定状态。目前使用较多的方法为WNF法和WF法。

1)WNF法:先清除塌体,利用围岩暂时的基本稳定状态,抓紧时间沿坍塌面采用喷锚支护技术加固未塌的地层（即 W，以下称“外层初期支护”），然后沿二次衬砌外轮廓施作钢架混凝土支护壳体（即 N，以下称“内层初级支护”）。同时用钢架将内、外层初级支护连成整体，待二次衬砌完成以后，沿内层初期支护外轮廓依次设防水层、1m 厚混凝土护拱及 1m 以上的土石缓冲层（即 F，简称“防护”）。这种方法的特点是工序多，处理周期长，成本高，但安全可靠。此法适用于坍腔横断面矢跨比小于 0.7 时的坍方。

2）WF 法：当坍方高度较大，塌腔横断面矢跨比大于或等于 0.7 时的坍方，W、F 的含义同前，在坍方发生后，利用围岩的自稳能力，抓紧时间沿坍方面外层进行初期支护，不设（也难于设）内层初期支护，待二次衬砌完成以后，设置与 WNE 法相同的防水层、护拱及缓冲层。与 WNE 法比较，WF 方法未设内层初级支护及内、外层初级支护之间的联系钢架，从而成本大量降低，处理周期短很多，但因矢跨比较大，再次塌的可能性较小，仍能基本确保施工安全。由于设有 1 m 厚的混凝土护拱及 1 m 以上的土石缓冲层，即使在隧道完工后的运营时期，发生了一定规模的坍方，其抗冲击能力仍能确保运营安全。

（6）当岩石类塌方已塌至原地面（这种情况一般只发生在浅埋隧道或深埋隧道的洞口段）时，就不能采用清渣的方法，而应利用塌渣。施工时应先处理地面塌口，其内容具体如下：

塌口周围进行防排水处理。塌口进行喷射混凝土封闭。根据情况，决定是否采用地表注浆加固，以防止塌方的继续发展和扩大。

洞内塌方采用注浆加管棚的方法，即 Z 法进行处理，其施工的具体内容为：

1）设止浆墙，一般采用素混凝土（厚度一般为 1 m）或浆砌块石（厚度一般大于 2 m）；

2）安设注浆孔口管：一般采用长 2.5～3.0 m，直径为 80～150 mm 的孔口管；

3）塌体注浆，一般采用双液浆或单液浆；

4）注浆完成后，打设管棚，一般采用直径为 80～150 mm，长 10～32 m 的长管棚；

5）管棚内注浆，一般在管棚内安放小钢筋笼并灌注水泥砂浆。

（7）土质类塌方，除了开挖面附近，因地质或水文原因引起的局部坍塌外，一般规模较大，为大型或特大型塌方。土质隧道在开挖后，围岩的稳定主要靠土粒间的摩擦力维持，其自然坍塌的高度，达 40～50 m，按隧道宽度为 10 m，坍塌纵向长度也按 10 m 考虑，其塌方数量即可达到 5 000～8 000 m^3，引起这类塌方的主要原因：一是初期支护的强度不够；围岩的周边收敛变形过大；二次衬砌未及时施作，使围岩暴露时间过长。

土质类塌方的处理，应根据土质类塌方的特点，施工时考虑几个不同的事项：

1）注浆。一般不采用渗透注浆，因效果不理想，而采用超细水泥的劈裂注浆。

2)管棚的钻孔。因成孔较困难,故大多数情况下,应采用跟管钻机钻孔。

3)开挖。应采用小断面开挖,如注浆效果不理想时,可考虑增设临时预应力仰拱的技术。

4)支护。初期支护及时进行,并保证其强度和刚度,防止第二次塌方的发生,并及时施作二次衬砌。

发生塌方的地段,一般情况下,其地质状态较差,故其开挖及支护应按照软弱围岩的开挖及支护要求进行,即严格遵守“短进尺,弱爆破,强支护”的原则。

对于岩石类塌方中采用Z法处理的塌方地段,如果岩石本身的强度高,呈均匀的碎石状,黏土及沙石含量较少,则采用塌体注浆加固后,其强度及整体性大大提高,此时的塌体稳定性相当于Ⅲ～Ⅳ级围岩条件。因此在这样的条件下,可采用全断面开挖,但进尺一般不超过2 m,其初级支护及二次衬砌的施工可比照Ⅲ～Ⅳ围岩的要求进行。

(8)塌方地段的衬砌是否加强及如何加强,应结合回填的方式方法一起考虑。如采取将塌穴填满的方式,衬砌一般可不加强。对于采用WNF方法处理的塌方,因设有钢筋混凝土支护壳体和护拱及土石缓冲层,其衬砌可适当加强(如增加厚度)。对于WF方法处理的塌方,只有护拱及土石缓冲层,其衬砌应加强(如采用钢筋或钢架混凝土衬砌)。对于Z法处理的塌方,其衬砌一般不需要加强,但其衬砌后,必须采取注浆填充处理。

3. 处理塌方的物质储备及机械

处理塌方的物质储备及机械见表7-18。

表7-18　主要应急机械设备和物资储备表

序号	材料、设备名称	单位	数量	规格型号	主要工作性能指标	现在何处
1	挖掘装载机	台	2	ITC312		现场
2	装载机	台	2	Zl50c		现场
3	装载机	台	2	Zl50-E		现场
4	机动翻斗车	辆	2	FC-1	斗容0.75 m^3	现场
5	液压汽车吊	辆	1	KY-25	25 t	现场
6	电焊机	台	2	BX500		现场
7	卷扬机	台	2	JJ2-0.5	拉力5 t	现场
8	移动式螺杆空压机	台	4	SP522		现场
9	移动式内燃空压机	台	2	FDR500		现场
10	风动凿岩机	台	40	YT-28		现场

续上表

序号	材料、设备名称	单位	数量	规格型号	主要工作性能指标	现在何处
11	水泵	台	30	10sh-13		现场
12	水泵	台	20	10sh-28		现场
13	水泵	台	15	250JQC140X2		现场
14	发电机	台	3	202 kW		现场
15	发电机	台	2	30 kW		现场
16	通风机	台	2	DT125-F110		现场
17	通风机	台	1	DT180		现场
18	注浆泵	台	3	PH-250		现场
19	注浆泵	台	3	ZJB-35		现场
20	混凝土喷射机	台	2	MEYCO Potenza		现场
21	混凝土喷射机	台	1	TK-961		现场
22	扒钉	个	200			
23	钢管	t	5	48 mm×5 mm		
24	枕木	根	200	2.5 m×0.2 m×0.2 m		
25	水玻璃	t	1			
26	编织袋	个	2 000			
27	钢拱架	t	20	20 工字钢		

二、隧道突水涌泥事故的应急预案

隧址区的地质构造主要受房县—青峰逆冲断裂带控制。在穿越断裂带处施工过程中易发生涌水突泥事故。将采取以下应急预案。

1. 应急措施

(1)现场施工人员立即撤离到安全地带，工班长负责清点人数，并将情况立即报告项目部调度。

(2)机械设备有条件转移时，在保证安全的前提下，由领工员指挥快速转移到安全地带。

(3)电工切断危险区段电源，检查线路无误后，在靠近突水突泥区的安全地带恢复照明，确保用电安全。

(4)项目部通知工程部(或办公室)采取摄影、录像等方式记录突水突泥情况。同时，项目部应急领导小组会同现场监理、设计院配合组共同会勘，分析、确定突水突泥的性质、规模及其后果，并根据初步判断结果按下列分级程序处理：

如为C级（小方量突水涌泥）：根据现场会勘结论及施工方案、措施，直接由项目部组织实施。

如为B级（中方量突水涌泥）：项目部应立即通知公司专家参加现场会勘，分析发展趋势，制定施工方案、措施，由项目部立即安排实施。应急预案处于预警状态。

如为A级（大方量突水涌泥）：项目部应立即通知中铁十七局专家组启动应急预案，同时电话报十房房县管理处，并在8 h内将详细情况书面报总指和监理单位，联合现场办公，评估事件的严重程度，分析发展趋势，采取一切措施控制事态的发展，减小事件对施工造成的影响和损失。

(5)水量小时，在靠近齐头的地方，用编织袋装土堆码，或开沟引至排水沟排放；水量大时，在靠近的地方，用编织袋装土临时堆码，然后灌注混凝土封堵。

2. 处理方案

(1)处理原则

根据大量隧道岩溶处理的工程实践，岩溶处理遵循"以疏为主、堵排结合"的原则进行处理。对于隧道穿过可溶岩与非可溶岩接触带、断层破碎带等地段，预计地下水较大，根据实际情况采用"以堵为主，限量排放"的原则，达到堵水有效、防水可靠、经济合理的目的。

(2)探明情况，确定处理方法

采取综合地质超前预测手段，探明岩层形态、规模、充填物情况、含水情况和地下水活动情况等地质情况，然后确定处理方法。

(3)处理方法

处理主要方法有：注浆加固、封堵、充填封闭、输导、跨越等。

1)注浆加固、封堵：包括超前帷幕注浆、后注浆、局部注浆、补注浆等四种方式。

①超前帷幕注浆封堵：

超前帷幕注浆适用于溶洞规模较大，内部充填了大量的泥沙，且含有丰富的地下水，一旦揭穿可能发生大规模突水突泥的情况。

注浆加固的范围为隧道开挖轮廓线以外1～2倍洞径，每循环注浆段长30 m，孔径90～180 mm，注浆压力为水压力的2～3倍，浆液扩散半径为2 m。根据注浆压力，第一循环混凝土止浆墙为1～3 m厚。注浆方式可根据水压大小、成孔难易程度，采取袖阀管后退式或孔口管分段前进式注浆。注浆材料可根据溶洞内容物选用纯水泥浆、TGRM浆、HSC浆等。注浆后检验注浆效果，当达到开挖效果时，每循环开挖25 m，留5 m作为止浆墙。如开挖后存在薄弱部位，采用长管或短管进行局部补充注浆（补注浆）。

超前帷幕注浆封堵具体做法如图7-12所示。

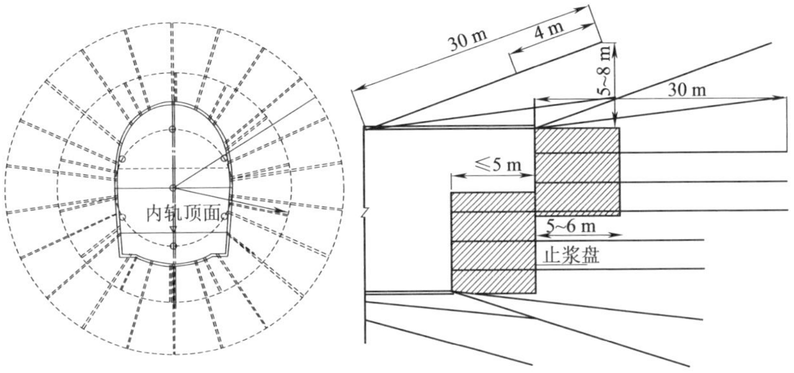

图 7-12　隧道超前帷幕注浆结构示意图

②径向注浆(后注浆):隧道开挖后,隧道周边存在大面积湿渍或渗漏水现象时,采取径向注浆进行封堵。注浆加固范围一般为隧道开挖轮廓线外 0.5～1.0 倍洞径。

采用风钻或小型液压钻机在出水部位及其附近钻孔,钻孔直径为 40 mm 左右,钻孔深度应为 3.0～5.0 m,梅花形布置。在集中出水点处,间距控制在 0.5～1.0 m,在一般渗水处间距控制在 1.0～1.5 m。

注浆采用 ϕ42 mm 钢管,根据钻孔出水部位,在钢管前端 2.0～3.0 m 范围内钻花孔。注浆材料选用超细水泥浆、普通水泥浆、TGRC 水泥基灌浆料或其他特种注浆材料。如水量较大,水泥浆在地层中凝固困难,在浆液中加入外加剂,缩短其凝胶时间,或者使用少量水泥—水玻璃浆液及化学浆液。注浆材料配合比应根据现场注浆试验确定。径向注浆(后注浆)如图 7-13 所示。

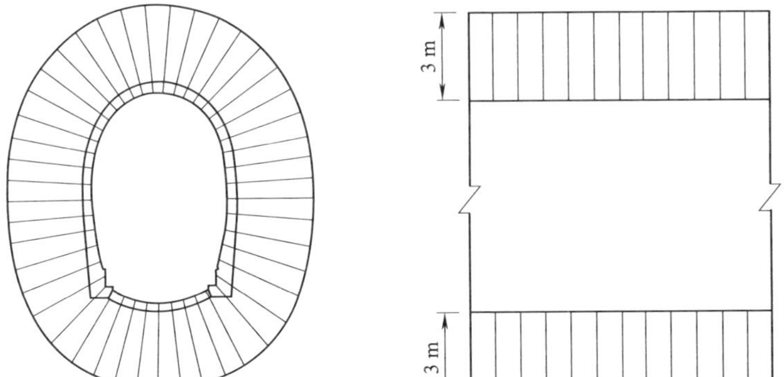

(a) 注浆加固横断面　　(b) 注浆加固纵断面

图 7-13　径向注浆示意图

B—隧道开挖宽度

③局部注浆：

局部注浆适用于岩层的溶隙、软弱夹层的局部有股状涌水现象，出水比较清澈，受大气降雨影响不大的情况，其处理采用直接封堵法和间接封堵法。

a. 直接封堵法：对于涌水压力 $P \leqslant 0.5$ MPa 的股状出水点，如来水方向可以确定，可采用直接封堵法进行处理。沿着出水部位和出水方向直接钻孔，孔间距应控制在 0.5～1.0 m，钻孔深度应为开挖轮廓线外(0.5～1.0)D(D 为开挖孔径)。注浆材料应选用普通水泥浆、TGRM 浆，如局部出现漏浆可采用水泥—水玻璃浆液进行封堵。注浆前应做压水试验，以确定注浆压力，注浆压力大于 2～3 倍涌水压力。

b. 间接封堵法：对于涌水压力 0.5 MPa$<P \leqslant$1.0 MPa 的股状出水点，或来水方向不能明确判断的出水部位，可采用间接封堵法进行处理。在围岩表面距离出水部位，向出水方向钻斜孔，孔间距控制在 0.5～1.0 m，钻孔深度与直接注浆法类似，大部分孔应穿过出水岩层，将水引出。其注浆材料、注浆工艺、注浆结束标准和间接注浆法类似。该法的特点是，钻孔受水的影响较小，且钻孔容易探到出水部位，同时对围岩加固效果好。

2)充填封闭：

如隧道拱部、边墙或底部存在小型干溶洞或空腔，内部无填充物和水，可以采用砂石料、浆砌片石、干砌片石、水泥砂浆、混凝土等进行全部填充，必要时进行压浆加固。如空腔内有少量流动水，则应预留过水通道，使地下水流管道畅通。

3)溶管水的处理：

为了不改变地下水的流动规律，溶管水的处理首先选择连通方案。通过多种地质手段，探明隧道周围溶管的发育方向，对于流动路径比较明确的溶管水，如确系隧道将溶管截断，可以通过在拱顶、边墙或底部适当部位增加辅助通道将溶管连通，开设过水通道，不改变地下水总的流动趋势。辅助管道按照实际情况设置一定的坡度，以防止溶管内泥砂淤积堵塞，如图 7-14 所示。

①基底处理：

如隧道底部为松散或软塑状的黏土或砂黏土沉积物，为了防止列车运行过程中结构产生固结沉降，应加强对基底的处理，隧道底部的处理采用注浆加固、换填、桩基等方法。

②基底换填：如果基底溶洞充填物的厚度小于 2.0 m(2.0 m 以下为基岩或微风化地层)，可以考虑采用换填方法，换填材料选用浆砌片石、混凝土等。

③基底注浆加固：如基底溶洞充填物的厚度为隧道仰拱以下 2.0～10.0 m，考

虑用注浆加固法，如图 7-15 所示。钻孔应深入基岩 3.0 m 左右，孔间距为 1.0～2.0 m，注浆管选用无缝钢管，直径为 76～108 mm，注浆材料选用普通水泥或超细水泥浆，注浆压力不应大于 1.0 MPa，注浆管上端应和仰拱相连，以提高支护结构的强度和刚度，如图 7-15 所示。

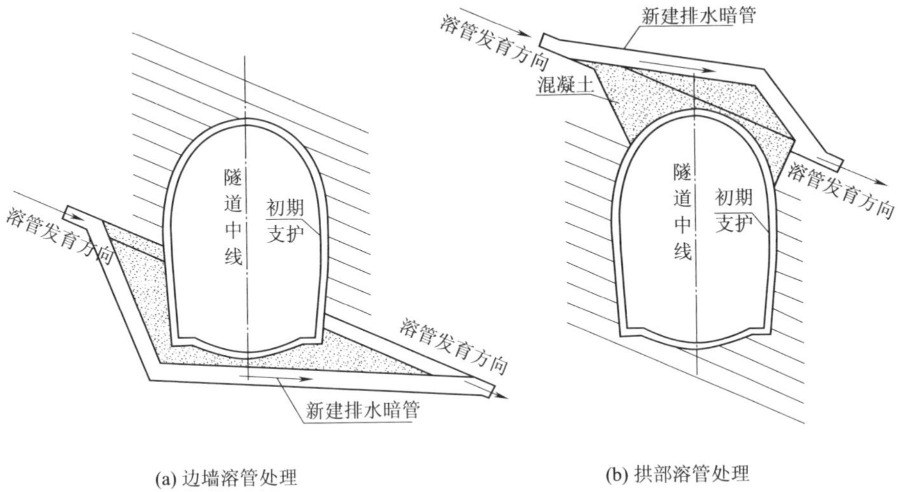

图 7-14　溶管疏导示意图

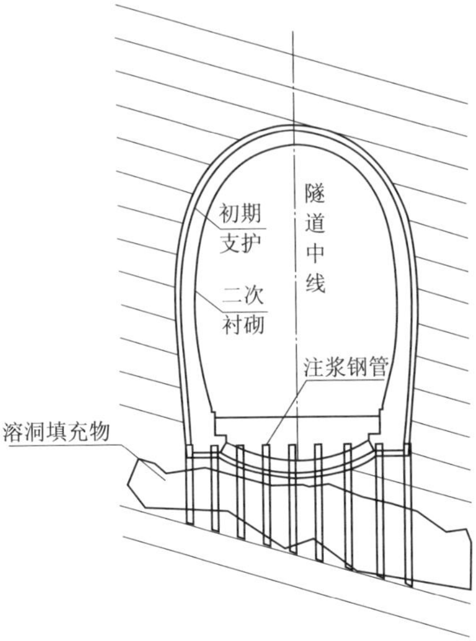

图 7-15　基底溶洞注浆加固示意

4)暗河的处理：

根据地质资料，本隧道区域岩溶发育，隧道施工中遭遇较大暗河可能性较大，施工时将采取以下措施及方法：

如隧道底部暗河宽度和深度都较小，可在隧道底部设置暗涵、暗管跨越。

如顶部存在暗河，则应在顶部设置暗管跨越或将水引入隧道底部跨越。

如果隧底的暗河宽度和高度都很大，可采用桥梁的形式跨越。施工时，先行探明洞壁的地质情况，确定墩台基底的位置、承载力以及合理的桥跨结构。

5)溶洞和裂隙堵填：

①对已停止发育，径跨较小且无水的溶洞，根据其与隧道相交的位置采用混凝土、浆砌片石或干砌片石予以回填封堵。

②拱部以上空溶洞，可视溶洞的岩石破碎程度采用喷锚支护加固或加设护拱及拱顶回填的办法处理。破碎程度较严重的，采用劈裂注浆固结技术或长大管棚支护法施工。

6)溶洞跨越：

①如果所遇溶洞较大较深，采用梁、拱跨越，将梁端或拱座置于稳固可靠的基岩上。当隧道一侧遇到狭长而较深的溶洞时，采用加深该侧边墙基础通过。

②当隧道底部遇到较大溶洞并有流水时，可在隧道底以下砌筑浆片石，支承隧道结构，并在墙脚内设排水管引排岩溶水。

③当隧道边墙部位遇到较大、较深的溶洞，采用在边墙部位或隧底以下筑拱通过。

④当隧道中部及底部遇到溶洞时，采用加强边墙基础，或根据情况设置桥台架梁通过。

⑤溶洞上大下小且有部分充填物时，可将隧道顶部的充填物清除，然后在隧道底部标高以下设置钢筋混凝土横梁及纵梁。

⑥隧道穿过大溶洞情况较为复杂时，可根据情况以边墙梁及行车梁通过。

(4)岩溶地段施工技术措施

隧道穿过可溶性岩层，施工过程中会遇到岩溶孔洞和岩溶裂隙水、岩溶突水等地质灾害，为此特制定以下施工技术措施。

1)超前探水：

为了更好地了解隧道开挖工作面前方地质情况，对大型溶洞需进行地质雷达或地震反射超前探测，用红外探水仪探测岩溶水。超前探水段每次长 30 m，开挖 25 m，保留 5 m。探水孔宜采用水平钻机施钻，终孔超出开挖轮廓线外 5 m，超前探水具体如图 7-16 所示。

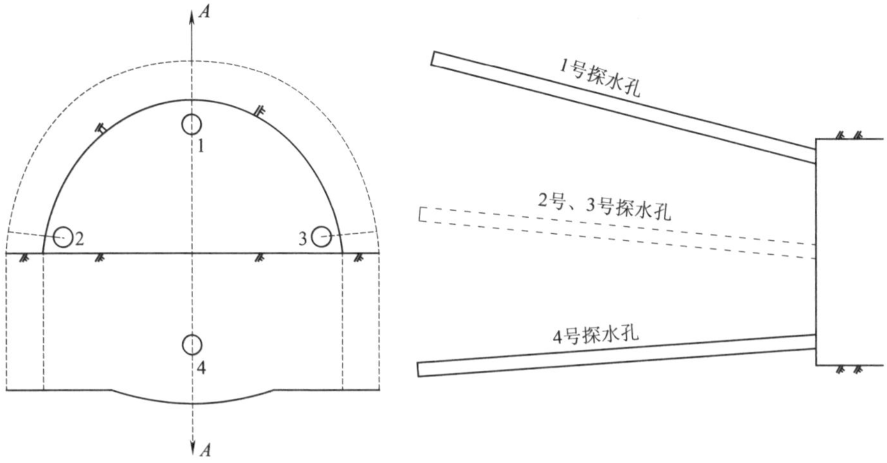

(a) 隧道断面图　　　　(b) A—A截面

图 7-16　隧道引排水示意图

2)引排措施：根据超前钻孔和地质雷达及红外线探水探测资料，对如下情况的岩溶水进行引排，当暗河和溶洞有水流，水流在隧道上部，开设引水通道进行引排，将水引至隧道开挖轮廓断面以外。

3)注浆堵水措施：对于岩溶裂隙股状出水点、裂隙面状出水点采用注浆堵水方式进行。

①注浆参数：注浆孔口间距 1～1.5 m，单孔扩散半径为 2 m，注浆压力小于 0.5 MPa。注浆材料选用水泥—水玻璃双液浆，水泥、水玻璃体积比宜为(1：0.9)～(1：0.3)，水灰比宜为(1.1：1)～(0.6：1)，水玻璃模数 m 取 2.4～3.4，玻美度为 30～35Be′。

②注浆工艺：详见帷幕注浆工艺部分内容。

4)岩溶地段施工措施：

①施工前应做好综合超前探测工作，及时了解岩溶发育程度、走向状态、水量大小等情况，制定处理方案。

②采用引、排、堵相结合的方式，处理好岩溶水，消除隐患。

③处理岩溶溶洞时，注意检查溶洞顶板，及时处理危石，做好安全防护工作。

④溶洞地段爆破作业时，应遵循多打眼、打浅眼，弱爆破的原则。

⑤处理岩溶地段，一定要本着安全第一，预防为主，综合治理，科学组织，精心施工，不留后患的原则。

5)处理突水涌泥的物质储备及机械：

主要应急机械设备和物资储备见表 7-19。

表 7-19 主要应急机械设备和物资储备表

序号	材料、设备名称	单位	数量	规格型号	主要工作性能指标	现在何处
1	挖掘装载机	台	2	ITC312		现场
2	装载机	台	2	Zl50c		现场
3	装载机	台	2	Zl50-E		现场
4	机动翻斗车	辆	2	FC-1	斗容 0.75 m^3	现场
5	液压汽车吊	辆	1	KY-25	25 t	现场
6	电焊机	台	2	BX500		现场
7	卷扬机	台	2	JJ2-0.5	拉力 5 t	现场
8	移动式螺杆空压机	台	4	SP522		现场
9	移动式内燃空压机	台	2	FDR500		现场
10	风动凿岩机	台	40	YT-28		现场
11	水泵	台	30	10sh-13		现场
12	水泵	台	20	10sh-28		现场
13	水泵	台	15	250JQC140X2		现场
14	发电机	台	3	202 kW		现场
15	发电机	台	2	30 kW		现场
16	通风机	台	2	DT125-F110		现场
17	通风机	台	1	DT180		现场
18	注浆泵	台	3	PH-250		现场
19	注浆泵	台	3	ZJB-35		现场
20	混凝土喷射机	台	2	MEYCOPotenza		现场
21	混凝土喷射机	台	1	TK-961		现场
22	扒钉	个	200			
23	钢管	t	5	48 mm×5 mm		
24	枕木	根	200	2.5 m×0.2 m×0.2 m		
25	水玻璃	t	1			
26	编织袋	个	2 000			
27	钢拱架	t	20	20 工字钢		

三、隧道岩爆事故的应急预案

岩爆主要为围岩片状剥落和弯状爆裂。片状剥落岩石呈薄片或板状，单层厚度 0.5～10 cm，破裂面大多平直，局部有花纹；弯状爆裂岩坑上部发生张性破裂，形成粗糙的破坏面，下部发生剪切滑移，形成平行条纹状破裂面。隧道施工出现岩爆事故现象，将采取以下应急预案。

1. 岩爆预测方法

(1)地质分析与预测：围岩强度应力比；

(2)仪器法：微振监测法、声发射法；

(3)围岩性质预测法：岩石新鲜、干燥、脆硬，抗压强度大、断层带附近完整岩体；

(4)复杂地质构造：如褶皱、岩脉、断层及岩层的突变等；

(5)钻孔状态钻孔时的卡钻爆裂声；

(6)支护岩爆部位以拱肩或腰部为多。

2. 岩爆的诱发因素

(1)重分布后的应力量级；

(2)开挖对围岩的扰动。

3. 应急措施

(1)现场施工人员立即撤离到安全地带，工班长负责清点人数，并将情况立即报告项目部调度。

(2)机械设备有条件转移时，在保证安全的前提下，由领工员指挥快速转移到安全地带。

(3)电工利用岩爆间隙，尽快恢复、更换损毁的线路和灯具，确保该地段正常照明。

(4)项目部通知工程部(或办公室)采取摄影、录像等方式记录岩爆情况。同时，项目部应急领导小组会同现场监理、设计院配合组共同会勘，分析、确定岩爆的性质、规模及其后果，并根据初步判断结果按下列分级程序处理：

如为 C 级(小规模岩爆)：根据现场会勘结论及施工方案、措施，直接由项目部组织实施。

如为 B 级(中规模岩爆)：项目部应立即通知公司专家参加现场会勘，分析发展趋势，制定施工方案、措施，由项目部立即安排实施。应急预案处于预警状态。

如为 A 级(大规模岩爆)：项目部应立即通知中铁十七局专家组启动应急预案，同时电话报十房房县管理处，并在 8 h 内将详细情况书面报总指和监理单位，联合现场办公，评估事件的严重程度，分析发展趋势，采取一切措施控制事态的发展,减小事件对施工造成的影响和损失。

4. 岩爆地段的施工方法和措施

(1)施工方法:施工中降低一次爆破用药量,短进尺、多循环,实施光面爆破,严格按照设计要求及时施作初期支护,初期支护紧跟开挖,并适当加强。

(2)监测预报:施工过程中采用声发射法监测预报岩爆,进行地应力测试,预测岩爆等级,掌握其爆发规律。

(3)临时待避:施工期间加强对岩爆发生规律的了解和掌握,在其激烈时段内人员及设备临时规避,以策安全。

(4)喷洒高压水:浇洒岩壁表面,通过降低岩体温度的办法,使岩体中聚集的能量以热能的形式释放,以降低地应力强度。

(5)钻孔预释能:岩爆较强地段采用凿岩台车在掌子面打设3～4个深孔,并于孔内装少量炸药起爆,通过爆破振动诱使围岩应力得到释放,从而降低岩爆的频度。

四、隧道软岩变形事故的应急预案

通省隧道在施工过程中围岩岩性与结构多变。岩体完整性以及岩体的片理结构均发生较大的变化,初期支护变形破坏强烈,易产生初期支护变形事故。将采取以下应急预案。

1. 应急措施

(1)现场施工人员立即撤离到安全地带,工班长负责清点人数,并将情况立即报告项目部调度。

(2)机械设备有条件转移时,在保证安全的前提下,由领工员指挥快速转移到安全地带。

(3)项目部通知工程部(或办公室)采取摄影、录像等方式记录大变形情况。同时,项目部应急领导小组会同现场监理、设计院配合组共同会勘,分析、确定变形的性质、规模及其后果,并根据初步判断结果按下列分级程序处理:

如为C级(小规模围岩变形):根据现场会勘结论及施工方案、措施,直接由项目部组织实施。

如为B级(中等规模围岩变形):项目部应立即通知公司专家参加现场会勘,分析发展趋势,制定施工方案、措施,由项目部立即安排实施。应急预案处于预警状态。

如为A级(大规模围岩变形):项目部应立即通知中铁十七局专家组启动应急预案,同时电话报十房房县管理处,并在8 h内将详细情况书面报总指和监理单位,联合现场办公,评估事件的严重程度,分析发展趋势,采取一切措施控制事态的发展,减小事件对施工造成的影响和损失。

2. 处理措施

(1)施工中加强监控量测,采用孔径变形法、简易应力解除法等方法进行地应力测试,预测变形等级。当围岩压力大于设计压力时,联系设计方加强措施。

(2)开挖中控制好隧道的光面爆破,尽量减少对围岩的扰动,增强围岩自稳能力。

(3)喷射混凝土视围岩变形量分次施作,减小围岩内应力;适当增大围岩的预留变形量,以防围岩后期变形对隧道净空的影响。

(4)初期支护施作紧跟开挖,并尽快成环,必要时在隧底设临时仰拱并用自进式长锚杆加固,改善初期支护受力状态。

(5)水是引起围岩变形的一个关键因素,施工中掌子面处的积水及时排除干净,为防止坑道积水软化围岩,洞内临时水沟用混凝土浇筑,并及早施作仰拱。

(6)软岩碎胀扩容地段衬砌时机根据量测结果和设计要求确定,按先仰拱、后墙拱衬砌。

第六节　科学技术支撑

一、技术咨询

1. 超前地质预报

十房项目通省隧道地处马蹄山下,地质结构复杂,岩性多变,软弱围岩占比大(Ⅳ、Ⅴ级围岩占隧道总长度的 99.6%),项目部所拥有的设备和超前地质预报人员不足于正确及时预报掌子面前方的围岩状况和可能发生的地质灾害信息。为了安全快速的实现隧道贯通,保证掘进过程中对前方的围岩状况和结构类型有清晰的认识,项目部决定聘请华东交通大学地下工程专家共同完成通省隧道超前地质预报工作,以最大限度的降低地质灾害发生带来的损失。

项目部超前地质预报小组会同华东交通大学的专家,根据地质条件采用 GPR 和 TSP 法结合地质推断法进行超前地质预报。一般情况采用 GPR 法结合地质推断方法进行,对于地质勘测报告中已经明显的地质复杂隧段或者开挖中揭示为地质复杂隧段采用 TSP 结合地质推断法进行。当采用 GPR 法时,应用 mala Ground Vision2 采集系统激发电磁波并接受反射波,再利用 Reflexw2D 专用软件分析,根据反射波的不同特征识别掌子面前方的不良地质灾害;当采用 TSP 法时,设计 24 个震源点激发地震波,应用高灵敏的加速度地震传感器接收反射的地震信号并以数字形式记录下来。再通过 TSPwin light2.1 专用软件处理,了解隧道工作前方地质体的性质(软弱岩带、破碎带、断层、含水岩层等)、位置及规模。

2. 方案论证

(1)2010 年 9 月 15 日，湖北省十房高速公路建设指挥部在房县主持召开了十房高速公路第三次设计例会，对通省隧道施工通风方案进行评审。

通省隧道左、右洞均采用分两段单竖井(竖井分别设置在隧道左、右洞中间)的运营通风设计方案。施工图设计运营通风设计方案能够满足通省隧道运营通风的相关要求，但在隧道掘进过程中，所设计的竖井无法为施工通风提供帮助。

为满足施工通风要求，指挥部、设代处、中国地质大学、中铁十七局、监理办五家会审，对通省隧道通风设计方案进行变更，两竖井位置由现在的隧道中间位置分别变更至距离隧道进口和出口大约 1/3 距离处(具体位置由勘测单位进行详勘)，以便于提前贯通的竖井给隧道施工过程中通风使用，保证隧道单向机械通风距离小于 2 km，保证洞内作业环境，为工程安全和质量打下基础。

(2)2011 年 5 月 10 日湖北省十房建设指挥部在房县主持召开了通省隧道初期支护参数优化和工艺工法研讨会。参加研讨会的有中国地质大学教授陈建军、吴刚，湖北省交投地下工程专家，十房项目建设指挥部总工程师等。

研讨会建议：

1)施工单位应根据各自围岩情况和围岩级别编制适用的隧道施工工法，确保施工安全、高效。

2)Ⅳ、Ⅴ级围岩地段应尽早施工仰拱，尽快成环。建议 Z5a 及更弱的支护形式时仰拱与掌子面的间距不得大于 15 m。

3)施工单位在掘进时应预留临时排水沟，有意识引排工作面内的积水，避免积水泡软钢支撑拱脚，造成钢支撑失稳，出现局部变形等不利情况。

4)施工单位应在设计的基础上适当增大预留变形量，尤其在软岩地段。

(3)2011 年 5 月 30 日，湖北省十房高速公路建设指挥部在房县主持召开了十房高速公路通省隧道设计施工技术研讨会，参加会议的有中国地质大学、湖北省交通规划设计院、沈阳公路工程监理有限责任公司、中铁七局三公司、中铁十七局等单位的领导及专家。参会人员对隧道塌方进行察看后分别对支护参数和工艺工法进行了优化。

1)支护参数

对初期支护参数进行了优化，钢支撑间的连接钢筋间距加密到 50 cm，在钢支撑内外侧交叉布置。

施工单位与设计院和中国地质大学进一步加强合作，对围岩等级判定原则进一步细化，出台适用、便于操作的围岩等级判别方法。

设计人员与施工单位加强联系，加强动态设计的理念，施工单位遇到的问题第一时间与设计院和中国地质大学的专家交流，以便于及时解决，避免安全质量事故的发生。

2)Ⅴ级围岩工艺工法

仰拱与掌子面之间的距离不得大于 30 m。上台阶每循环进尺不得大于 1.5 榀钢支撑间距(0.75 m),下导坑单侧每循环进尺不得大于 2 榀钢支撑间距(1 m)。二次衬砌与掌子面间距不得大于 60 m。左右洞间距不得小于 72 m,主要避免左右洞爆破施工的互相影响。

(4)2011 年 5 月 30 日,湖北省十房高速公路建设指挥部在房县主持召开了十房高速公路通省隧道 5.26 塌方处治方案研讨会,参加会议的有中国地质大学、湖北省交通规划设计院、沈阳公路工程监理有限责任公司、中铁七局三公司、中铁十七局等单位领导和专家。参会人员对隧道塌方现场进行了察看,会议针对通省隧道 5.26 塌方地段处治方案进行了讨论,具体处治方案如下:

洞内塌体处治:

1)对塌方进口端未破坏地段初期支护,架设临时拱架进行加固。

2)对塌方渣体沿拱圈周边采用 ϕ42(1 m×1 m)小导管注浆固结,表面采用喷射 10 cm 厚 C20 混凝土封闭。

3)塌方段采用长 6 m 的 ϕ42 双层小导管超前预支护注浆加固,小导管纵向布设间距 1.8 m。

4)支护按照通省隧道支护参数优化和工艺工法研讨会会议纪要,采用 Z5a 复合式衬砌初期支护参数,对塌方段进行开挖后的初期支护处理,预留泄水管以排塌腔水。塌体注浆参数如图 7-17 所示,超前支护如图 7-18 所示。

5)在塌腔范围及时模筑厚 80 cm 的 C25 素混凝土安全施工套拱(初期支护外围),对应仰拱衬砌采用模筑 C25 素混凝土回填;通过安全施工套拱拱圈预留导孔对塌腔进行注浆回填;通过预留导孔对塌腔进行吹砂回填,使 C15 混凝土保护层护圈外形成一道 50cm 厚的缓冲层。

6)铺设复合式防水板,采用 Z5a 型复合式衬砌二次衬砌参数,对塌方段进行模筑衬砌(仰拱、拱圈)处理。

(5)2014 年 1 月 8 日,十房指挥部召开了处治通省隧道涌水方案的研讨会。参加会议的有中国地质大学、湖北省交通规划设计院、沈阳公路工程监理有限责任公司、中铁七局三公司、中铁十七局等单位领导和专家。参会人员对隧道塌方现场进行了察看,会议针对通省隧道 5.26 塌方地段处治方案进行了讨论,具体处治方案如下:

1)针对通省隧道出口端,批准实行由中铁十七局十房项目部提出的多级提水反坡排水方案,具体工程量以现场实际发生为准。

2)通过压注水泥浆—水玻璃双浆液并结合加密环向排水盲管引流堵排的措施,减小通省隧道左线初期支护渗涌水量。

3)批准中铁十七局十房项目部提出的双层防水板铺设方案和技术。

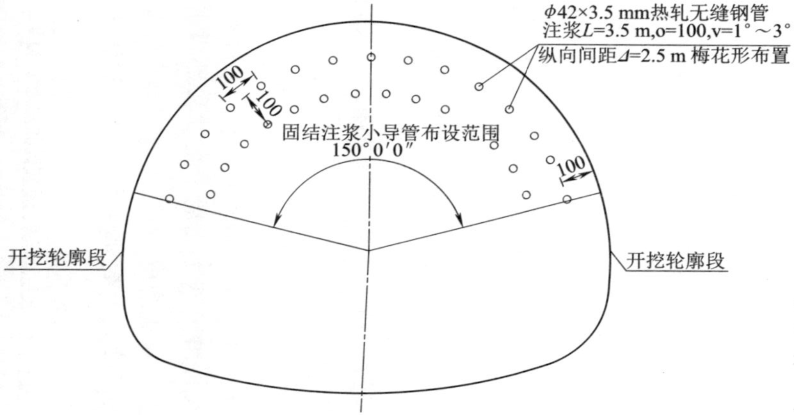

塌方渣体固结处治导管布置图

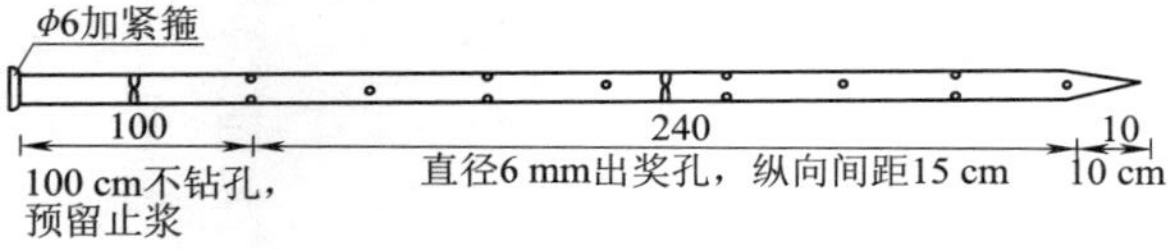

钢花管大样

主要工程数量表

项目名称	单位	每排数量	每延米数量
		塌方段渣体固结注浆	塌方段渣体固结注浆
φ42×3.5 mm热轧无缝钢管	m	101.50	40.60
425号水泥浆液	m^3	0.49	0.20

注：

1.本图尺寸除钢管直径以毫米计外，余均以厘米为单位，@为环向间距，⊿为纵向间距。

2.隧道塌方渣体导管注浆加固，主要是起加固渣体拱部软弱破碎岩体，防止渣体清除过程中再次发生塌方，以确保安全施工之目的。

3.注浆固结导管采用外径42 mm，壁厚3.5 mm热轧无缝钢管，钢管前墙呈尖锥状，尾部焊接上φ6加紧箍，管壁四周钻φ6 mm压浆孔，尾部1 m长范围内不设压浆孔。详见钢花管大样图。

4.注浆固结导管施工时，钢管与隧道纵轴线1°～3°外倾角打入拱部破碎渣体钢管环向间距1 cm，内外环间距1 m，成梅花状布置，导管纵向间距2.5 m。小导管应保持不小于1 m的搭界长度。

5.渣体固结导管注浆采用水泥单浆液，注浆参数如下：
（a）水泥浆液水灰比：1∶1
（b）注浆压力：0.5～1.0 MPa

6.导管内注浆数量仅供参考，以现场注浆计量为准。

图 7-17　通省隧道塌方处理塌体注浆参数

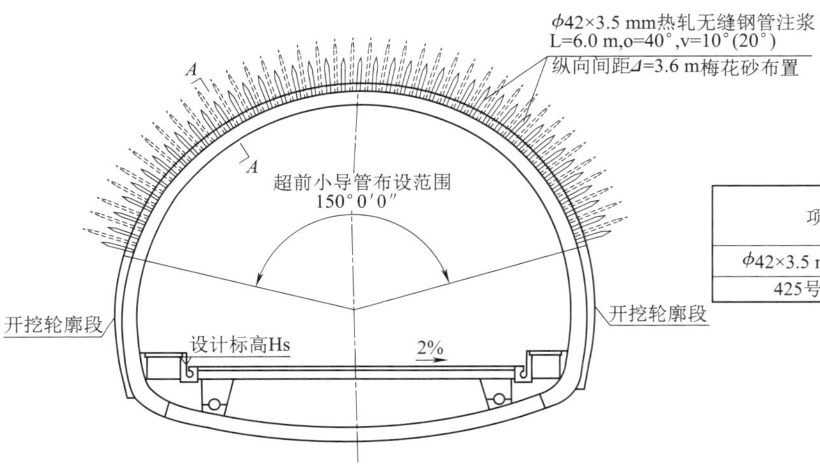

双排超前小导管支护布置断面图

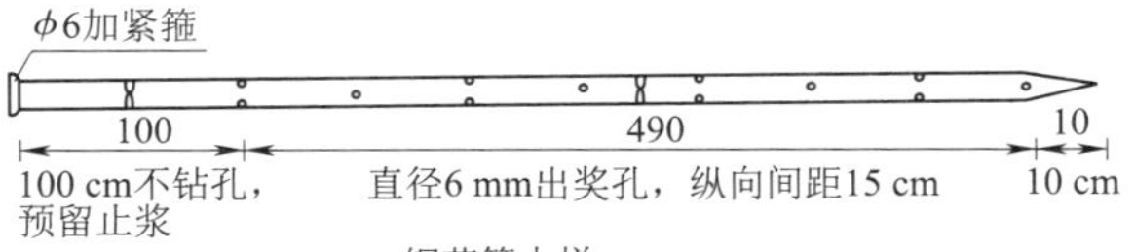

钢花管大样

主要工程数量表

项目名称	单位	每排数量	每延米数量
		塌方段（Z5+衬砌）	塌方段（Z5+衬砌）
ϕ42×3.5 mm热轧无缝钢管	m	267.00	148.33
425号水泥浆液	m^3	1.28	0.72

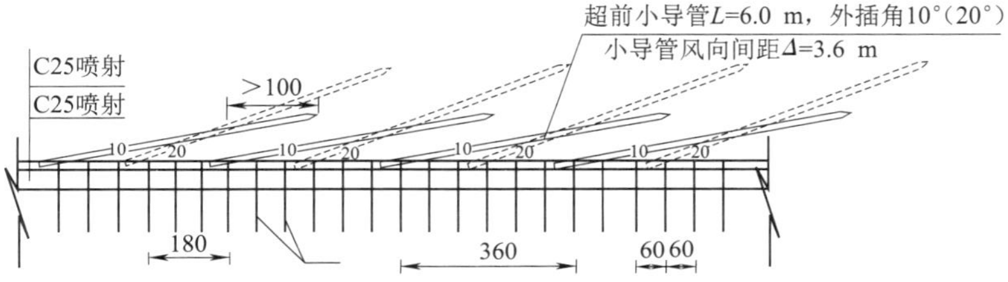

A—A断面示意

注：

1.本图尺寸除钢管直径以毫米计外，余均以厘米为单位，@为环向间距，Δ为纵向间距。

2.隧道双排超前小导管F2预支护设计适用于地下水较丰富的软弱破碎围岩体的预支护结构设计，起加固拱部软弱破碎岩体及注浆止水的作用。

对于该隧道主要是配合Z5a型衬砌支护结构体系预支护塌方段无自稳能力的拱部岩体。

3.超前小导管采用外径42 mm，壁厚3.5 mm热轧无缝钢管，钢管前墙呈尖锥状，尾部焊接上ϕ6加紧箍，管壁四周钻ϕ6 mm压浆孔，尾部1 m长范围内不设压浆孔。

详见钢花管大样图。

4.超前小导管施工时，奇数排断面钢管与隧道纵轴线以10°外倾角打入拱部围岩（应根据岩体节理面产状确定最佳方向），钢管环距40 cm，偶数排断面钢管与隧道纵轴线以20°外倾角打入拱部围岩，钢管环距40 cm。奇偶排导管成梅花状错开布设。奇偶排导管纵向设置间距1.8。超前小导管尾部要求焊接于钢支撑上，连接成一整体。

5.超前小导管注浆采用水泥单浆液，注浆参数如下：

（a）水泥浆液水灰比：1∶1

（b）注浆压力：0.5～1.0 MPa

6.导管内注浆数量仅供参考，以现场注浆计量为准。

图 7-18　通省隧道超前支护图

二、科研攻关

依托通省隧道施工，解决了富水、断层破碎带、变质岩层大变形的施工难题，整治了涌水、突泥等地质灾害，创新了隧道竖井快速节能成井施工工艺。公司依托通省隧道在项目成立了“中铁十七局三公司人力资源隧道方向培训基地”、“邓华军劳模创新工作室”，开展集成化创新，开发专利 17 件，其中发明专利 6 件。依托项目施工总结科技创新成果 3 项，成果鉴定水平均达到国际先进水平。技术成果获河北省科技进步奖 1 项、技术发明奖 1 项，在国内核心期刊发表学术论文 4 篇，获公司、集团公司优秀科技论文奖 8 篇。为公司输送大批隧道专业人才。

三、主要科技成果

1. 取得的主要技术成果

(1)2011 年，《隧道喷射混凝土机械化布料施工工法》认定为山西省省级工法。

(2)2013 年，《隧道通风竖井快速施工技术》荣获河北省科技进步奖三等奖。

(3)2014 年，《长大隧道施工作业环境治理技术研究》荣获河北省技术发明奖三等奖。

(4)2016 年，《隧道超深竖井节能快速成井施工技术》荣获河北省技术发明奖二等奖。

2. 发明专利

(1)隧道施工通风管道风量分配控制器(ZL201210107048.3)。

(2)隧道通风竖井节能快速施工方法(ZL201210106819.7)。

(3)环状钢筋混凝土结构内模自稳支撑体系(ZL201210107278.X)。

(4)隧道竖井施工用充气式排烟除尘隔离罩(ZL201210542277.8)。

(5)一种隧道通风施工用充气式隔离装置(ZL201310266221.9)。

3. 发表论文

(1)2011 年，XPM 混凝土外加剂在喷射混凝土中的应用．铁道建筑技术，2011 年第 7 期。

(2)2013 年，通省隧道云母片岩大变形控制施工技术．石家庄铁道大学学报(自然科学版)，2013 年第 1 期。

(3)2015 年，通省隧道变形产生原因及控制措施研究。铁道建筑技术，2015 年第 3 期。

(4)2015 年，隧道竖井连接部扩大断面支座支顶台车施工技术。国防交通工程与技术，2015 年第 2 期。

第七节　工程技术人员培育

针对通省隧道在特殊地质围岩下施工所引起的软岩变形、坍塌及突水涌泥等工程难题。在科技攻关和创新性人才培养等方面，为了充分发挥学科带头人的引领作用，公司在十房项目部成立了以山西省“五一劳动奖章”获得者邓华军同志命名的工作室——“邓华军劳模创新工作室”。

工作室成立后，我们以工作室为依托，以科技攻关为载体，在施工生产过程中展开了人才培养工作。工作室的成立，稳固了项目研发创新团队，对通省隧道施工过程中的大变形、长距离通风及竖井施工等关键技术进行科研攻关活动。人才培养是以理论结合实际，参与现场改进和效果分析，逐步提高人才创新能力和专业水平。图 7-19 为邓华军劳模创新工作室揭牌仪式。

图 7-19　工作室揭牌仪式

一、科研任务

2015 年度，工作室完成了关于隧道竖井反井法施工、隧道大变形施工过程中的施工难题，具体相关内容如下：

1. 通风竖井反井钻机导井法施工技术

(1)总结反井钻机导井施工方法与正井法在高速公路深大竖井的施工；

(2)反井钻机导井施工技术在高速公路深大竖井的应用推广；

(3)不良地质段导孔钻孔精度和事故的预防处理；

(4)竖井二次衬砌翻模施工技术。

2. 武当山群地层变质片岩大变形施工技术

(1)分析隧道施工中可能存在的主要问题,进行现状分析解决;

(2)解决武当山群地层变质片岩大变形范围等级划分;

(3)总结武当山群地层变质片岩变形压力监测技术;

(4)抑制变质片岩大变形的防治技术。

二、人才培养

1. 技术创新方面

在技术人才创新培养方面,邓华军劳模针对隧道施工中各关键工序的创新点进行阐述,结合工程技术人员的意见,并带头指引工作室成员在施工现场进行效果的分析论证,总结技术创新的经验,不断增强工作室成员创新的兴趣。图 7-20 为邓华军劳模与工作室成员研讨图纸。

图 7-20　邓华军劳模与工作室成员研讨图纸

2. 技术培训方面

项目定期对工程技术人员和新员工进行技术、质量及安全等方面的培训,培训活动形式分为座谈交流和现场示范操作两种。座谈交流主要为将平时施工中遇到的问题及好的解决方法进行交流共享,现场示范操作由相关掌握某项技能的人员进行现场解说。

3. 新员工培训方面

项目积极落实对新毕业大学生的“传帮带”工作,安排有经验的技术人员开展好“导师带徒”活动，并定期考核教学成果。

三、工作室的成效

近一年来，42 名在建项目的年轻技术干部们在“邓华军劳模创新工作室”的引领下，实现各类技术创新 15 项，有效消除安全隐患 1 058 项，共节约生产成本约 990 万元。如：用支顶法快速施工隧道正洞和竖井结合部异型断面二次衬砌，比常规满堂支架施工方法工期缩短 3 个月，节约投资 120 余万元；利用喷射混凝土自动上料设备施工作业，可有效减少喷射混凝土浪费，并且每循环可减少 5 人，节约时间大约 1.5 h，总共可节约成本约 420 万元；联络风道采用不平衡支架进行施工，不但成功解决了 50%坡度联络风道开挖困难，较由竖井内采用有轨运输法施工联络风道可节约工期 8 个月，节约成本 220 余万元，大大地降低了联络风道施工的安全风险。

主要参考文献

[1] 王梦恕,等．中国隧道及地下工程修建技术[M]. 北京:人民交通出版社,2010:217-229.

[2] 吴焕通,崔永军等. 隧道施工及组织管理指南[M]. 北京:人民交通出版社,2004:452-455.

[3] 陈建平,吴立. 地下建筑设计与施工[M]. 武汉:中国地质大学出版社,2000.

[4] 何满潮,景海河,孙晓明. 软岩工程力学[M]. 北京:科学出版社,2002.

[5] 李皓晖,左昌群,唐霞,丁少林,刘代国. 变质软岩隧道施工中地下水渗漏处治措施[J]. 铁道建筑,2015,(03):76-79.

[6] 马明,郑维,余莉,陈建平. 软弱变质片岩隧道二衬施作时机优化研究[J]. 中国水运(下半月),2014,(03):278-281.

[7] 刘富成,蒋宗鑫,陈建平. 通省隧道变质软岩变形破坏灾变因子及其权重研究[J]. 安全与环境工程,2013,(02):146-151.

[8] 陈建平,蒋宗鑫,陈志超,孙金山. 通省隧道变质软岩变形破坏机理及减避措施研究[J]. 铁道建筑,2012,(12):47-50.

[9] 何满潮,景海河,孙晓明. 软岩工程地质力学研究进展[J]. 工程地质学报,2000,(8):46-62.

[10] 艾春国,丁静泽. 变质片岩软弱围岩隧道变形规律统计分析研究[J]. 科技风,2011,(4):88-89.

[11] 董方庭,宋宏伟,郭志宏等．巷道围岩松动圈支护理论[J]. 煤炭学报,1994,19(1):21-32.

[12] 林育良. 软岩工程力学若干理论问题的探讨[J]. 岩石力学与工程学报,1999,18(6):690-693.

[13] 罗学东. 两郧断裂区域软弱破碎岩层隧道围岩大变形机理及治理对策研究[D]. 武汉:中国地质大学,2006.

[14] 刘长武,陆士良. 泥岩遇水崩解软化机理的研究[J]. 岩土力学,2000,21(1):28-31.

[15] SUNG O,CHOIH,HEE-SOON SHIN S. Stability analysis of a tunnel excavated in a weak rock mass and the optimal supporting system de-

sign [J]. International Journal of Rock Mechanics and Mining Sciences，2004，41(3)：876-881.

[16] 程尚，陈建平. 新奥法二次衬砌施工中几个问题的探讨[J]. 安全与环境工程. 2002. 9：9-11.

[17] 罗学东，陈建平，范建海等. 火车岭隧道围岩大变形问题及治理[J]. 煤田地质与勘探，2006，(04)：49-52.

[18] 张社荣，梁礼绘. 考虑三维应力旋转的隧洞衬砌支护时机研究[J]. 水利学报，2007，38：704-709.

[19] 张玉军，刘谊平. 正交各向异性岩体中地下洞室稳定的粘弹一粘塑性三维有限元分析[J]. 岩土力学，2002，(03)：278-283.

[20] 陈军，杜守继，李迎九，等. 软弱围岩隧道二次支护施作时机的数值模拟[J]. 地下空间与工程学报，2009(S1)：1340-1344.

[21] 袁海平，曹平，许万忠，陈沅江. 岩石粘弹塑性本构关系及改进的 Burgers 蠕变模型[J]. 岩土工程学报，2006，28(6)：796-799.

[22] 李海洋. 高速公路软弱围岩隧道大变形数值模拟与应用研究[D]. 武汉：中国地质大学，2007.

[23] 徐卫亚，杨圣奇，杨松林，等. 绿片岩三轴流变力学特性的研究(Ⅰ)：试验结果[J]. 岩土力学，2005，26(4)：531-537.

[24] 熊良宵，杨林德，张尧. 绿片岩的单轴压缩各向异性蠕变试验研究[J]. 同济大学学报(自然科学版)，2010，(11)：1568-1573.